PHILEAS DEL MONTESEXTO

LABERINTOS
Y
DRAGONES

Enciclopedia de la Sabiduría Antigua

Volumen IV

ESCUELA INTERNACIONAL DE FILOSOFÍA INICIÁTICA
PROGRAMA DE ESTUDIOS OPI

Segunda edición: Julio 2014

ISBN 978-9974-99-400-3

ISBN de la "Enciclopedia de la Sabiduría Antigua" 978-9974-99-399-0

Editado por la Escuela Internacional de Filosofía Iniciática

INFO@INITIATIONIS.ORG

WWW.INITIATIONIS.ORG

Dibujos: César Fernández y Adrià Volta

Dibujo de portada: Diana Paola Londoño

Colaboradoras: Natalia Osorio y Catalina Yela.

CONTENIDO

Apéndices

A Eladio Ortega, leal entre los leales.

A Lena Strani, que me enseñó a recorrer laberintos danzando.

A Diana Londoño y Natalia Osorio. ¡Apuntando Alto!

PRÓLOGO

"Yo enseño lo que necesito aprender"
(Tirumalai Krishnamacharya)

Debo confesarlo: aunque esta sea la sexta obra que presento como autor, en verdad no me considero un escritor sino un "recopilador" y "sintetizador" que hace suya la frase de Montaigne: *"Aquí traigo un ramillete de flores escogidas: nada mío hay en él, sino el lazo que las une".*

En estos tiempos de sobredosis informativa, creo fervientemente en la necesidad de recopilar, seleccionar, sintetizar y ordenar el conocimiento, traduciendo las complejas enseñanzas tradicionales a un lenguaje sencillo sin que esta tarea implique una vulgarización de las mismas.

En la antigüedad, el acceso al conocimiento estaba reservado a unos pocos y se mantenía inaccesible en la escasez: había pocos libros y difícil acceso a ellos. Hoy en día, por el contrario, el conocimiento se esconde en la abundancia: hay tanta información que a los buscadores sinceros les cuesta distinguir el trigo de la paja, diferenciar los diamantes falsos de los verdaderos.

En los diferentes volúmenes que conforman la Enciclopedia de la Sabiduría Antigua intento ofrecer un material seleccionado, ecléctico y universal, cuya calidad y validez práctica ha sido comprobada por miles de personas a lo largo de los siglos.

La meta que me he trazado como recopilador tal vez sea muy ambiciosa, pero afortunadamente desde que comencé a transitar esta senda –hace tan sólo cuatro años– otros nobles caminantes se han sumado a esta aventura y han aportado su conocimiento y experiencia para que este barco pueda llegar a buen puerto.

En los libros anteriores evité deliberadamente hablar en primera persona, ya que lo verdaderamente importante es el mensaje y no el mensajero, pero en este momento de confesiones –y para comprender mejor el contenido de "Laberintos y Dragones"– considero que es importante narrar cómo empecé a hollar esta senda de trabajo iniciático a la que dedico mi existencia.

En reiteradas ocasiones he hablado del inmenso error de anteponer la teoría a la práctica, de acumular conocimientos librescos y perderse en abstracciones que solamente sirven de entretenimiento a la mente. En verdad, cuando hablo de estas equivocaciones no estoy señalando con el dedo a "otras personas" sino que estoy hablando de mi experiencia personal. Al referirme al irracional deseo de transitar todos los caminos pero no comprometerse con ninguno ("la senda del picaflor") estoy pensando en mi propio ejemplo. Al describir la fascinación absurda por lo fenoménico (viajes astrales, desarrollo de los poderes psíquicos, etc.) no pienso en los demás sino que estoy dando cuenta de mis propias vivencias.

Mis indagaciones filosóficas comenzaron a los 20 años de edad, cuando llegaron a mí los escritos de Helena Petrovna Blavatsky e ingresé a una conocida institución para estudiar más a fondo las doctrinas teosóficas. Sin embargo, la inercia y el excesivo intelectualismo de ese ambiente me llevaron –después de doce años de estudio– a foja cero. Después de largos años de leer e investigar, verdaderamente conocía mucho de muchas cosas pero no sabía nada de lo esencial. Podía mantener una conversación interesante sobre los manvantaras, pralayas, el karma y los procesos cósmicos pero no tenía ni idea de mi propósito en la vida.

En esos días de incertidumbre, al descubrir que mi vida había cambiado muy poco después de 12 años de leer centenares de obras místicas y de participar en tantos cursos y seminarios, llegó a mí por "casualidad" un artículo del padre jesuita Carlos Vallés cuyo tema central era la falta de compromiso y las "medias tintas". (1)

Aunque el artículo de Vallés era extremadamente sencillo, su impacto en mi vida fue enorme, porque parecía que había sido escrito para mí. A través de ese breve escrito pude identificar mi problema, el cual reconocí también en muchos otros estudiantes de la Sabiduría Antigua: me había dejado encandilar por la letra muerta y no había llegado a aplicar en mi vida cotidiana lo aprendido. Hoy en día, muchos años después, puedo reconocer que estaba acobardado, temeroso de abandonar mi zona de confort y "dar el paso" hacia la transformación. Esta misma situación la describí en "Los Pilares de la Pansofía": *"Los cobardes y timoratos que anhelan "cambiar sin cambiar", quieren obtener resultados diferentes haciendo lo mismo de siempre, y van pasando de organización en organización, de iglesia en iglesia, de secta en secta, sin practicar ni interiorizar ninguna de las enseñanzas que se les brinda. Muchas veces, estas personas –convencidas de la validez del Sendero Iniciático pero sin fuerza de voluntad para caminarlo– bajan los brazos y se resignan a continuar viviendo de la misma manera que siempre, aunque adoptando una "postura espiritualista", llenando su casa de objetos "místicos", practicando algunos ejercicios aislados sin una metodología apropiada e incluso usando palabras exóticas, conformando de este modo una especie de "máscara espiritual" que –al carecer de una base sólida– se descascara con mucha facilidad".* (2)

Luego de leer y releer el escrito del padre Vallés, me desanimé un poco al descubrir que durante años me había autoengañado, pues había caído en la vieja trampa de la mente, convenciéndome de que una mera comprensión intelectual de los conceptos espirituales y la adhesión a organizaciones supuestamente inspiradas puede aparejar (¡por arte de magia!) un despertar de la conciencia.

Siendo un apasionado de las caminatas y la exploración, en esos tiempos de crisis llegó a mis manos –también por "casualidad"– una nota periodística que hablaba del Camino de Santiago, una senda de peregrinación que atraviesa el norte de España, desde los Pirineos hasta la ciudad de Santiago de Compostela. La lectura del artículo me entusiasmó y repentinamente sentí la necesidad de "cambiar de aires", abandonar por un tiempo a mis seres queridos y desplazarme al Viejo Mundo para transitar los 850 kilómetros del sendero compostelano. Aunque carecía de información detallada sobre el Camino, algo en mi interior me empujaba a cruzar el océano e iniciar el tradicional recorrido desde la localidad pirenaica de Roncesvalles.

En Roncesvalles comprobé mi ignorancia sobre la peregrinación compostelana. Cuando me entregaron mi credencial de peregrino y mi "vieira", los hospitaleros del albergue local se percataron de mi despiste y me dieron algunos consejos sobre lo que me esperaba en el largo viaje. En la noche, participé de la misa para los peregrinos y, a primeras horas de la madrugada del día siguiente, tomé mi mochila, di el primer paso y avancé con paso firme hacia la aventura, hacia un desafiante recorrido en compañía de mi Maestro Interior.

Diez años después, creo que la experiencia podría definirla como un "flujo sagrado", teniendo en cuenta la inmensa felicidad que supuso para mí caminar disciplinadamente 25 ó 30 kilómetros diarios a fin de alcanzar un objetivo trascendente.

Cuando hablo de "flujo", ciertamente tengo en mente las investigaciones de Mihály Csikszentmihalyi, desarrollador de una teoría totalmente compatible con las concepciones de la filosofía esotérica. De acuerdo con este psicólogo norteamericano, y contrariamente a lo que se piensa, las experiencias óptimas o los mejores momentos de nuestra vida *"suelen suceder cuando el cuerpo o la mente de una persona han llegado hasta su límite en un esfuerzo voluntario para conseguir algo difícil y que valiera la pena. Una experiencia óptima es algo que hacemos que suceda".* (3) Esto significa ser uno con la acción, o como dicen los textos ocultistas clásicos *"convertirse uno mismo en el Sendero"* (4): cuerpo, mente y emoción reunidos armónicamente en función de una acción consciente, de una recta acción con un propósito claro y trascendente.

En mi experiencia compostelana reconocí el "flujo" que citan algunos psicólogos modernos, pero me interesa destacar a ese flujo en relación a lo sagrado. Aún al atravesar localidades profanas y tugurios mundanos, la connotación "sacra" del Camino se hace evidente a cada paso. En verdad, todo el Camino de Santiago puede considerarse una hierofanía, una manifestación de lo sagrado a través de elementos y objetos que en el mundo secular no tienen esa significación. Para un profano, el camino es un simple recorrido pintoresco como cualquier otro, pero para un discípulo el camino puede convertirse en una experiencia sagrada y un auténtico despertador de la conciencia.

Como bien dice Mircea Eliade al referirse a las hierofanías: *"Un objeto cualquiera se convierte en otra cosa sin dejar de ser él mismo, pues continúa participando del medio cósmico circundante. Una piedra sagrada sigue siendo una piedra; aparentemente (con más exactitud: desde un punto de vista profano) nada la distingue de las demás piedras. Para quienes aquella piedra se revela como sagrada, su realidad inmediata se transmuta, por el contrario, en realidad sobrenatural".* (5)

Un par de días antes de empezar la caminata, al pasar por Pamplona la primera vez para dirigirme a Roncesvalles había observado "desde afuera" a los peregrinos que transitaban por la ciudad y me costaba darme cuenta de cómo se orientaban, ni hacia dónde se dirigían. Sin embargo, al atravesar por segunda vez esa ciudad navarra en mi rol de "peregrino" o de "noble viajero", pude percibir otra realidad: estaba "adentro del Camino", algo así como en "otra vibración", recorriendo un conducto sagrado que me permitía cruzar la ciudad profana sin contaminarme. El lugar seguía siendo el mismo, pero mi perspectiva había cambiado con tan solo dos días de diferencia.

Aunque en ese momento no entendí el verdadero sentido de estas vivencias, el mismo Camino me llevó a relacionarme con las personas indicadas que me fueron instruyendo sobre el significado último de la peregrinación. Asimismo, estos camaradas del sendero me hicieron ver que la peregrinación tenía una correspondencia con la vida misma y con la vereda iniciática ("Vía Lucis") que nos lleva de la oscuridad a la luz, de la ignorancia a la sabiduría, del sueño a la vigilia.

En 33 días de caminata aprendí más cosas de la vida iniciática que en los doce años anteriores de ávida lectura de obras esotéricas, gracias al contacto con hombres y mujeres que hoy reconozco como mis instructores, aquellos que me brindaron las enseñanzas que realmente necesitaba. Ellos fueron mis Maestros del Camino, pues me enseñaron que la Verdad se esconde en las cosas simples, en las vivencias cotidianas y que todos podemos alcanzar la Iluminación si hacemos lo que tenemos que hacer y si tenemos un OBJETIVO ÚNICO, al cual están subordinadas todas nuestras acciones.

Quizás la lección más importante que aprendí en el Camino fue la corroboración experiencial de la SINCRONICIDAD, la "causalidad" que había estudiado y aceptado intelectualmente a través del estudio bibliográfico, pero que nunca había podido vivenciar ni comprobar. A lo largo de mi peregrinación me conecté con las personas justas en el momento necesario que me brindaron las instrucciones precisas que necesitaba para entender la esencia del Camino y de mi vida. Sin embargo, es importante aclarar que en el Camino de Santiago no todos los peregrinos son verdaderos peregrinos. Lamentablemente, la mayoría de los caminantes son turistas disfrazados que están en "otra sintonía", sin otra preocupación que tomar las mejores fotos para mostrar a sus amigos o simplemente deleitarse con los exquisitos platos de la gastronomía española.

Una de las experiencias más fuertes de la travesía la viví en un rincón de Castilla León. Con todo el cuerpo dolorido después de más de 15 días de caminar constantemente a un promedio de 25 kilómetros diarios, entré a una pequeña ermita solitaria y me acomodé en uno los viejos bancos de madera. Tras realizar algunos ejercicios respiratorios preliminares, cerré los ojos y entré en un estado de conciencia que me llevó rápidamente a una conexión con el Todo que nunca antes había experimentado. En ese momento dejaron de existir para mí el tiempo y el espacio, y me sentí en plenitud. Los dolores de mi castigado cuerpo desaparecieron. Por unos instantes, mi mente tuvo claridad y alcancé la Paz Profunda. En ese rinconcito olvidado de España encontré a Dios, más allá de conceptos intelectuales y de preconceptos religiosos, y di las gracias por todas las bendiciones recibidas. En ese banquito solitario por primera vez me sentí Phil-Eas ("el Amante del Todo").

En el Camino comprendí el significado último de la oración y de la meditación, pero lo más importante: aprendí a observar y a auto-observarme, a sentir la presencia divina en mi interior a cada instante.

En esos días, uno de mis compañeros de peregrinación me sorprendió cuando me dijo que mi caminata debía finalizar en Fisterra y no en Santiago de Compostela, argumentando que toda senda iniciática debe llevarnos necesariamente a una muerte mística, en este caso la muerte del sol en las aguas oceánicas. A partir de esta revelación magnífica, mi peregrinación se convirtió en una metamorfosis, en una senda a mi propia muerte y resurrección.

Al concluir mi peregrinación, en Fisterra, subí la colina donde está emplazado el faro del fin del mundo y esperé en paz la puesta del sol mientras un puñado de peregrinos quemaba sus ropas para reforzar la idea de una "muerte mística". En ese instante recordé las enseñanzas recibidas en el camino sobre la "metanoia" y comprendí que mi peregrinación desde Roncesvalles no había sido otra cosa que un cortejo fúnebre, una procesión mortuoria, en síntesis: un proceso metanoico.

Al ser consciente de esto, pude observar en perspectiva todas las charlas y las vivencias del camino como piezas de un enorme puzzle que tenía la obligación de armar y compartir con los demás. Este descubrimiento en el escarpado barranco del "fin de la tierra" cambió profundamente mi vida porque finalmente pude encontrar el propósito de mi existencia. Sin pretensiones mesiánicas, sin necesidad de mostrar credenciales que no tengo y con una preparación académica bastante pobre, a partir de ese momento me dediqué a "armar el rompecabezas", canalizando todos mis esfuerzos para la difusión de la Sabiduría Antigua y la construcción de un mundo nuevo y mejor fundamentado en lo Bueno, lo Bello, lo Justo y lo Verdadero.

En Fisterra enterré a Ignacio, mi vieja personalidad, cuyo nombre significaba etimológicamente "nacido del fuego" (Ignis=fuego, Natus=nacer) y de sus cenizas emergió "Phil-Eas", el "Amante del Todo".

Algunas veces me han preguntado: ¿En verdad existieron sus Maestros del Camino o fueron fruto de la imaginación? Ante esta pregunta, me limito a sintetizar mi experiencia del Camino en una palabra: SINCRONICIDAD. Los Maestros del Camino eran gente normal que respondía al significado último que los orientales dan al término upa-guru: Maestro cercano. En consonancia con esta idea, René Guénon definía al upa-guru como *"todo ser, sea cual sea, cuyo encuentro es para alguien la ocasión o el punto de partida de un cierto desarrollo espiritual; y, de manera general,* **no es en absoluto necesario que este ser sea consciente del papel que así desempeña".** (6)

Verdaderamente, no he podido interpretar las cosas maravillosas que me sucedieron a lo largo de los 850 kilómetros recorridos de una forma "racional". Simplemente creo que supe sintonizarme con el significado último del Camino como "Via Lucis" y estar alerta a las coincidencias y a los mensajes que recibía a cada paso.

Quizás mi mente estuviera más "limpia" en el Camino y que haya podido interpretar mejor las señales, llevándome al contacto con personas afines que tenían un estado vibratorio similar. Puede ser. Tal vez ese estado de lucidez inédito haya tenido como consecuencia una interpretación trascendente de charlas que tal vez en otras circunstancias hubieran sido más bien triviales. No lo sé a ciencia cierta, es posible. Lo único que puedo asegurar es que el Camino supuso para mí una metanoia, un cambio profundo y radical. Una nueva forma de vivir y de interpretar el mundo.

Pocos meses después de terminar mi peregrinación me desplacé a la otra punta de la Península Ibérica, donde me dediqué a trabajar como camarero en un pueblo del Alt Empordà catalán. La labor en el restaurante era bastante dura pues consistía en 12-13 horas diarias de trabajo sin días libres durante los tres meses de verano.

No obstante, este humilde trabajo fue ideal para la práctica, ya que estaba en contacto constante con todo de tipo de personas, lo cual me permitió convertirme en un observador de la naturaleza humana y al mismo tiempo me permitió "aterrizar" en el mundo profano luego de haber experimentado la trascendencia del camino.

Durante mis meses de permanencia en el restaurante, los dueños me cedieron un minúsculo cuartucho que convertí en mi oratorio y laboratorio, en una especie de celda monacal. Al amanecer, realizaba mis prácticas y más tarde, durante todo el día, aprovechaba mi labor en la terraza para observar y auto-observarme. En ese tiempo aprendí mucho de psicología haciendo esto, mientras que durante la noche leía y releía los escritos de Bhagavan Das, Annie Besant, Erich Fromm y otros autores para usarlos al día siguiente en mis "experimentos de campo".

Al desempeñar ante los demás el rol de un simple camarero foráneo no tenía nada que demostrar intelectualmente a nadie. Al ser subestimado e incluso menospreciado por ser un "sudaca", tenía la enorme ventaja para pasar desapercibido y no ser molestado.

En mi papel de extranjero ignorante y con pocas luces pude observar detenidamente a una amplia colección de "muertos vivientes": drogadictos, borrachos, ludópatas, cabezas rapadas y también la corruptela de los políticos y las autoridades locales. Fui testigo de infinitas charlas insulsas sobre fútbol, autos, hipotecas, televisión, el sorteo de la ONCE, los chismes de Isabel Pantoja y Operación Triunfo. En este ambiente profano, me coloqué mi traje de salamandra para permanecer en el fuego sin quemarme. Mientras la mayoría de los camareros de la localidad se quejaban por el sueldo, renunciaban por el exceso de trabajo o gastaban su dinero en alcohol y prostitutas, yo decidí aprovechar mi situación cuasi-carcelaria para perfeccionar y practicar con constancia el método ascético que había aprendido.

Años más tarde supe que este "anonimato" desempeñando una tarea humilde en un sitio lejano también lo había practicado el famoso escritor Carlos Castaneda, que trabajó de cocinero en un modesto restaurante de una perdida ruta a fin de lograr "perder la importancia personal". Según cuenta Castaneda, en sus tiempos de cocinero se la pasó *"friendo tocino con huevos para camioneros, contrabandistas y ladronzuelos en una mugrienta fonda de ruta"*. (7)

En esos días de duro trabajo participé en la fundación de un proyecto cultural en la web que bauticé "Biblioteca Upasika", a fin de difundir la Sabiduría Antigua. Lo que muy pocos saben es que durante muchos meses este gran proyecto bibliográfico, que alcanzó las 100.000 visitas mensuales, fue dirigido por mí desde una computadora polvorienta en una de las puntas de la barra del bar, mientras tomaba apresuradamente mi desayuno antes de salir a atender las mesas de la terraza.

Durante cinco años trabajé como camarero en este perdido pueblo prepirenaico, tratando de conocerme a mí mismo al mismo tiempo que servía cortados, refrescos y bocatas de chorizo.

Las hojas de la libreta de "comandas" que guardaba en mi delantal negro no me duraban demasiado porque las usaba tanto para los pedidos de los clientes como para mis apresurados apuntes sobre las lecciones del sendero, intentando unir las piezas del rompecabezas compostelano. Muchas de esas notas desprolijas fueron ampliadas años después y convertidas en monografías del Programa OPI.

Tras mi regreso definitivo a Uruguay en 2006, seguí estudiando, escribiendo y practicando, descubriendo correspondencias y conociendo nuevas personas interesantes, hasta que en el año 2009 un grupo de estudiantes peruanos me citaron en Lima para organizar un proyecto cultural en consonancia con los contenidos de la Biblioteca Upasika. Como mis fondos eran escasísimos en esos días, tuve que viajar en ómnibus desde Buenos Aires a Lima, en otro viaje larguísimo que duró tres días y medio atravesando Argentina, Chile y Perú. En Lima fui recibido en la estación de autobuses por Eduardo Ciotola, quien fue mi guía en la capital peruana y a partir de ese momento todo el Universo conspiró para que finalmente el puzzle fuera armándose poco a poco para ser presentado a los demás en forma de un programa de estudios. Con Joshua, Eduardo, Luis Enrique, Elizabeth y Juan Guillermo plantamos la semilla de la Obra, y prontamente se sumaron otras personas para trabajar en la consolidación de sus fundamentos.

Poco tiempo más tarde organicé, junto a Zamir Lemir, una metodología educativa para jóvenes que tenía como punto de partida el Programa de estudios OPI. Como fruto de este trabajo surgió el Círculo Kairos de Colombia, una iniciativa exitosa para la gestación de una juventud "consciente y en acción", la semilla de un mundo nuevo y mejor.

Aún estamos construyendo los cimientos de la Obra y todavía no he terminado de armar el inmenso rompecabezas. Con la publicación de "Propósito y Proyecto" quedarán consolidadas las bases del Programa OPI y sobre ellas seguiremos construyendo y profundizando, siempre en la forma de un programa de estudios no dogmático, universalista y con una metodología clara y coherente.

A través de este prólogo he intentado explicar cómo he llegado hasta aquí, hasta este momento presente y hasta este libro titulado "Laberintos y Dragones". Las circunstancias me han obligado a asumir un rol de liderazgo que nunca pedí, pero que asumo con entusiasmo porque creo que el mundo necesita —hoy más que nunca— una filosofía vivencial fundamentada en el Amor y la Unidad Primordial.

En verdad, sigo siendo un peregrino con los pies ampollados que tuvo la fortuna de encontrar a sus compañeros del camino y compartir con ellos el pan y el vino, un humilde camarero que intenta estar atento a las lecciones de la vida mientras sirve un café con leche, un obrero dedicado a la construcción de un mundo nuevo y mejor a través del despertar de la conciencia. No soy un gurú ni un asceta. Vivo feliz en familia con mi esposa Sofía y mi hijo Santiago, y en la cotidianidad sigo encontrando las pistas para llegar al centro del laberinto, mientras enfrento a mis dragones.

Sé que mi trabajo es insuficiente y sé también que otros podrían hacerlo mejor. Es cierto. Pero día a día trato de hacer mi parte del trabajo de la mejor forma y cuando me desanimo ante la magnitud de lo que nos queda por delante, encuentro inspiración en esta sencilla historia:

Durante un gigantesco incendio en el bosque, todos los animales huían desesperados para salvarse. En esta situación desesperante, un colibrí iba en el camino contrario, tomando con su pico agua de un lago cercano y arrojándola al fuego.

Un pelícano, contemplando la labor de la pequeña ave, le preguntó:

- ¡Hey! ¿Realmente crees que puedes apagar el incendio con la poca agua que arrojas?

Y el colibrí respondió: "Estoy seguro que no podré apagar el incendio solo, pero intento hacer mi parte".

Non nobis Domine, non nobis, sed Nomine Tuo da Gloriam

["Nada para nosotros, Señor, nada para nosotros, sino para la gloria de tu nombre", lema de los Caballeros Templarios]

INTRODUCCIÓN

El lector que haya estudiado las obras anteriores de nuestra Enciclopedia encontrará en "Laberintos y Dragones" diversas alusiones a conceptos expuestos anteriormente. Esto no responde a una insistencia fastidiosa del autor sino al uso de un recurso habitual en la transmisión del saber filosófico e iniciático: la REPETICIÓN (Abhyâsa), del mismo modo que el simple "Ora et Labora" de los benedictinos fue traducido a la tradición iniciática de la Alquimia como: "Ora, lege, lege, lege, relege, labora et invenies" ("Ora, lee, lee, lee, relee, trabaja y encontrarás"). Si revisamos las obras de los grandes iniciados e instructores de todos los tiempos nos toparemos con muchas recurrencias, repeticiones y diferentes enfoques de un mismo tema para que el estudiante pueda encontrar las correspondencias necesarias y, finalmente, entender la esencia del asunto más allá de las palabras.

Por lo tanto, la repetición es un recurso válido para que el lector pueda asimilar de mejor modo las enseñanzas, fijándolas en su mente. En el mundo profano esta técnica ha sido desarrollada y aplicada hasta el abuso por los publicistas, que son conscientes que *"las necesidades persuasivas de la publicidad hacen que repita sus ideas para asegurarse de que llegan al receptor y de que éste recuerda o incorpora a su vida"* (1). Los modernos métodos de convencimiento dirigidos a las masas se inspiran en la máxima goebbeliana *"una mentira repetida mil veces se convierte en verdad"*. La filosofía iniciática, por su parte, enseña que la repetición debe fundamentarse en el pleno discernimiento, magistralmente expresado por Buddha en su sermón a los kalamas:

No creas en el valor de las tradiciones aunque muchas hayan sido honradas durante muchas generaciones y en muchos lugares.

No creas nada por el solo hecho de que mucha gente lo crea.

No creas en el valor de las antiguas epopeyas.

No creas en lo que tú mismo has imaginado pensando que te ha sido inspirado por un dios.

No creas nada que se base sólo en la autoridad de tus maestros o de los sacerdotes.

Tras haberlo examinado, cree sólo en lo que tú, por ti mismo, hayas puesto a prueba y te haya parecido noble, y lo que es para tu bien y para el bien de los demás. (2)

Una enseñanza que no soporte la prueba del discernimiento y que no pueda ser llevada a la vida cotidiana no sirve para nada. *"Honrad las verdades con la práctica"* repetía incansablemente Helena Petrovna Blavatsky a sus discípulos, haciendo hincapié en que la mera repetición intelectual de teorías, conceptos y conocimientos pueden llevarnos a muchos lugares pero NO ciertamente al portal de la Iniciación.

Centrarse en la letra muerta y en la teoría es una postura tan insensata como la del hambriento que, sentado en un magnífico restaurante, se deleita leyendo las muchas páginas del menú sin probar ninguno de los elaborados platos. Algunos insisten en decir: "¡no tengo tiempo para practicar!", pero esa es una de las excusas más recurrentes que interpone la mente de deseos ya que establece un "momento especial" para la práctica mientras que los maestros siempre han indicado que la labor discipular es de 24 horas: cuando se lee, cuando se hace la cola del supermercado, cuando se medita, cuando se trabaja, cuando se hace el amor, etc. No hay un momento especial para el trabajo espiritual porque la práctica esencial de la Filosofía iniciática es "estar aquí y ahora", en completa atención y canalizar todos nuestros esfuerzos en una única dirección. Al comprender esto, ya no se pueden poner excusas.

Siendo así y ante la continua excusa de "carencia de tiempo", vale la pena preguntarnos: ¿realmente tenemos deseos de cambiar nuestra vida? ¿de veras queremos fervientemente despertar y revolucionar nuestra conciencia? Un cuento oriental ilustra estas interrogantes:

Un maestro ancestral se encontraba en las orillas del río Ganges cuando se le acercó un joven aspirante que le preguntó si podía iniciarlo en el camino de la sabiduría.

Para conocer las intenciones del muchacho, el maestro le preguntó: "¿Qué tanto ansías esa sabiduría?"

– Lo deseo con todo mi ser.

– Si es así –dijo el viejo– intérnate conmigo en el río.

Cuando estaban lejos de la orilla, el maestro tomó al joven de los cabellos y hundió violentamente su cabeza en el agua durante varios minutos. El muchacho se retorcía por la falta de aire hasta que el maestro sacó su cabeza a la superficie nuevamente.

Al volver a la orilla con el consternado muchacho, el maestro lo interrogó: "¿Qué es lo que más deseabas cuando tu cabeza estaba bajo el agua?

— *¡Respirar!*

— *¿Acaso no deseabas poder, amor, conocimiento, salud, paz o diversión?*

— *No, solamente quería respirar.*

— *Muy bien. Si anhelas de modo similar la sabiduría que buscas, la obtendrás y llegarás al objetivo que estás buscando.*

En el Nuevo testamento, Jesucristo habla de la "perla de gran precio": *"El reino de los cielos se parece a un comerciante que andaba buscando perlas finas. Cuando encontró una de gran valor, fue y vendió todo lo que tenía y la compró"*. (Mateo 13:45-46)

En la simbología cristiana, el "reino de los cielos" no es otra cosa que un estado de conciencia superior que nosotros identificamos con la Iniciación o la Iluminación de la conciencia. En la parábola que hemos destacado se habla de una perla de gran precio identificada con el reino de los cielos, que no designa un espacio geográfico o histórico sino que es una experiencia del Alma espiritual. Así es posible comprender la expresión bíblica: *"el Reino de Dios en nosotros"* (Lucas 17:21) y la petición del Padre Nuestro: *"Venga a nosotros tu Reino"*.

La búsqueda del Reino de los Cielos es la misma que inició Jasón al salir tras el vellocino de oro o la de los caballeros del Rey Arturo al emprender la aventura del Santo Grial. Es la vuelta al núcleo, la esforzada incursión en el laberinto que nos lleva al centro. Este es el eje simbólico de toda la Ascesis Iniciática.

Algunos dirán: ¿acaso no es egoísta fijarse una meta personal mientras hay que ocuparse de la familia, de los amigos y de las obligaciones mundanas? El evangelio lo dice bien claro: *"Buscad primero el Reino de Dios y su justicia, y todo lo demás se os dará por añadidura"* (Mateo 6:33), es decir que en la medida que nuestra conciencia va cambiando, nuestro entorno también cambiará. El peregrino espiritual en cierta forma es un equilibrista que debe cuidar tanto el "adentro" como el "afuera", así como la laboriosa abeja trabaja dentro y fuera del panal.

Así como es adentro es afuera. Si revolucionamos nuestra conciencia, todo nuestro entorno será revolucionado.

La pregunta crucial es: "¿en verdad queremos cambiar?", y también: "¿estamos dispuestos a pagar el precio para este cambio?".

Cuento: En busca de la sabiduría

Dejó su hogar para emprender un largo viaje en busca de la Sabiduría. Recorrió pueblos, ciudades, bosques, desiertos, monasterios y comunidades espirituales. Buscaba sin cesar. Atrás quedaba la familia, el trabajo, la rutina cotidiana. El hombre iba de aquí para allá en busca de un maestro que le impartiera un saber transformador.

Entonces oyó hablar a unos jóvenes sobre un maestro que llevaba toda su existencia entregado a la autorrealización y había obtenido un gran avance espiritual. Indagó dónde vivía y hacia allí se dirigió.

Cuando llegó hasta el maestro, dijo:

— He viajado durante mucho tiempo para encontrar un maestro que me instruya sobre la vía hacia el conocimiento supremo. He dejado familia, trabajo, amigos…

— ¿Para qué tanto esfuerzo inútil? –le interrumpió el maestro– ¡Qué gasto de tiempo y energía!

El hombre se quedó estupefacto y lleno de desencanto.

— Pero, señor…

— ¿Tan ofuscada está tu mente que dejas un tesoro fabuloso y te dedicas a dar vueltas de aquí para allá? Nada puedo entregarte que no puedas conseguir en tu vida cotidiana. No tienes que dejar hogar, ni trabajo, ni amigos; lo que tienes que dejar es tu sentido de posesividad, tu apego, tu visión incorrecta y los engaños de la mente. Eso puedes hacerlo perfectamente estando en tu casa. Deja de dar vueltas, regresa a tu casa y emprende allí el trabajo hacia fuera y hacia adentro. Ve en paz. (3)

Estructura de la obra

"Laberintos y Dragones" tiene como objetivo presentar una Ascesis de carácter iniciático, es decir un método de trabajo especialmente diseñado para aquellos estudiantes que tienen dificultades en el pasaje de la teoría a la práctica o que no han podido adaptarse a un programa de entrenamiento metódico, coherente y adecuado a la vida acelerada de nuestros días. Este método no es un invento del autor sino que ha sido recibido de instructores más adelantados y corroborado en los escritos tradicionales de los Maestros espirituales de Oriente y Occidente, siendo nuestro único aporte su adaptación y su diseño, buscando clarificar las correspondencias y los elementos simbólicos, a fin de que pueda ser aprovechado de la mejor manera por los estudiantes sinceros.

Como advertimos al citar al Buddha, el lector deberá emplear su discernimiento para considerar si las afirmaciones que realizamos son veraces y fidedignas. Lo único que pedimos es que no se descarten a priori estas instrucciones por las limitaciones del autor para transmitir las mismas. Si –por el contrario– el estudiante cree que las enseñanzas presentadas son coherentes, inspiradoras y que pueden ser llevadas a la práctica en la vida diaria, pedimos que no se conviertan en un mero saber libresco.

El presente volumen está organizado en tres partes:

a) Marco conceptual

b) Marco simbólico

c) Marco vivencial

a) Marco conceptual: Repaso de los principales conceptos filosóficos relacionados con la conciencia y con los procesos internos del ser humano. Hace referencia al despertar de la conciencia y sus etapas, a fin de conocer en qué consiste esta "Ascesis", qué estamos haciendo y por qué lo estamos haciendo.

En este marco conceptual trataremos las nociones de la ascesis, la metanoia, la conciencia y los estados de conciencia.

b) Marco simbólico: Estudio de los diversos símbolos que son utilizados en este esquema ascético, principalmente el Laberinto, la montaña y los Dragones a vencer, relacionados con los cuatro elementos.

También se hará referencia a la figura del héroe y el "monomito", repasando además las nociones generales sobre el Sancta Sanctorum, el guardián del umbral y la puerta del templo, así como los roles alegóricos que puede asumir el discípulo.

c) Marco vivencial: El estudiante recibirá un esquema de trabajo interior de naturaleza integral, basado en la simbología del camino heroico, que incluye el entrenamiento y la purificación de los vehículos: cuerpo físico, cuerpo vital, cuerpo emocional y mente de deseos.

Un objetivo único y una estrategia clara

Podemos fijarnos muchas metas personales y trazar un proyecto de vida con muchos objetivos para esta encarnación, pero el discípulo debe tener –más allá de todo esto– un objetivo único: Peregrinar hasta el centro, a fin de regresar a la fuente primordial.

Un objetivo único a través de un sendero iniciático exige antes que nada CONCENTRACIÓN mientras que el seguimiento de las modas, las tendencias, los dictados y los prejuicios del mundo moderno implica DISPERSIÓN.

La mejor forma de concentrarnos en el Sendero es seguir fielmente un método de perfeccionamiento espiritual y trazar una estrategia, del mismo modo que un alpinista planifica con detenimiento su escalada, pues sabe que un paso en falso puede significarle la muerte.

Cuando el espiritista Chico Xavier se encontró con su guía espiritual Emmanuel, éste le indicó tres orientaciones para su labor, las mismas que deberían guiar nuestro trabajo. La primera es DISCIPLINA, la segunda es DISCIPLINA y la tercera es DISCIPLINA, o sea: "Disciplina, disciplina, disciplina"...

No obstante, esta disciplina no puede provenir nunca de afuera sino de nuestro interior, constituyendo una AUTODISCIPLINA, que debe ir de la mano con el control de las emociones y los pensamientos, un autodominio ejercitado a través de la voluntad.

Para comprender mejor su avance en el sendero hacia un objetivo trascendente, muchas veces el discípulo adopta diversos roles simbólicos: guerrero, caballero, alpinista, navegante, canoero, caminante, etc.

En su rol de guerrero, el discípulo lucha en dos frentes: uno interno y otro externo. Por eso algunos maestros de la tradición serena, cuando iban a dirigir a sus discípulos en ejercicios de meditación no les decían: "cierren sus ojos pues vamos a meditar" sino que les pedían: "cierren los ojos y prepárense para el combate".

En su rol de caballero, el discípulo mata dragones, salva princesas y se enfrenta a caballeros malvados que custodian puentes, en su incesante búsqueda de un objeto poderoso de naturaleza trascendente simbolizado por el Santo Grial.

En su rol de alpinista, el discípulo asciende trabajosamente por las desafiantes paredes rocosas hasta alcanzar la cumbre de la montaña, un emplazamiento de carácter sagrado donde se unen el Cielo y la Tierra.

En su rol de navegante, el discípulo avanza por los mares hacia su destino contra viento y marea, enfrentando grandes tempestades, tifones, monstruos abismales y otras situaciones peligrosas, hasta llegar al "buen puerto", su propósito final.

En su rol de canoero, el discípulo recorre el río de la vida remando sin cesar contra la corriente en una embarcación frágil y vulnerable, sorteando turbulencias, escollos y dificultades hasta llegar a un valle sagrado.

En su rol de caminante, el discípulo emprende una larga peregrinación "desde la oscuridad a la luz", llegando a un destino sagrado, (Jerusalén, Roma o Santiago de Compostela), que simbolizan el centro del mundo.

Todos los roles que brevemente hemos descrito son simbólicos porque el guerrero, el caballero, el alpinista, el héroe, el canoero y el caminante significan una misma cosa. Joseph Campbell le llama el "monomito" como veremos más adelante. En todos los casos es el mismo discípulo dejando atrás lo conocido, su "zona de confort" y enfrentándose a lo desconocido a fin de alcanzar el centro (el Grial, la cumbre, el buen puerto, el valle, etc.).

La Ascesis Iniciática

La "Ascesis" (en Oriente "sadhana") es un método de perfeccionamiento que contiene diversas prácticas para el trabajo interior, así como pruebas y desafíos personales que se deben superar en la vida cotidiana.

Por su misma definición, esta "Ascesis" debe ser metódica, gradual y sobre todo coherente, pues no puede estar constituida por una mez-

cla caótica de técnicas de Oriente y Occidente elegidas "a la carta". Los ejercicios iniciáticos no están destinados a ser un entretenimiento de la mente ni a satisfacer los deseos de nuestro cuerpo emocional. No están pensados para hacernos SENTIR BIEN sino para hacernos más conscientes y para ESTAR BIEN, alcanzando la plenitud. Algunos autores de la "New Age" hablan de las prácticas espirituales como si se trataran de tratamientos placenteros propios de un "spa", es decir un sutil escapismo a una vida rutinaria. Sin embargo, la felicidad suprema y duradera está más allá de las sensaciones.

Otros instructores prefieren centrarse en los poderes psíquicos, relacionando su desenvolvimiento con el desarrollo espiritual, aunque la mayoría de las veces estos "poderes" (reales o imaginarios) se convierten en un estorbo, una astuta trampa de nuestra mente de deseos, que se afana en construir una nueva "zona de confort", más exótica que la anterior.

La Ascesis apunta a la conciencia, no a la satisfacción sensorial (menos a la mortificación y el dolor) ni tampoco al desarrollo de poderes mágicos.

Esta praxis alquímica nos invita a trabajar primeramente con lo más denso y lo más obvio (el cuerpo físico) avanzando paulatinamente hasta el Santuario del Ser (el refugio del Alma espiritual) en un proceso de cuatro etapas que es posible relacionar con las fases de la Gran Obra: Nigredo, Albedo, Citrinitas y Rubedo.

El objetivo último de la Ascesis es la Iniciación, la iluminación de la conciencia, un estado de conciencia anterior a la reintegración, y por eso cada paso es indispensable para alcanzar tan elevada meta.

La palabra "Ascesis" en su etimología proviene del griego ("ejercicio") y hace referencia al ejercitamiento de los atletas y los guerreros para su entrenamiento físico. Más tarde, el término fue tomado por los espiritualistas para describir los métodos de perfeccionamiento interior que también suponían un "entrenamiento".

Muchas veces se vincula a la Ascesis con la mortificación de la carne y con las prácticas de autoflagelación comunes en el medioevo. Muy por el contrario, la conciencia no se despierta castigando al cuerpo sino educándolo (haciéndolo "recordar") y disciplinándolo, por lo cual los castigos corporales no son recomendados en el programa de entrenamiento iniciático.

La Ascesis está fundamentada en el triunfo de la voluntad, que debe ser ejercitada (recordemos que etimológicamente la palabra "Ascesis" hace referencia a un "ejercicio"), dejando de lado todo lo que nos aleje del Sendero.

El venezolano Fermín Vale Amesti señala en sus obras que *"la Ascesis es Iniciación en acción, así como el Rito es el Símbolo puesto en acción"* (4), asegurando que ésta es *"el Arte de "conciliación de los opuestos" que resuelve el conflicto interno entre dos tendencias: entre el "hombre Viejo" y el "Hombre Nuevo"; por lo cual, al Artista "mata" deliberadamente al "antiguo hombre" que ha sido y re-nace transformado en inmortal"*. (5)

Sigue diciendo Vale Amesti: *"El Proceso Espiritual denominado ILUMINACIÓN, es el maridaje indisoluble de la Doctrina Hermética Tradicional convertida en acto; es decir, el acontecimiento VIVIDO por el Alma del Iniciado mediante la conjugación o síntesis del Conocimiento Liberador y la Ascesis Interior o PRAXIS ALQUÍMICA conducente a una metamorfosis íntima del hombre natural, que da nacimiento al Sabio Integral, al "Hombre Trascendente" o CHEUN-JEN según el término usado por la Tradición Taoísta; el INSAN EL-KAMIL de la Tradición Sufí. El que "se conoce a sí mismo" y que "ha nacido a su propia Luz". Entonces el Hombre Verdadero ha penetrado el misterio de la TEANTROPIA.* (*)

El objetivo de la Ascesis Alquímica es el de hacer pasar al Iniciado del estado SATURNIANO del cuerpo terrestre (Plomo), estado caótico, burdo y quebradizo propio de ese metal, al estado Solar de "Cuerpo Glorioso" (Oro Puro)". (6)

La certera alusión de Vale Amesti a la Ascesis como el arte de la "conciliación de los opuestos" es coherente con la conciencia de "Unidad" detrás de la diversidad que el esoterista va descubriendo más allá de lo evidente. En este sentido, los pares de opuestos (placer y dolor, frío y calor, hombre y mujer, agradable y desagradable, etc.) desaparecen con la iluminación de la conciencia.

Hay muchos métodos ascéticos o "estrategias" para transitar el sendero y alcanzar la reintegración. La Ascesis psico-espiritual más reconocida en Oriente es, sin duda, el Yoga de Patanjali, que recopiló magistralmente las enseñanzas tradicionales indas sistematizándolas en un sistema de ocho fases, a saber:

1) Yama (prohibiciones: no violencia, no mentir, no robar, no apegarse, castidad)

(*) Teantropia: Theos (Dios) y Anthropos (hombre).

2) Niyama (preceptos: limpieza, modestia, disciplina, ofrecerse a Dios, recitación de los Vedas)

3) Asana (Postura)

4) Pranayama (Control de la energía vital mediante la respiración)

5) Pratyahara (Control de los sentidos)

6) Dharana (Concentración de la mente)

7) Dhyana (Meditación)

8) Samadhi (Completa absorción)

En Oriente y Occidente podemos identificar variados y reconocidos métodos ascéticos como los Ejercicios Espirituales de San Ignacio de Loyola, la senda carmelitana de San Juan de la Cruz, el Zen, el sufismo, la Cábala, etc. Por otro lado, los métodos rosacruces y masónicos comparten un origen común en relación con el hermetismo alejandrino, aunque lamentablemente la mayoría de los modernos integrantes de dichas órdenes desconozcan esta rica herencia.

Con respecto a la Teosofía decimonónica impulsada por la renombrada Helena Petrovna Blavatsky, es posible que el estancamiento del movimiento teosófico internacional haya tenido como punto de partida la ausencia de una Ascesis.

Si bien la propia Blavatsky dio algunas pautas para el trabajo introspectivo a sus discípulos, su dificultad para transmitir en una forma clara y didáctica sus ideas (lo cual puede apreciarse fácilmente al intentar leer "Isis sin velo" o "La Doctrina Secreta") sumado a su muerte prematura a los 60 años de edad, hicieron imposible la puesta en práctica de una Ascesis teosófica (7). Tratando de solucionar esta carencia, la inglesa Alice Ann Bailey se apartó de la ST y creó la "Escuela Arcana", un intento de sistematizar la enseñanza teosófica y ofrecer a los discípulos una Ascesis en la línea doctrinal de Blavatsky. (8)

Todos los métodos ascéticos están vinculados directa o indirectamente a la Tradición Primordial, incluso los cristianos de San Juan de la Cruz, Santa Teresa y Fray Luis de León, ya que en ellos pueden detectarse sutiles influencias musulmanas, especialmente sufíes (9). En este sentido, podemos considerar a la mítica civilización Hiperbórea como la "fuente" de todas las corrientes iniciáticas, el centro primordial del cual todos los centros posteriores ("ombligos") fueron una imitación, a saber: Cusco, Roma, Delfos, Jerusalén, Beijing, La Meca, Babilonia, Lhasa, etc.

Cuento: La Ascesis de Diógenes

Un día que Hegesias le rogaba que le prestase uno de sus tratados, Diógenes respondió: "¡Hegesias, eres un pobre tonto! ¡Cuando se trata de higos, tú no coges los higos pintados sino los verdaderos! ¡Por el contrario, cuando se trata de Ascesis, dejas de lado la verdadera Ascesis para arrojarte sobre la que se encuentra en los libros!". (10)

Una aclaración preliminar

En las siguientes páginas realizaré un bosquejo del método ascético que ha sido denominado "iniciático", lo cual no quiere decir que los demás métodos se consideren inferiores o erróneos. ¡Nada de eso! Solamente puedo explicar la Ascesis que me ha sido enseñada, que conozco, que practico y que he comprobado experimentalmente como válida. Si existen errores u omisiones en la exposición, deben ser atribuibles a mi comprensión limitada y no a la validez de la enseñanza.

Algunos críticos de nuestra Obra se han referido a la inconveniencia del uso de los términos "iniciático" e "Iniciación", señalando que el Programa OPI forma parte del camino errado de la "contra-iniciación".

Ante esa acusación, solo puedo argumentar dos cosas: la primera es la acepción de la palabra "Iniciación". Nosotros creemos y defendemos la noción de la "Iniciación" como un estado de conciencia superior, no necesariamente ligado a ceremonias o rituales. En ese sentido, todo ser humano puede alcanzar el portal de la Iniciación porque ese es nuestro derecho divino.

Lo segundo que deseo destacar es que el árbol se conoce por sus frutos. El tiempo dirá si nuestros frutos son dignos de ser comidos.

"No hay árbol bueno que pueda dar fruto malo, ni árbol malo que pueda dar fruto bueno. Cada árbol se conoce por su fruto: no se cosechan higos de los espinos, ni se recogen uvas de las zarzas. El hombre bueno dice cosas buenas porque el bien está en su corazón, y el hombre malo dice cosas malas porque el mal está en su corazón. Pues de lo que abunda en su corazón habla su boca". (Lucas 6:43-45)

PRIMERA PARTE

MARCO CONCEPTUAL

Capítulo I

La Metanoia

Aquellos que pretendan hollar el sendero iniciático necesariamente deberán experimentar la muerte, la aniquilación del "hombre viejo" (palaios anthropos) y que debe dar paso al nacimiento del "hombre nuevo" (neos anthropos). Esta muerte mística, a la que nos hemos referido muchas veces en nuestros escritos, se relaciona con un concepto que oficia de puente entre la filosofía helenista y las concepciones arcaicas del cristianismo primitivo: la METANOIA.

¿Qué es "metanoia"? Etimológicamente la palabra proviene del griego y significa "más allá del pensamiento" (meta=más allá y noia=pensamiento, mente). Para nosotros, la metanoia es un "cambio de enfoque", una "conversión" o –como le llama Mircea Eliade– una "ruptura de nivel". Es un cambio radical, un giro revolucionario en nuestra conciencia, una nueva forma de ver el mundo, la primera muerte en el sendero.

En sus obras, Platón explica que los que han visto la luz (es decir, aquellos que han logrado salir de la caverna) experimentan una completa transformación que modifica absolutamente su forma de ver las cosas. En "Leyes", este filósofo comenta que *aquellos que han realizado su verdadera relación con Dios y su dependencia real de Él "pensarán de otro modo a como lo hacen ahora"*, y que *"conviene a nuestros discípulos ser de esa misma manera (nueva) de pensar"*. (1)

La metanoia es una transformación radical, no una simple reforma. Si bien es fruto de una evolución personal, significa una revolución, un hito. Un instante donde el tiempo y el espacio se detienen para que el individuo se REGENERE e ingrese a una "región pura".

Tradicionalmente, el símbolo de la escalera representa esta "ruptura de nivel", ese desplazamiento en el "axis mundi" que también aparece en el Camino de Santiago, como veremos más adelante. En este sentido, el sendero compostelano no solamente es una peregrinación sino también una representación experiencial del sendero iniciático o "Via Lucis", en la cual el peregrino interpreta el papel del discípulo que abandona las tinieblas en dirección a la luz. Desde esta perspectiva, la peregrinación a Santiago de Compostela (y de ahí a Fisterra, en la Costa da Morte) es un proceso metanoico que finaliza junto al faro de Fisterra (Finis Terrae), para que se produzca una "ruptura" simultánea a la contemplación de la muerte del sol en el horizonte.

De acuerdo con Mircea Eliade, esta "metanoia" o "ruptura de nivel" *"fundamenta un nuevo modo de existir"* (2), lo cual está en consonancia con ese "cambio de mente" que debe gestarse para que exista una auténtica muerte mística. Oswald Wirth recomendaba a los neófitos: *"Sabed morir o, de lo contrario, mejor será renunciar de antemano a la Iniciación"*. (3)

Podemos entender este momento cumbre metanoico, este "hito" en la vida discipular, como el punto de ebullición, causado por una alta temperatura a través de la cual la materia pasa del estado líquido al estado gaseoso, el hervor. En otras palabras: "cambia de estado". Es imposible pensar en este hervor sin un proceso de calentamiento previo, sin una preparación adecuada, en términos espirituales un "proceso metanoico" que es parte de la Ascesis. También es importante destacar que después que el agua hierva es indispensable mantener encendido el fuego, regulándolo, porque si se apaga, el calor del líquido irá descendiendo hasta volver a su temperatura original. Esto puede compararse a remar contra corriente, pues si se deja de remar inevitablemente se retrocede.

La metanoia es el verdadero comienzo del sendero pues implica un compromiso solemne con nuestro verdadero Ser. Todo lo que hayamos realizado antes de este momento crucial simplemente debe ser considerado una "preparación".

Para nuestra vida, la metanoia supone un "hito" que puede compararse al legendario cruce del Rubicón.

El cruce del Rubicón

En "La vida de los doce Césares", Gayo Suetonio nos cuenta la historia de Julio César al llegar al límite establecido por el río Rubicón:

"Julio César vagó largo tiempo al azar, hasta que al amanecer, habiendo encontrado un guía, prosiguió a pie por estrechos senderos hasta el Rubicón, que era el límite de su provincia y donde le esperaban sus cohortes. Detúvose breves momentos, y reflexionando en las consecuencias de su empresa, exclamó dirigiéndose a los más próximos:

—Todavía podemos retroceder, pero si cruzamos este puentecillo, todo habrán de decidirlo las armas.

Cuando permanecía vacilando, un prodigio le decidió. Un hombre de talla y hermosura notables, apareció sentado de pronto, a corta distancia de él, tocando la flauta. Además de los pastores, soldados de los puestos inmediatos, y entre ellos trompetas, acudieron a escucharle;

arrebatando entonces a uno la trompeta, encaminóse hacia el río, y arrancando vibrantes sonidos del instrumento, llegó a la otra orilla. Entonces César dijo:

—Marchemos a donde nos llaman los signos de los dioses y la iniquidad de los enemigos. ALEA IACTA EST. ("La suerte está echada")" (4)

Para los que peregrinamos por la "Via Lucis", la metanoia constituye nuestro propio Rubicón. Ciertamente hay personas que han estudiado durante años y años estas materias y no se han acercado ni a las orillas de este simbólico río porque carecen de la voluntad y la valentía suficientes para otear el horizonte, dejar atrás el pasado y avanzar con decisión, exclamando: "¡Alea Iacta Est!"

Considerada como "mutatio mentis" ("cambio mental") esta instancia capital implica una nueva forma de ver e interpretar la realidad. Mejor aún: con la "ruptura de nivel" nos quitamos de los ojos las telarañas de Maya (la ilusión) y propiciamos el despertar de la "mirada del Alma espiritual", sustituyendo nuestros ojos físicos por otros de naturaleza metafísica. Siendo así, luego de la "metanoia" podremos estar haciendo cualquier cosa pero nuestros ojos internos estarán siempre en dirección a lo Uno, contemplando la realidad más allá de lo evidente. Para una vista purificada, todo es puro.

> *"Si tu mente es pura, todos son Buddha. Sí tu mente es impura, todos son ordinarios".* (Trulshik Rinpoche XI)

En palabras de Ramón Llull: *"Por razón, Señor, de que los ojos corporales son limitados y finitos, conviene que los ojos espirituales se extiendan y atraviesen el límite en el cual los ojos corporales son finitos. De ahí, Señor, que los ojos del alma alcanzan a ver las cosas que los ojos corporales no pueden ver... De manera semejante entendemos, Señor, de qué manera los ojos espirituales se extienden más allá de los límites de los ojos corporales, pues como éstos no pueden ver las cosas espirituales, en la demostración que los ojos corporales hacen a los espirituales, los ojos espirituales ven y aperciben en las sensualidades las cosas intelectuales".* (5)

Al decir esto, el lector habrá comprendido que la metanoia está ligada al primer grado de clarividencia ("clara visión"), no necesariamente relacionada con lo fenoménico que tanto agrada a aquellos que desean "poderes exóticos" (ver auras, cuerpos sutiles, espíritus, elementales, etc) sino con la contemplación directa de la Unidad Primordial.

Esta nueva forma de VER el mundo está ligada a una nueva forma de INTERPRETARLO y –lo más importante–: a una nueva forma de ACTUAR. Si no existe un cambio profundo de nuestros hábitos y de nuestra conducta, no será posible hablar de "metanoia". ¿Qué quiere decir esto? Que ante los mismos estímulos de antes, el "nuevo hombre" debe reaccionar diferente a como lo hacía el "viejo hombre".

"Metanoia" no significa "emparchar", reformar o hacer pequeños ajustes, sino "ir a la raíz" (ser "radical"), revolucionando nuestra existencia a fin de volvernos más conscientes. Luego de la ruptura, nuestra forma de ser es sustituida por otra "nueva" y "mejor". Por esta razón muchas veces los cristianos se refieren a la "metanoia" como "conversión".

En el esquema que presenta el prestigioso mitólogo Joseph Campbell relacionado con el "viaje del héroe" este gran paso significa el "cruce del primer umbral", el *primer paso en la zona sagrada de la fuente universal*" (6).

Zombies con corazón de diamante

En otras ocasiones hemos hablado de la necesidad de "imitar a las salamandras", esos seres legendarios que desarrollan su existencia en el fuego sin quemarse. En el caso de la "metanoia" es importante volver a hacer hincapié en este tema, pues es muy posible que nuestro "viejo entorno" no esté dispuesto a dejar ir tan fácilmente al "viejo hombre", por lo cual muchas viejas (malas) amistades intentarán arrastrar al "nuevo hombre" a sus viejos vicios, tratando de que regrese a la "zona de confort".

El mundo en crisis que nos legó la ilustración, profundamente contaminado de materialismo, ciertamente es hostil a toda idea de despertar espiritual y emancipación, porque los hombres despiertos no pueden ser engañados tan fácilmente, ni se les pueden generar necesidades ilusorias. Por eso es necesario ser conscientes que –al dar el salto– vamos a ir a contramano de un sistema perverso que utiliza todos los medios disponibles para promocionar un estilo de vida fundamentando en el consumo y que está en las antípodas del camino iniciático.

En este oscuro panorama, muchas personas no sienten interés en seguir un sendero espiritual porque éste se contrapone a la visión del mundo que desde siempre le han inculcado los medios de comunicación, y porque les parece que el trabajo interior es aburrido, sacrificado e inútil. Desde una óptica profana, es más fácil y atractivo declararse ateo, ya que *"si Dios no existe, todo vale"*, dejando la vía libre para satisfacer todos nuestros deseos sin ceñirse a ninguna regla ética o mandamiento de carácter superior.

En la sociedad del espectáculo (cine, televisión, deportes, etc.), el ser humano se ha resignado a ser un simple ESPECTADOR, a recibir "desde afuera" entretenimientos e impresiones novedosas para que la mente de deseos (kama-manas) se entretenga (es decir, duerma) y no se haga las preguntas inquietantes: "¿Quién soy?", "De dónde vengo?", "¿Cuál es mi propósito en la vida?", etc.

La senda iniciática –por su parte– exige al hombre que sea PROTAGONISTA y que desarrolle sus potencialidades, a fin de tomar el control de su vida. Muchas veces, el hombre mundano experimenta una sensación de vacío existencial y siente la necesidad de cambiar radicalmente su vida, pero cuando se percata que este cambio significaría esfuerzo, voluntad y constancia, termina apartando de su mente esas "fantasías" (que pudieron haber surgido de la lectura de un libro, de una película o de una situación traumatizante) y regresa a su vida ordinaria.

En otras ocasiones, la mente de deseos propone a los hombres que están inconformes con su vida un cambio, aunque la propuesta kamanásica la mayoría de las veces se limita a "cambiar sin cambiar", a seguir una alternativa descomprometida, haciendo lo mismo de siempre con un barniz espiritual. Esta triquiñuela suele funcionar sobre todo en los ámbitos "New Age" donde se supone que sin mucho esfuerzo pueden alcanzarse grandes resultados, pero es tan absurda como arrancar el coche e intentar alcanzar la quinta velocidad manteniendo accionado el freno de mano.

Philip Kapleau Roshi comenta: *"Gentes de todas las edades se engañan al creer que puede alcanzarse la iluminación, no a través del camino largo y arduo de los maestros zen, sino en veinte días de meditación, unos días más o unos días menos. Y desde luego, de manera agradable. Duerme, ronca, deprímete, medita lo que quieras, vive como te plazca, pues no cabe duda que alcanzarás la iluminación. Entonces aparece otro salvador ofreciendo otra droga: "¡Logre Kenzo en tres días!", garantiza. Sólo un charlatán o un lunático proclamaría de manera descaradamente ridícula que Kenzo –ver en nuestra naturaleza verdadera– puede obtenerlo todo el mundo en tres días".* (7)

Lamentablemente y aunque deseemos que el camino iniciático sea "para todos", o bien "para los muchos", lamentablemente en estos tiempos modernos el mismo sigue siendo un fenómeno marginal "para los pocos", lo cual es corroborado por Mariana Caplan al decir que *"muchos buscadores de la verdad son sinceros y se esfuerzan en serio, pero la confrontación con el ego exigida por el sendero es más de lo que la mayoría de la gente es capaz de soportar, pues no es eso lo que desea. (…) En ningún momento de la historia, incluyendo la actual "New Age", las masas han tenido ganas de adoptar el compromiso necesario para lograr una vida iluminada".* (8)

El espiritualista que vive en sociedad, sabiendo que no puede aislarse ni irse a vivir a una montaña, debe prepararse todas las mañanas antes de salir a la calle poniéndose su traje de salamandra para protegerse de la mundanalidad.

En el mundo se encontrará con centenares de "muertos vivientes" de los cuales nos hablan todas las tradiciones espirituales, "durmientes" que también han sido denominados zombies, golems, androides, hombres-máquina, es decir, los habitantes de la caverna platónica que viven una existencia mecánica y que siempre están dispuestos a acusar y condenar con el dedo a aquellos que optan por salirse del rebaño.

Según interpreta Erich Fromm desde la psicología moderna: *"Hoy nos encontramos con personas que obran y sienten como si fueran autómatas; que no experimentan nunca nada que sea verdaderamente suyo; que se sienten a sí mismas totalmente tal como creen que se las considera; cuya sonrisa artificial ha reemplazado a la verdadera risa; cuya charla insignificante ha sustituido al lenguaje comunicativo; cuya sorda desesperanza ha tomado el lugar del dolor auténtico".* (9)

Y concluye: *"El peligro del pasado estaba en que los hombres se convirtieran en esclavos. El peligro del futuro está en que los hombres se conviertan en robots o autómatas. Cierto es que los autómatas no se rebelan. Pero, dada la naturaleza del hombre, los robots no pueden vivir y permanecer cuerdos: se convierten en "Golems", destruirán su mundo y a sí mismos porque no pueden resistir el tedio de una vida sin sentido".* (10)

Seguir el sendero espiritual implica no dejarse contaminar por la masa de muertos vivientes y abandonar el pasado vinculado con el "hombre viejo". Así pueden entenderse las palabras del Cristo cuando le dice a un seguidor: *"Sígueme y deja que los muertos entierren a sus muertos".* (Mateo 8:22)

Maurice Nicoll explica la visión del "cuarto camino" con respecto a este "hombre muerto" o "zombie": *"Es el hombre de los sentidos, sin vida interior, el hombre que se atribuye sus poderes a sí mismo, el hombre de la auto-estimación, para quien toda verdad descansa en el* mundo exterior, el hombre que no ha empezado a pensar o sentir más allá de sí mismo. Este hombre es llamado en el Génesis "desordenado y vacío". Este es el hombre de las tinieblas, en quien no hay luz. (…) Tal hombre no puede pensar en términos que estén más allá de él mismo y de lo que quiere. En él no hay "amor al prójimo" —esto es, no hay desarrollo emocional más allá del egoísmo y del propio interés. (…) Este es el estado general del Hombre. En el Trabajo es menester superarlo y cuesta mucho hacerlo a todas las personas, sin excepción alguna. Sin embargo, habrá que hacerlo dar ese paso para que se pueda llegar más allá de lo que uno es actualmente. Lo que se requiere ante todo es proporcionar un choque al estado presente de la mente y los sentimientos. Es preciso pensar y luego sentir de una nueva manera. Pero a no ser que se encuentre algo que lo provoque, seguirá siendo un paso no dado y se seguirá dando la misma nota a todo lo largo de la vida, como suele hacer la mayoría de la gente".* (11)

No obstante, y esto es IMPORTANTE, debemos poder ver más allá de lo evidente y distinguir en los zombies a dioses en el destierro, seres humanos que han olvidado su verdadera naturaleza. Por eso decimos simbólicamente que los muertos vivientes de la vida real (los profanos de diferentes clases) tienen todos un corazón de diamante, una joya escondida en el pecho que –cubierta de una costra putrefacta y nauseabunda– aún puede brillar.

Cuento: Después de la muerte

«Algunas personas afirman que no hay vida después de la muerte», dijo un discípulo.

«Ah, ¿sí?», dijo el Maestro como tratando de eludir el tema.

«¿No sería espantoso morir... y no volver a ver ni a oír ni a amar nunca más?»

«¿Eso te parece espantoso?», dijo el Maestro. «¡Pero si es así como vive la mayoría de la gente hasta que muere...!». (12)

La escalera iniciática

"Todo el mundo está, lo sepa o lo ignore, en el camino espiritual...y la mayoría lo desconoce" (Mariana Caplan)

Trazando una línea de la oscuridad a la luz, del sueño a la vigilia, de la prisión cavernaria a la libertad luminosa, es posible establecer diferentes grados de conciencia en los seres humanos, en perfecta relación con los cuatro estados de conciencia que estudiaremos en el próximo capítulo.

Sivananda ponía este ejemplo: *"Si hay mangos en la parte alta de un gran árbol, no te pones a dar saltos para cogerlos. Es imposible. Trepas progresivamente por el árbol agarrándote de las diferentes ramas y así alcanzas la parte alta del árbol. Del mismo modo, tampoco puede saltar enseguida a la cima de la escala espiritual. Tendrás que colocar tus pies con prudencia en cada peldaño"*.

Todo el proceso iniciático puede representarse con una escalera, que empieza en la oscuridad profana y finaliza en la luz del Adeptado.

Etimológicamente, la palabra "profano" proviene del latín y significa "delante del Templo" (pro=delante y fanum=templo), es decir aquellos que permanecen en la ignorancia de lo sagrado.

Podemos distinguir diez peldaños de la escala, que lleva desde la oscuridad más negra a la luminosidad más clara.

Primer peldaño: Criminales

Son la escala más baja del vulgo profano. Son aquellos que sienten desprecio por la vida, distinguiéndose por su crueldad y falta de moral. Son los asesinos, terroristas, mafiosos, sicarios, etc.

Características fundamentales: sadismo, nihilismo, crueldad, violencia, agresividad, cosificación de los demás, vulneración de los derechos de terceros (esclavitud, tortura, violación, abusos, etc.).

Segundo peldaño: Hedonistas

Son aquellos que fundamentan su vida en la búsqueda de placer, sin contemplar ni respetar a los demás ya que desean "pasarlo bien" a costa de lo que sea: pedofilia, tortura de animales, violencia, etc.

Características: satisfacción del deseo, consumismo, promiscuidad, apatía, falta de respeto, materialismo, confort, cinismo, doble moral, hipocresía, excesos (drogadicción, ludopatía, obsesión sexual, etc.), superficialidad, libertinaje, irresponsabilidad, cosificación de los demás a fin de obtener placer (prostitución, sadomasoquismo, etc.).

Tercer peldaño: Conformistas

Son aquellos que se conforman con el mundo tal como está y establecen dicotomías entre "buenos" y "malos", o bien "los míos" (familia, amigos) y el "resto del mundo". Su tibieza inconsciente y su aceptación paulatina de cosas inaceptables (violencia, drogas, etc.) son las causantes de los males del mundo, aunque muchas veces estas personas se consideren a sí mismas "buenas" y así se muestren ante los demás. La inacción y la apatía, convierten a una persona "buena" en cómplice de la destrucción del planeta y de la perpetuación de la inconsciencia.

Características: tibieza, medias tintas, inconsciencia, consumismo, permisividad, tolerancia (mal entendida), relativismo, apatía, confort, pequeñas corrupciones, amiguismo, moral efímera, individualismo, conformismo, adaptación total a la sociedad moderna (aunque crea ser "distinto"), necesidad de posesión, esclavitud de las modas y las tendencias, aceptación del mundo tal cual es, separatividad (patriotismo, política, fútbol, "nosotros" vs. "los demás").

Cuarto peldaño: Buscadores

Cuando las distracciones y comodidades del mundo profano dejan de ser complacientes, el hombre se convierte en Buscador, aquella persona que, ante la insatisfacción, comienza a buscar "algo más" que llene su vacío existencial. Como su mente está confusa, su búsqueda lo llevará de un lado a otro sin llegar a comprometerse con nada.

Características: inquietud, insatisfacción, búsqueda de respuestas, crisis existencial, falta de claridad, inconformismo, comienzo de inadaptación, frustración.

Cuando el buscador encuentra "algo", una disciplina o una actividad social que les ayuda a avanzar en el camino y sentirse parte de algo más grande (un Ideal) se convierten en "idealistas". Muchas personas desarrollan toda su vida en este escalón, creyendo que su búsqueda termina ahí. Los idealistas se pueden diferenciar en dos clases:

Quinto peldaño: Idealistas seculares

Son aquellos que siguen un ideal altruista supeditado a la sensibilidad reinante en la sociedad y desde una perspectiva no trascendente. Son los luchadores por los Derechos Humanos, el medio ambiente, etc.

Características: ética laica, humanismo, toma de conciencia social, librepensamiento, neutralidad religiosa, laicismo, altruismo, racionalismo.

Sexto peldaño: Idealistas espirituales

Son aquellos que siguen un ideal altruista que contempla la trascendencia y la vida espiritual, atendiendo a una ética atemporal.

Características: trascendentalismo, toma de conciencia, amor a Dios, altruismo, respeto a la naturaleza como creación divina, necesidad de cambiar el mundo.

La inmensa mayoría de la humanidad se encuentra en la tercera clase (conformismo), aunque continuamente salta a la segunda clase (hedonismo) cuando se ve arrastrada por el deseo y en ocasiones especiales alcanza el cuarto escalón (búsqueda). Algunas veces, el vulgo profano necesita "sentirse bien" y demostrar a los demás que es una buena persona, adoptando por un rato el rol de "idealista secular", aunque la mayoría de las veces sus motivaciones no son altruistas ni surgen de la conciencia sino de una necesidad de no sentirse culpable por ser cómplice de un sistema inhumano.

Aunque los Idealistas espirituales ya se encuentran bien rumbeados, y pueden ser considerarse en la antesala del sendero discipular, éste recién comienza en el siguiente grado: el Aspirantazgo.

Séptimo peldaño: Aspirantazgo

Está conformado por aquellos neófitos que "aspiran" al conocimiento y que han optado por una senda de perfeccionamiento que contempla una Ascesis.

Características: entusiasmo, altruismo.

Octavo peldaño: Probacionismo

Son aquellos que comienzan a trabajar comprometidamente en el camino iniciático, franqueando las pruebas de los cuatro elementos vinculadas a un proceso de purificación o alineación.

Características: compromiso, puesta a prueba, trabajo, constancia, voluntad.

Noveno peldaño: Discipulado

Son aquellas personas que han purificado sus vehículos y que siguen una estricta disciplina, relacionada a cinco iniciaciones simbólicas.

Características: Disciplina, renuncia.

Décimo peldaño: Adeptado

Con la quinta Iniciación llega la Luz y el discipulo se convierte en Maestro: ha llegado al centro del laberinto o a la cumbre de la montaña.

Características: Conciencia, maestría, claridad, unidad.

Los grados simbólicos que se otorgan en las Órdenes Iniciáticas y Escuelas de Misterios no son otra cosa que una representación alegórica de este tránsito a la luz o graduación de la conciencia.

La existencia de estas etapas, asociadas a los cuatro estados de conciencia, no significa que –por detrás de esta diversidad– no exista una Unidad primordial, una Fraternidad de todos los hombres. En verdad, todos somos Uno, y en el reconocimiento de esta "Comunidad" (común unidad), es necesario que redoblemos esfuerzos para ser canales de lo Bueno, lo Bello, lo Justo y lo Verdadero, para que en el mundo reine una paz plena y profunda.

En la tradición oriental, el Buddha es considerado un "médico" porque tras el análisis de los síntomas, distingue la causa de la enfermedad y prescribe una medicación, todo esto a través de las Cuatro Nobles Verdades:

* Existe el dolor (se diagnostica la enfermedad).

* El dolor tiene una causa: el deseo (se determina la causa de la enfermedad).

* Para curar el dolor, debe desaparecer su causa (se determina si es curable).

* Para extinguir la causa del dolor debemos seguir el Óctuple Noble Sendero (se prescribe un tratamiento y una medicación).

Si trazamos un paralelismo con la situación de los zombies, podremos determinar que su enfermedad –o más bien ese veneno que les corroe el Alma y les produce ceguera– consiste en un profundo estado de inconsciencia. Entonces, ¿cuál es el antídoto para ese veneno? La toma de conciencia, el "darse cuenta". Cuando esto suceda, el corazón de diamante brillará de tal forma que la costra exterior se irá desprendiendo hasta que la luz diamantina logre iluminarlo todo.

Todos nosotros en mayor o menor medida estamos infectados por

LA "VIA LUCIS"

"Conducidme del no-Ser al Ser,
de la oscuridad a la luz,
de la muerte a la inmortalidad"
(Brhadâranyaka Upanishad)

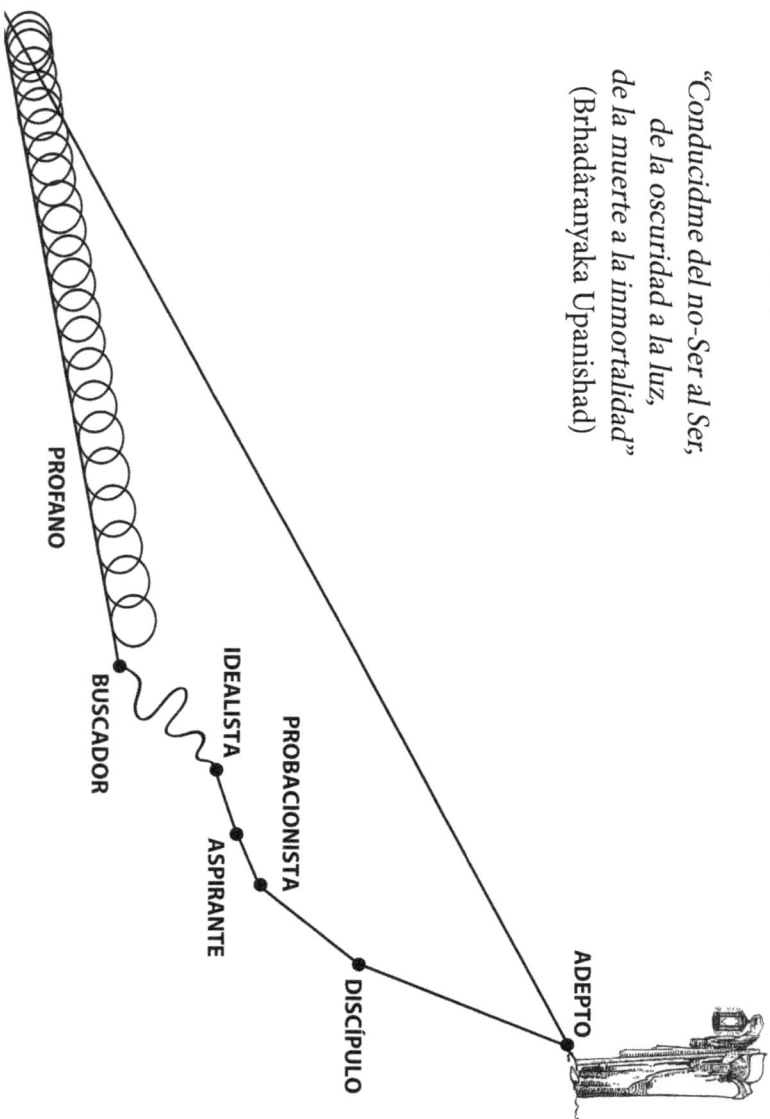

PROFANO

BUSCADOR

IDEALISTA

PROBACIONISTA

ASPIRANTE

DISCÍPULO

ADEPTO

esa grave enfermedad que convierte a los seres humanos en "zombies". Algunos están más afectados, pero otros –afortunadamente– se han percatado de su situación y están haciendo todo lo posible para curarse.

Karl von Eckhartshausen se refería a esta "enfermedad" y su tratamiento, diciendo: *"La curación de la humanidad sólo es posible por la destrucción en nosotros de este fermento del pecado; para lo cual necesita un médico y un remedio.*

Pero el enfermo no puede ser curado por otro enfermo, ni lo destructible llevarse a sí mismo hacia la perfección, ni lo que está muerto despertar lo que también está muerto, así como el ciego no puede conducir al ciego. Sólo lo perfecto puede llevar lo imperfecto a la perfección; sólo lo indestructible puede volver como él a lo destructible y sólo lo que está vivo puede animar a lo que está muerto.

Por eso, no se debe buscar al médico ni al remedio en la naturaleza destructible donde todo es muerte y corrupción. Se les debe buscar en una naturaleza superior, donde todo es perfección y vida". (13)

Según la filosofía inda, en todo ser humano existen dos tendencias, dos fuerzas opuestas que nos arrastran hacia la materia (Avidya, ignorancia, comprensión incorrecta) o nos elevan hacia el Alma (Vidya, conocimiento, comprensión correcta).

Estas dos tendencias determinarán un progreso espiritual que nos lleve a la liberación o a un estancamiento que perpetúe nuestra esclavitud en la caverna. El discernimiento y el desapego son "acciones ideales" o Vidya-maya, mientras que los "actos nocivos" (Avidya-maya) opacan el reflejo de la conciencia.

El divino Platón sentenciaba que *"hay un algo en el alma que inclina a los hombres a beber y un algo que lo prohíbe, un algo diferente de eso que inclina"* (14). El hombre de la caverna platónica que confunde las sombras con la realidad es un buen ejemplo de Avidya mientras que el individuo que logra escaparse hacia la luz nos muestra el significado último de Vidya.

En todas las instancias de nuestra vida diaria estamos optando por Vidya o Avidya, es decir por la conciencia o la inconsciencia. La ruptura metanoica es una gran ayuda en la toma de conciencia, aunque el despertar y la completa vigilia llegará con la Iluminación.

Es importante destacar que la ignorancia –desde una perspectiva espiritual– no tiene nada que ver con la ignorancia tal como es comprendida en el mundo profano, que está repleto de "ignorantes ilustrados" que muestran vanidosamente sus títulos, grados y honores pero que desconocen todo sobre nuestra naturaleza íntima. A esto se refería Ramana Maharshi al aseverar que *"el analfabetismo es ignorancia y la educación es ignorancia aprendida. Ambos ignoran el verdadero objetivo".* (15)

Osho interpreta esta situación de ignorancia espiritual con un sueño hipnótico y dice: *"El hombre vive, muere, se mueve, sin saber porqué está vivo, sin saber de dónde viene, sin saber hacia dónde va, para qué lo hace. (...) No sabes por qué existes. Desconoces el propósito de tu estancia aquí; en este mundo, en este cuerpo, el por qué vives estas experiencias. Haces muchas cosas sin saber por qué las estás haciendo, sin saber que tú las estás haciendo, sin saber que tú eres el que las ejecuta. Todo transcurre como en un sueño profundo, "avidya": si tuviera que traducirlo para ti, significa "hipnosis".* (16)

Capítulo II

Los Estados de Conciencia

En reiteradas ocasiones hemos afirmado que la Iniciación es un estado consciencial y que los rituales y ceremonias que se denominan "iniciáticas" en verdad son una representación alegórica de este proceso gradual del despertar de la conciencia. También dijimos que las diferentes etapas del proceso espiritual (desde el vulgo profano hasta el adeptado) se vinculan con grados del despertar y con distintos estados de conciencia.

Pero, ¿qué es la conciencia? En principio, podríamos decir que ser consciente es "darse cuenta de la realidad", en otras palabras estamos hablando del conocimiento y comprensión que tiene un ser de sí mismo y de su entorno. El filósofo Descartes con su razonamiento "pienso, luego existo" relacionó la conciencia con el acto de pensar. No obstante, según la filosofía iniciática, la conciencia es independiente y está más allá de los pensamientos y de las emociones. Hasta la divulgación de las teorías psicológicas de Sigmund Freud y sus postulados acerca del inconsciente, la ciencia decimonónica aceptaba sin chistar que *"no había más vida mental que la que se producía en nuestra conciencia. Así, la conciencia era el conocimiento de la percepción, de los afectos, de la sensación, de los pensamientos, de la imaginación, etc. No había nada mental que no formara parte de la conciencia, o si se prefiere, que no fuera consciente".* (1)

Para comprender esto, pediré al lector que por un momento imagine un compartimiento estanco de forma esférica y que se sitúe en el centro, dentro de esa bola insonora, oscura, inodora e insípida. Flotando sin tocar las paredes de la esfera, los sentidos quedarían suprimidos ya que no será posible oler, oír, gustar, tocar ni ver nada. Entonces, ¿dónde quedaría la conciencia al no tener puertas de contacto con el mundo exterior? (2)

Aún en esta situación de total aislamiento sensorial, la mente dual –basada en dicotomías pasado-futuro, agradable-desagradable, etc.– se aferraría a los recuerdos para seguir ligada al mundo fenoménico, por lo cual en este particular experimento es necesario suprimir también la memoria.

Ahora bien: sin estímulos externos y sin recuerdos, ¿dónde quedaría la conciencia? ¿dónde quedaría el "yo"?

En este caso, tendríamos que aceptar que nuestra conciencia estaría totalmente desligada del entorno, por lo cual tendería a centrarse en sí misma, convirtiéndose en "conciencia autorreflexiva".

Recluida en ese recinto, la conciencia no estaría supeditada a un espacio adentro-afuera ni a un tiempo pasado-futuro y entonces, ¿acaso el tiempo, el espacio y el "yo" no se convertirían una sola cosa? En esta situación imaginaria, la experiencia sería esencialmente de "unidad".

Teniendo en cuenta este ejemplo invitamos al lector a reflexionar sobre esto y a continuar imaginando que finalmente, desde dentro de la bola, lograría sacar los dos brazos y empezar a detectar el ambiente a través del tacto, notando después que la nariz también comenzaría a funcionar, luego la boca, las orejas y también los ojos. Por último la memoria sería recuperada. De este modo las puertas al mundo físico se abrirían y la mente dual construiría rápidamente la barrera dicotómica adentro-afuera (sujeto-objeto). Atendiendo a esta dualidad: el "mundo" por un lado (lo observado) y el "yo" por otro (el observador), la atención se desplazaría hacia fuera y pasaríamos a identificarnos con objetos, sucesos, recuerdos y personas.

Siendo así, los sentidos nos empujarían hacia fuera y la mente nos convencería que las sensaciones recibidas son fidedignas y que el mundo fenoménico es lo único real. (Recordemos la sentencia de "La Voz del Silencio": *"La mente es la gran destructora de lo real"*). Ramana Maharshi recalcaba esto al decir: *"La idea que el observador se diferencia de lo observado reside en la mente (es decir, el pensamiento). Para quienes residen permanentemente en la subjetividad absoluta, el observador es lo mismo que lo observado"*. (3)

Aunque el edificio científico occidental esté cimentado en el pensamiento dualista (por ejemplo, el positivista Augusto Comte decía que *"la verdadera observación debe ser necesariamente externa al observador"*) en el siglo XX aparecieron voces disonantes con esta cosmovisión materialista. Por ejemplo, el fundador de la mecánica cuántica, Erwin Schrödinger (Premio Nobel de Física en 1933), creía que *"el mundo exterior y la conciencia son una y la misma cosa"*, señalando además que la consideración de las "mentes" individuales es una ilusión, destacando que *"en verdad existe una sola Mente"*. (4) De este modo, podemos darnos cuenta que el renombrado científico austríaco tenía un discurso consonante con el principio hermético del mentalismo: *"El TODO es Mente; el universo es mental"* (5), que según los Tres Iniciados es "el principio básico" según el cual podemos comprender a los demás.

Schrödinger iba más allá en sus conclusiones sosteniendo que *"por inconcebible que parezca a la razón ordinaria (es decir, el modo prime-*

ro o dualista), todos y cada uno de los seres conscientes como tales lo son todo en el todo. Por consiguiente, la vida que uno vive no sólo es un fragmento de la existencia en su totalidad, sino en cierto sentido el conjunto. (...) Así pues, uno puede arrojarse al suelo, extenderse sobre la Madre Tierra, con la certera convicción de que es uno con ella y ella con uno". (6)

El ejercicio imaginativo que presentamos antes no es otra cosa que una demostración gráfica de lo que ha sucedido con la conciencia humana, que – deslumbrada y atraída hacia el mundo fenoménico– fue desplazada del centro a la periferia, relegando al olvido al Ser.

Este olvido de nuestra verdadera naturaleza implica además un adormecimiento de la conciencia del que necesitamos imperiosamente despertar. Los orientales hablan de "Maya" como el mundo de la ilusión, muchas veces representado por una araña que teje laboriosamente su tela. De acuerdo con la Vedanta, Maya es *"toda experiencia constituida por la distinción entre sujeto y objeto, y que emana de la misma".* (7)

Por eso, para poder ver más allá de lo evidente (esto es: ser verdaderamente "conscientes") debemos primero despertar, lo cual implica quitarnos las telarañas mayávicas de los ojos.

Para la tradición esotérica, el mundo es considerado ilusorio porque, por un lado, los sentidos solamente pueden captar una porción muy pequeña de lo que ocurre en el entorno al mismo tiempo que la mente intenta persuadirnos que esa –y no otra– ES la realidad. Por otro lado, el individuo –engañado por esta misma mente de deseos– termina convenciéndose que es una entidad independiente y que está separada del resto del mundo, cayendo fácilmente en el espejismo de la separatividad.

Ken Wilber dice que la clave para no desviarnos *"consiste en no confundir el mundo como es con el mundo que medimos en términos de espacio, tiempo, objetos, clases, delineaciones, fronteras, límites, particularidades, características universales, individuales, generales, o cualquier género de categorías, por la simple razón de que toda medida es producto del pensamiento y no de la realidad".* (8)

"Si la mente se contenta con los objetos de los sentidos, la idea de la realidad del universo no puede sino afianzarse. Si, por el contrario, piensa sin cesar en Atma [Dios en nosotros], el mundo se le presentará como un sueño" (Sivananda)

La barrera ilusoria sujeto-objeto finalmente caerá cuando comprendamos que todos somos Uno y cuando aceptemos experiencialmente que somos un microcosmos a imagen y semejanza de un macrocosmos. Para lograr esto, la atención desplazada "hacia fuera" deberá volcarse "hacia dentro" (hacia el centro) para alcanzar el autoconocimiento porque ciertamente *"conociéndonos a nosotros mismos conoceremos al Universo y a los dioses"*, tal como advertía la sentencia del oráculo de Apolo.

En el Chandogya Upanishad se dice muy claramente:

"Al igual que un trozo de arcilla todo lo de arcilla puede ser conocido; las diferencias son meras distinciones verbales, nombres: en realidad es sólo "arcilla"; al igual que por un trozo de cobre todo lo de cobre puede ser conocido; las diferencias son meras distinciones verbales, nombres: la realidad es sólo "cobre"; así, amigo mío, es esta enseñanza". (9)

Esto también es corroborado en los textos de la tradición taoísta, donde el sabio Lao-tsé sentenciaba:

"Sin salir al exterior, uno puede conocer el mundo entero.
Sin mirar a través de la ventana, uno puede ver los caminos al cielo.
Cuanto más nos alejamos, menos conocemos.
De este modo, el sabio conoce sin desplazarse,
ve sin mirar, trabaja sin hacer." (10)

El principio hermético de correspondencia establece que *"Así como es arriba es abajo"*, lo cual desde una perspectiva humana puede ser entendido como *"Así como es adentro es afuera"*.

El proceso de despertar de la conciencia se suele representar en la tradición iniciática por un sendero "hacia adentro" –o más bien "hacia el centro"– que no es otra cosa que el simbólico "viaje del héroe" que investigó en profundidad el mitólogo norteamericano Joseph Campbell.

Platón relacionaba este proceso conciencial con la salida de la caverna que aparece en la obra "La República". Esta fuga puede ser dividida en cinco etapas:

a) La prisión: *"Imagina (…) unos hombres que están en [la caverna] desde niños, atados por las piernas y el cuello de modo que tengan que estarse quietos y mirar únicamente hacia adelante, pues las ligaduras les impiden volver la cabeza".*

b) La búsqueda: *"Cuando uno de ellos fuera desatado y obligado a levantarse súbitamente y a volver el cuello y a andar y a mirar a la luz. (...) ¿No crees que estaría perplejo y que lo que antes había contemplado le parecería más verdadero que lo que entonces se le mostraba?"*

c) La salida: *"Si se lo llevaran de allí a la fuerza , obligándole a recorrer la áspera y escarpada subida, y no le dejaran antes de haberle arrastrado hasta la luz del sol, ¿no crees que sufriría y llevaría a mal el ser arrastrado y, una vez llegado a la luz, tendría los ojos tan llenos de ella que no sería capaz de ver ni una sola de las cosas a las que ahora llamamos verdaderas? (...) Necesitaría acostumbrarse, creo yo, para poder llegar a ver las cosas de arriba".*

d) El conocimiento: *"Después de esto le sería más fácil el contemplar de noche las cosas del cielo y el cielo mismo, fijando su vista en la luz de las estrellas y la luna, que el ver de día el sol y lo que le es propio. (...) Y por último, creo yo, sería el sol, pero no sus imágenes reflejadas en las aguas ni en otro lugar ajeno a él, sino el propio sol en su propio dominio y tal cual es en sí mismo, lo que él estaría en condiciones de mirar y contemplar".*

e) La sabiduría: *"Después de esto, colegiría ya con respecto al sol que es él quien produce las estaciones y los años y gobierna todo lo de la región visible y es, en cierto modo, el autor de todas aquellas cosas que ellos veían".* (11)

Platón creía que el prisionero escapado regresaría a la oscura caverna para ayudar a liberar a sus hermanos, lo cual nos lleva a relacionarlo con la emblemática figura oriental del Bodhisattva que –habiendo alcanzado la iluminación y teniendo la posibilidad de liberarse– prefiere retornar y ayudar a la humanidad doliente.

Estos dos personajes altruistas (el prisionero liberado y el bodhisattva) tienen su correspondencia en el viaje heroico presentado por

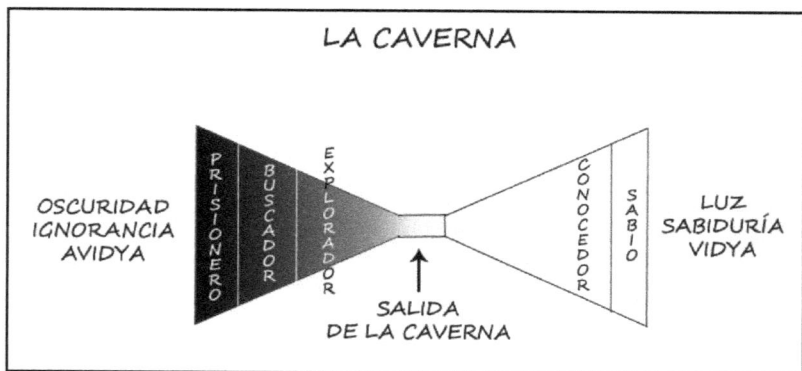

LA CAVERNA

OSCURIDAD
IGNORANCIA
AVIDYA

PRISIONERO

BUSCADOR

EXPLORADOR

CONOCEDOR

SABIO

LUZ
SABIDURÍA
VIDYA

SALIDA
DE LA CAVERNA

Campbell, ya que luego de su iniciación, el héroe retorna a su hogar convirtiéndose en "maestro de dos mundos":

"El regreso y la reintegración a la sociedad, que es indispensable para la circulación continua de la energía espiritual dentro del mundo, y que, desde el punto de vista de la comunidad, es la justificación del largo retiro del héroe, es usualmente lo que ante él se presenta como el requisito más difícil. Porque si ha alcanzado, como el Buddha, el profundo reposo de la completa iluminación, existe el peligro de que la bienaventuranza de esta experiencia aniquile el recuerdo, el interés y la esperanza en las penas del mundo; y también que el problema de mostrar el camino de la iluminación a los hombres envueltos en sus dificultades económicas parezca demasiado arduo". (12)

Los estados de conciencia

"Ser espiritual no consiste en abandonar el mundo, vistiéndose con una ropa especial, practicando determinadas ceremonias, siendo religioso en cualquier sentido convencional. El estado espiritual es un estado de conciencia y de ser, es una integración de mente y espíritu". (Sri Ram)

Cuando en el capítulo anterior repasamos la graduación de la conciencia, desde lo más bajo del vulgo profano hasta la más alta luminosidad del Adepto, aseguramos que cada una de estas categorías se podía relacionar con determinado estado de conciencia, en ese recorrido del sueño a la vigilia.

Nietzsche aseguraba que *"el hombre es una cuerda tendida entre la bestia y el superhombre"* (13) y en términos filosófico-iniciáticos esta cuerda representa los diferentes estados de conciencia.

Los diferentes estados de conciencia determinan diferentes percepciones, lo que significa que cada individuo –de acuerdo a su nivel– siente, percibe e interpreta el mundo de una manera distinta. Desde la mirada de un hedonista todo estará teñido con el deseo y su satisfacción, mientras que un conformista aceptará de buena gana la "realidad" y la visión del mundo que le transmiten los medios de comunicación, donde le enseñan hipnóticamente a diferenciar lo real de lo irreal, lo normal de lo anormal, lo deseable de lo indeseable, lo aceptable de lo inaceptable, qué es "vida" y qué es "muerte", etc.

En cierta forma, cada ser humano lleva un par de anteojos diferente –según su estado de conciencia– con el cual la realidad es filtrada e interpretada, hasta alcanzar la "clara visión" de los Adeptos.

Por esto, Vivekananda decía que no vemos al mundo como es sino *"como somos nosotros"* (14), y este es un punto verdaderamente importante porque si logramos cambiar internamente también empezará a cambiar nuestra realidad, entendiendo así la famosa frase de Gandhi: *"Sé tú el cambio que quieres ver en el mundo"*.

En el ser humano ordinario (que carece de un Yo permanente, como veremos en otro capítulo) el grado de somnolencia va cambiando, saltando de una categoría a otra, en especial del hedonismo al conformismo, donde podemos encontrar a la mayor parte de las personas.

Podemos ejemplificar esto con una montaña rusa, donde luego de llegar hasta lo más alto, nos precipitamos bruscamente poco después para caer en la inacción, el conformismo e incluso el hedonismo.

Durante el sueño que todos nosotros experimentamos por la noche, podemos detectar también varias fases o grados. Éstos están supeditados a las llamadas "ondas alfa", "ondas theta" y "ondas delta", es decir aquellas ondas cerebrales que se corresponden respectivamente con el descanso (estado alfa), la somnolencia o relajación profunda (estado theta) y el sueño "profundo" (estado delta). De la misma manera, en la vigilia diurna (que es otra forma de sueño, como ya dijimos: "estado beta") también se pasa de un grado a otro aunque estas fluctuaciones no puedan medirse con aparatos tecnológicos.

Para avanzar inteligentemente por un territorio desconocido siempre es bueno contar con un mapa. Y eso es, justamente, la Ascesis iniciática: una carta geográfica para recorrer el sendero de la conciencia. Bien sabemos que un mapa no es precisamente el territorio, pero nos ayudará a orientarnos y a encontrarla "Via Lucis". (15)

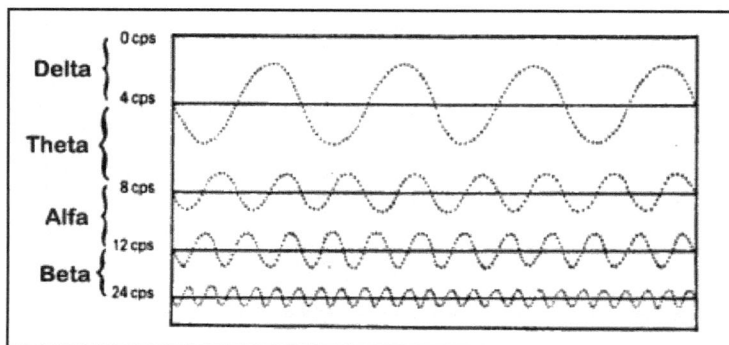

Iluminación y reintegración

El objetivo del sendero espiritual es RECUPERAR el estado de conciencia del hombre primordial, despierto y en comunión con la divinidad. Esto no es otra cosa que la iluminación o la Iniciación, un estado de conciencia previo y necesario a la definitiva "unión con Dios", "reintegración" o "liberación" (Moksa).

Es importante aclarar términos y diferenciar esto. La iluminación implica autorrealización y comprensión suprema, constituyendo la máxima aspiración del peregrino que decide emanciparse de la masa y recorrer el sendero iniciático. La unión, por otra parte, implica la inmersión de la conciencia individual en la conciencia divina, en otras palabras el Nirvana.

Ken Wilber deja bien claro esto al señalar que *"no es posible entrar en el Estado Último de Conciencia porque éste es un estado atemporal, un estado que carece de comienzo y de final. Dicho de otro modo, cualquier estado de conciencia al que podamos acceder no es el Estado Último de Conciencia".* (16) ¿Cómo puede entenderse esto? Pues bien, ese Estado Último de Conciencia no es otra cosa que Brahman, la divinidad pura, el Uno sin segundo, y como éste *"lo engloba todo, el Estado Último de Conciencia también lo engloba todo. Éste no es un estado más entre otros muchos, sino el estado que los incluye a todos, lo que significa que no es un estado alterado de conciencia, porque –al ser Uno sin segundo– no existe ningún otro estado alternativo".* (17)

En verdad, ese estado de conciencia no hay que ir a buscarlo lejos de nosotros. Está presente aquí y ahora. Sin embargo, la barrera dualista construida por la mente (sujeto-objeto) hace que no nos demos cuenta de ello. Entendiendo esto, podremos comprender también que el sendero espiritual es una metáfora, ya que ciertamente no tenemos que ir a ningún lado, pues no tenemos que convertirnos en nada que ya no seamos, sino simplemente re-cordar.

"Hazte lo que eres" señalan enigmáticamente varias escuelas espirituales de Oriente y Occidente. ¿Hacernos lo que ya somos? ¿Y que quiere decir exactamente esto? Significa recuperar el estado de conciencia original que nos pertenece por naturaleza, superando el dualismo y derrotando a Maya, la ilusión.

¡Hazte lo que eres! Es una orden muy precisa que resume en cuatro palabras todo el sendero espiritual. Sobre esto, Humphreys contaba una corta historia: *"Una gota del rocío miró al sol con envidia y dijo: "Yo soy eso". Y el sol le tomó la palabra".* (18)

Cuento: Ver lo divino

«¿Es posible ver lo divino?»

«Lo estáis viendo ahora mismo».

«¿Y por qué no lo reconocemos?»

«Porque lo único que hacéis es deformarlo con el pensamiento».

Al ver que no comprendían, el Maestro dijo:

«Cuando sopla el viento frío, el agua se convierte en unos bloques sólidos que llamamos "hielo". Cuando el pensamiento interviene, la realidad se fragmenta en una multitud de piezas sólidas que llamamos "cosas"». (20)

Clasificaciones de los estados de conciencia

"Lo que conocemos como despertar no es gran cosa. Por la mañana te despiertas, pero sólo te despiertas de un sueño a otro sueño; despiertas de un sueño privado a un sueño colectivo, eso es todo. Sales de una prisión pequeña a otra más grande, eso es todo. Ese despertar no es gran cosa, porque mantiene el mismo estado mental, persisten los mismos deseos, las mismas ilusiones. Tu despertar no es un verdadero despertar; es un seudodespertar". (Osho)

Existen varias clasificaciones de los estados de conciencia. Tal vez las más conocidas sean la vedantina y la del Cuarto Camino.

La tradición de la Vedanta se refiere a cuatro estados de conciencia (avastha) denominados: Jagrat (estado de vigilia), Svapna (estado de sueño), Sushupti (estado de sueño sin ensueño) y Turiya (estado de iluminación).

En "La Voz del silencio" se habla de los tres primeros estados que conducen al yogui al cuarto (la iluminación, Turiya):

"Tres Vestíbulos, oh fatigado peregrino, conducen al término de los penosos trabajos. Tres Vestíbulos, oh vencedor de Mara [el engañador], te conducirán por tres diversos estados al cuarto, y de allí a los siete mundos, a los mundos del Eterno Reposo". (20)

Por su parte, la escuela de Gurdjieff y Ouspensky (Cuarto Camino) habla de: Sueño (conciencia onírica), Vigilia o "caminar en sueños" (conciencia consensual), Recuerdo de sí (conciencia genuina del sí mismo) y Conciencia objetiva (conciencia cósmica).

A los efectos de la Ascesis Iniciática, nos referiremos a cuatro estados de conciencia que guardan relación con las dos versiones anteriormente presentadas:

a) Sueño: es el acto de soñar vinculado al período de descanso fisiológico generalmente en horas de la noche. En este caso, los estímulos no proceden del mundo fenoménico (captados sensorialmente) sino de estímulos interiores.

b) Vigilia relativa: es nuestra actividad diaria, donde participamos en diversas ocupaciones, interactuando con otras personas y desplazándonos de un sitio a otro sintiendo, percibiendo e interpretando la realidad según las impresiones externas. No obstante, la vigilia relativa no es otra cosa que un sueño sutil, plagado de automatismos, actitudes inconscientes y recurrencias. Este estado de conciencia es propio de los humanos-autómatas, los muertos vivientes o "zombies" a los que nos hemos referido anteriormente.

En este sentido dice el monje zen Thich Nhat Hanh: *"Los seres humanos "viven como muertos", pues realizan las acciones del día sin tener conciencia de lo que están haciendo: se levantan, caminan, comen, trabajan, leen, se divierten y se vuelven a acostar, sin percatarse de la importancia de cada uno de esos actos, sin estar presentes en ellos. Dejando que las cosas pasen y resbalen sobre su lánguido existir, queman su vida en el olvido y la negligencia".* (21)

c) Vigilia absoluta: es un estado de completa atención, donde somos totalmente conscientes de nuestros actos y donde percibimos el mundo con claridad en un permanente "aquí y ahora". En la mayoría de las personas este "recuerdo de sí" aparece muy raramente en forma de "chispazos".

En esta "vigilia absoluta" aún existe la dicotomía sueño-vigilia porque aunque se ha logrado una completa atención durante la vigilia, cuando el cuerpo descansa necesariamente se regresa al primer estado de conciencia, el sueño.

d) Conciencia constante: La conciencia constante implica la presencia consciente y continua de nuestro verdadero "Yo" tanto en el período de sueño como en la vigilia.

Mapas y territorios

Como dijimos antes, el proceso de despertar de la conciencia puede representarse de muchas maneras pero nunca hay que olvidar que éstas son simplemente representaciones gráficas, mapas. Tanto el sendero iniciático que estamos presentando en nuestros trabajos como el viaje del héroe de Campbell son figuras cartográficas, e incluso los diversos roles que adopta el "héroe" (guerrero, caballero, alpinista, navegante, canoero, caminante, etc.) son formas alegóricas de referirse a un sendero que existe únicamente en nuestro interior.

Alfred Korzybski decía: *"el mapa no es el territorio"* y esto significa que –por ejemplo– si tenemos en nuestras manos un mapa de Reyjavick por más que lo estudiemos en todos sus detalles no sabremos nunca cómo es Reyjavick. Para conocer verdaderamente Reyjavick tendremos que comprar un billete a Islandia, bajarnos en su capital, recorrer sus calles y conocer su gente. Allan Watts ponía un bonito ejemplo sobre esto y decía que *"confundir el mapa con el territorio es como ir al restaurante y zamparse la carta en vez de la comida"*. (22)

El viaje del héroe y la Ascesis iniciática que estamos presentando son MAPAS, guías. ¿Vamos a contentarnos con analizar ese mapa con detenimiento hasta en sus últimos detalles o nos calzaremos nuestras botas de trekking para salir a transitar sus caminos y a descubrir sus secretos? La decisión es nuestra.

En "Los Pilares de la Pansofía" decíamos que ante el desafiante sendero que se pierde serpenteante en el horizonte, los aspirantes que se han propuesto "cambiar" generalmente adoptan una de estas tres posturas:

a) El valiente: Es aquel individuo que decide –sin vacilar– dar un cambio radical a su existencia, analizando y modificando sus comportamientos viciosos para poder transitar hacia la autorrealización.

Esta opción implica mucho sacrificio, dedicación y trabajo, pero con un método gradual y ordenado, inspirado en las enseñanzas primordiales, el éxito está asegurado.

b) El cobarde: Es aquel individuo que –aun sabiendo que debe cambiar– no mueve un dedo para salir de su triste situación. Los cobardes y timoratos que anhelan "cambiar sin cambiar", quieren obtener resultados diferentes haciendo lo mismo de siempre, y van pasando de organización en organización, de iglesia en iglesia, de secta en secta, sin practicar ni interiorizar ninguna de las enseñanzas que se les brinda.

Muchas veces, estas personas –convencidas de la importancia del Sendero Iniciático pero sin fuerza de voluntad para caminarlo– bajan los brazos y se resignan a continuar viviendo de la misma manera que siempre, aunque adoptando una "postura espiritualista", llenando su casa de objetos "místicos", practicando algunos ejercicios aislados sin una metodología apropiada e incluso usando palabras exóticas, conformando de este modo una especie de "máscara espiritual" que –al carecer de una base sólida– se descascara con mucha facilidad. El cobarde tiene un gran problema: no tiene la constancia necesaria para pasar de la teoría a la práctica.

c) El indiferente: Es aquel individuo que sabe que debe modificar profundamente su vida pero que –ante las dificultades del sendero– prefiere optar por la comodidad burguesa que le ofrece la sociedad de consumo. Entre la aventura y el sofá, el indiferente elige el confort del sofá.

En ocasiones, estas personas acuden a conferencias, cursos y charlas sobre temas espirituales, pero cuando llega el momento de comprometerse, vuelven a sus casas, toman el control remoto de la tele y se olvidan del tema.

El indiferente no solamente no tiene constancia y la voluntad para pasar de la teoría a la práctica sino que se auto-engaña creyendo que la sola lectura de libros esotéricos y espirituales lo puede ayudar mágicamente a avanzar en el sendero. De este modo, el indiferente puede saber muchísimo sobre filosofía esotérica y convertirse en un "erudito", pero su vida no tiene diferencias significativas con el hombre profano que lo ignora todo.

Una vez más preguntémonos:

¿Dónde estamos parados? ¿Estamos dispuestos a avanzar o preferiremos elegir la comodidad que nos ofrece la sociedad profana?

La única recomendación que podemos dar es la misma que el maestro Kout-Houmi daba a Alfred Percy Sinnett en sus cartas:

"¡INTÉNTALO!"

Cuento: El mapa del Amazonas

El explorador había regresado junto a los suyos, que estaban ansiosos por saberlo todo acerca del Amazonas. Pero ¿cómo podía él expresar con palabras la sensación que había inundado su corazón cuando contempló aquellas flores de sobrecogedora belleza y escuchó los sonidos nocturnos de la selva? ¿Cómo comunicar lo que sintió en su corazón cuando se dio cuenta del peligro de las fieras o cuando conducía su canoa por las inciertas aguas del río?

Y les dijo: «Id y descubridlo vosotros mismos. Nada puede sustituir al riesgo y a la experiencia personales».

Pero, para orientarles, les hizo un mapa del Amazonas.

Ellos tomaron el mapa y lo colocaron en el Ayuntamiento. E hicieron copias de él para cada uno. Y todo el que tenía una copia se consideraba un experto en el Amazonas, pues ¿no conocía acaso cada vuelta y cada recodo del río, y cuán ancho y profundo era, y dónde había rápidos y dónde se hallaban las cascadas?

El explorador se lamentó toda su vida de haber hecho aquel mapa. Habría sido preferible no haberlo hecho.

Estar despierto lo es todo (Gustav Meyrink)

Desde el diluvio está oxidada la llave que abre nuestra naturaleza interior. La clave es estar despierto, estar despierto lo es todo. De nada está más convencido el hombre que de estar despierto. Pero en realidad se halla preso en una red de ensueños que él mismo ha tejido. Cuanto más apretada esté la red, más sólido será el reino del sueño. Los que se enredan en ella duermen, andan por la vida como manadas hacia el matadero, apáticos, indiferentes, sin pensar.

Los soñadores de entre ellos no ven sino a través de las mallas un mundo enrejado, no ven sino porciones engañosas, no saben que se trata de fragmentos desprovistos de sentido de un todo gigantesco, y guían su conducta por ellos. Tales soñadores no son los poetas ni las personas fantásticas, como podrías creer. Son los hacendosos, los laboriosos, los incansables de este mundo, los roídos por la rabia de actuar. Se parecen a feos escarabajos afanándose por escalar un tubo liso, escalarlo y volverse a caer una vez arriba.

Se imaginan que están despiertos, pero lo que creen vivir no es en realidad más que un sueño predeterminado hasta en el menor detalle y en el que la voluntad no tiene ninguna influencia. Ha habido y hay algunas personas conscientes de que sueñan, son pioneros aproximándose al baluarte. Detrás de ellos se esconde un Yo eternamente despierto, videntes como Goethe, Schopenhauer y Kant, pero carecían de las armas imprescindibles para tomar al asalto la fortaleza y su llamada a la lucha no despertó a los dormidos.

Estar despierto lo es todo.

El primer paso es tan sencillo que está al alcance de cualquier niño. El que no sabe cómo se anda no quiere renunciar a las muletas heredadas de sus antepasados.

Estar despierto lo es todo.

Está despierto en todo lo que hagas. No creas que ya lo estás. No, estás durmiendo y soñando.

Junta todas tus fuerzas y, durante un momento, oblígate a sentir cómo recorre tu cuerpo esta sensación: ¡ahora estoy despierto! Si consigues experimentar esa sensación reconocerás inmediatamente que tu anterior estado era como el de un sonámbulo, como el de un drogado. (23)

Capítulo III
¿Quién soy Yo?

En el capítulo anterior repasamos los diferentes estados de la conciencia humana, que se pueden resumir en dos principales: "Sueño" (propio de los hombres dormidos) y "Vigilia" (propio de los hombres despiertos). La vía espiritual que nos lleva a la trascendencia, desde la oscuridad a la luz, también puede ser interpretada como un sendero que nos conduce hacia el despertar de la conciencia.

En el ser humano despierto existe un Yo unificado, es decir una conciencia continua, por lo cual para él no existen diferentes grados ni estados de conciencia ya que ha logrado la unidad. Habiendo vencido la ilusión de separatividad, podrá mantener la conciencia constante aún en sus horas de reposo pues en él no existirá diferencia sustancial entre lo consciente y lo subconsciente, ni entre el pasado y el futuro.

Por otra parte, en el ser humano dormido no es posible hablar de un Yo unificado, por lo cual desde el principio puede trazar una línea demarcatoria entre la conciencia y subsconsciencia. Pero, más allá de esto, en el hombre que aun no ha logrado despertar no existe un Yo único sino "yoes", fragmentos independientes de conciencia que son los responsables de conducirlo de un grado de conciencia a otro. Cada "yo" desempeña un papel y actúa como una persona diferente, arrastrándonos a una existencia sin rumbo y llena de incoherencias. En palabras de Robert Ornstein, profesor de biología humana en la Universidad de Stanford: *"Nuestra mente encierra un conglomerado cambiante de "pequeñas mentes" diferentes, (…) reacciones y habilidades fijas y pensamientos flexibles, (…) entidades que, después de ser activadas y cumplir con su función, se ven descartadas y vuelven a ocupar su lugar"*. (1).

Esta fragmentación del "Yo" en múltiples "yoes" queda en evidencia en algunas expresiones verbales: "No sé qué me pasó…¡no era yo!" o bien "¡qué tonto fui ayer!" o incluso "¡qué bien estuve en el examen!". Estas expresiones denotan una capacidad para objetivar a nuestros "yoes", reconociéndolos más allá del tiempo y el espacio.

El "yo saludable", que decide dejar de fumar el domingo, es sustituido el lunes por un "yo vicioso", que encontrará mil justificaciones para dejar de lado la determinación del otro "yo".

Y así nos escuchamos decir: "¡El lunes comienzo la dieta!", "¡Nunca más beberé!", "No me acuerdo qué vine a buscar a este lugar..." porque las decisiones de unos "yoes" que buscan algún tipo de mejora muchas veces se topan con el poderoso "yo de la pereza" que prefiere el descanso y la comodidad ante todo, saboteando cualquier intento que implique un esfuerzo.

Lo mismo ocurre con los estudios filosóficos que presentamos en nuestro programa de estudios. Mientras un "yo" decide investigar en profundidad estos escritos y practicar los ejercicios sugeridos, adoptando un estilo de vida acorde, otro "yo" (de naturaleza negativa) se dedica a minar los esfuerzos de superación y pone mil excusas para no continuar, siendo la más recurrente la ilusoria "falta de tiempo".

Según Nicoll: *"Todos ustedes no son sino una multitud de personas diferentes, algunas mejores y otras peores, y cada una de estas personas –cada uno de estos "yoes" en ustedes– en ciertos momentos se hace cargo de ustedes y les hace hacer lo que quiere y decir lo que desea y sentir y pensar como siente y piensa"*. (2)

Para entender gráficamente la idea de los "yoes", podemos imaginarnos un barco en el que la tripulación se ha amotinado y mantiene al capitán amordazado en su cabina, mientras cada uno de los marineros, con sus conocimientos insuficientes sobre navegación se dedican a tomar el timón por turnos. Un barco en estas condiciones no llegará nunca a su objetivo, quedando a la deriva, a merced de los vientos y las olas. Siguiendo este ejemplo, podemos pensar que algunos miembros de la tripulación no se han sumado a la revuelta, manteniéndose en secreto fieles al capitán, esperando el momento propicio para entrar en acción.

Alexandra David-Neel se refería a los "yoes" diciendo que *"una persona es una asamblea compuesta de una cantidad de miembros. En esta asamblea nunca cesa la discusión. Una y otra vez se levanta un miembro, hace un discurso y sugiere una acción; sus colegas aprueban, y se resuelve ejecutar lo que aquel ha propuesto. Con frecuencia se levantan al mismo tiempo varios miembros de la asamblea y proponen distintas cosas, y cada uno de ellos, por razones privadas, apoya su propia moción. Puede ocurrir que estas diferencias de opinión, y la pasión que cada uno de los oradores pone en el debate, provoque en la asamblea una pelea, y hasta una pelea violenta.*

Los miembros pueden llegar hasta los golpes. Puede suceder también que algunos miembros abandonen la asamblea por cuenta propia; que a otros los expulsen: y también que haya otros a quienes sus colegas expulsen por la fuerza. Durante todo ese tiempo están introduciéndose en la asamblea otros que recién llegan, ya sea en forma suave o forzando las puertas". (3)

En una ocasión, para representar la idea de los yoes, Ouspensky *"dibujó un círculo que procedió a subdividir por medio de líneas verticales y transversales en un gran número de compartimientos pequeños, de modo que al final resultó ser el dibujo de un ojo de abeja visto con enorme aumento. En cada una de las numerosas divisiones del ojo escribió la palabra Yo con mayúscula, y cuando terminó el dibujo regresó a su silla. "Eso –anunció con la satisfacción de un artista que ha hecho un retrato satisfactorio– es el dibujo de un hombre. No tiene un «Yo», sino innumerables «yoes»"*. (4)

Buddha afirmaba: *"Están los pétalos, el polen, la corola y el tallo, pero no hay flor de loto. Hay esta o esa otra idea pasajera, esta o aquella otra emoción pasajera, esta imagen o esa otra, pero no hay detrás de ellas ningún todo organizado que pueda ser llamado el ego, el Yo"*. (5)

Los "yoes" nos impelen a actuar, utilizando mil argumentos y triquiñuelas, utilizando para ello el parloteo interno de la divagante mente de deseos, por lo cual podemos decir que éstos pueden ser entendidos como manifestaciones psicológicas de la propia mente inferior.

Atendiendo a los estímulos externos o recuerdos internos, los "yoes" entran en acción alternadamente, como si se tratase de una obra teatral donde algunos "yoes" interpretan papeles más importantes que otros. En una persona iracunda, el "yo protagonista" es el "yo de la ira" mientras que en un depravado sexual será el "yo de la lujuria". Como los yoes se suceden unos a otros vertiginosamente, la mente nos lleva a pensar en la existencia de un "Yo" único y coherente, pero psicológicamente esto es una falacia. Del mismo que en una película cada fotograma es distinto, pero a través del movimiento nos brinda la ilusión de una unidad continua, así se presentan los "yoes" para crear la sensación de un "Yo" unificado.

Para cada estímulo externo, en el hombre dormido entra en acción un "yo" diferente. Por eso es importante auto-observarnos, a fin de descubrir nuestros automatismos y nuestras reacciones robóticas.

Los roles sociales y los yoes

Toda persona representa en la sociedad diferentes "papeles" o "roles", es decir que un individuo puede ser –al mismo tiempo– padre, empleado administrativo, líder de un grupo scout, miembro de una logia masónica, capitán de un equipo de volley-ball, etc.

Para poder desempeñarse en estos diferentes roles sociales la persona se respalda en diferentes "yoes", por lo cual la mayoría de las veces la forma de actuar de las personas en su casa es diferente a la del trabajo, la iglesia o el club. Un individuo puede expresarse correctamente en su casa pero con sus amigos puede llegar a utilizar un lenguaje muy vulgar en consonancia con el papel que está representando. Esto quiere decir que, según el contexto, la persona actúa de una forma u otra desempeñando un "papel" (rol) determinado por diversos "yoes". (6)

Los "roles" se generan a partir de la influencia de múltiples condiciones externas, a saber: el status social, la educación recibida, el entorno familiar, las tradiciones del país, la religión, los medios de comunicación, la industria del ocio, etc.

Por estas razones es muy difícil llegar a definir a una persona pues cada "persona" es –en realidad– muchas personas. Recordemos en este momento que "persona" etimológicamente proviene de "per-sonare", haciendo referencia a las máscaras del teatro clásico griego que contenían unas aberturas en forma de boca que actuaban como megáfono, a fin de que las representaciones se pudieran escuchar en los grandes auditorios al aire libre.

El reconocido psiquiatra Carlos Castilla del Pino señalaba que *"toda definición de "alguien" está condenada al fracaso. Mientras unos lo definen por uno de sus "yoes", otros lo hacen por otro, y así se emiten sobre el mismo sujeto múltiples definiciones (y hasta puede que todas ellas sean verdaderas, por cuanto se trata de definiciones de "yoes" del sujeto). En virtud de este incorrecto planteamiento, habría tantas definiciones posibles del mismo sujeto como "yoes" representados en sus actuaciones. Puesto que cada "yo" es una metonimia del sujeto, la discusión sobre cuál tiene relevancia suficiente como para definirlo en su totalidad carece de sentido. Por lo tanto, un sujeto no puede ser definido; el sujeto sólo puede ser descrito a partir de uno y otro y otro de los "yoes" que ostentó. Descrito el yo, se le define como se quiera, pero al sujeto como un todo no le es aplicable la definición de sólo una parte. La descripción de un sujeto, la de sus múltiples "yoes", es lo que se llama su ´biografía´".* (7)

"Era un buen vecino", suelen decir muchas personas cuando en la vecindad es desenmascarador un violador o un asesino serial que trabajaba en las sombras. Y es cierto: en su rol de "vecino", el criminal seguramente era sincero cuando se apoyaba en sus "yoes" sociales y amistosos. Sin embargo, en su intimidad estos "yoes" pasaban a un segundo plano apareciendo en escena los "yoes" negativos que lo llevaron a la corrupción moral y al delito.

¡A la guerra!

De acuerdo a los postulados anteriores, en nuestro interior conviven "yoes" negativos y "yoes" positivos. Los "negativos" son aquellos que nos arrastran a la inconsciencia y la separatividad, mientras que los "positivos" son los que nos ayudan a superarnos, conduciéndonos a la conciencia y la Unidad.

Los "yoes" negativos deben ser identificados uno a uno y derrotados (o mejor dicho, transmutados, nunca reprimidos) por lo cual muchas veces el trabajo interior es reconocido como una guerra, una conflagración interna.

En algunas tradiciones espirituales, los "yoes" negativos han sido llamados "enemigos internos" o "habitantes del interior" (como los denominaba Helena Blavatsky). El cristianismo los identificó con los "pecados capitales", los cuales pueden ser sintetizados en las siglas POCILGE (pereza, orgullo, codicia, ira, lujuria, gula, envidia) o SALIGIA (superbia, avaritia, luxuria, ira, gula, invidia, acidia). De acuerdo con Blavatsky, *"las enseñanzas exotéricas indas hablan sólo de "seis enemigos"*, y con el término Arichadwargas [ari-chadvargas "conjunto de los seis enemigos"] los enumeran del modo siguiente: 1) Deseo personal, concupiscencia o una pasión cualquiera (Kâma); 2) Odio o malicia (Krodha); 3) Avaricia o codicia (Lobha); 4) Ignorancia (Moha); 5) Orgullo o soberbia (Mada); 6) Celos, envidia (Matsara)". (8)

"¿Cómo te llamas?" —*preguntó Jesús.*
"Me llamo Legión —*respondió*—, *porque somos muchos".*
(Marcos 5:9)

Debido a la influencia de la Iglesia Católica en Occidente, popularmente el "pecado" se concibe como un error que nos conduce a la condenación eterna, es decir al infierno.

No obstante, si nos atenemos a la etimología de la palabra "pecado" podremos descubrir que la misma proviene de la raíz "pes" (pie), por lo cual "peccare" es tropezar o salirse del camino recto de la virtud. Esto no es otra cosa que "karma" que se genera al no seguir nuestro "dharma". Por eso, esotéricamente "pecado" se entiende kármicamente como una elección personal, esto es: "elijo sufrir".

En arameo, "pecado" significa "olvido" entendiendo que el vicio es la consecuencia de la ignorancia de nuestra naturaleza divina que es necesariamente virtuosa.

En la lengua griega, la palabra para "pecado" era "hamartia": "no dar en el blanco", atendiendo al rico simbolismo del arco y la flecha, también presente en la tradición oriental. De esta manera, "pecar" era "errar", o sea haber malgastado la energía en algo que no ciumplió su propósito. Por lo tanto, el "pecado" no implicaba ninguna condenación eterna sino una llamada de atención para volver a intentarlo y hacer los ajustes necesarios para canalizar de mejor modo las energías y dar en el blanco.

Por esto, los simbolistas dicen que *"el tiro con arco es una lucha del arquero consigo mismo; los obstáculos que hay que atravesar son los defectos y las imperfecciones del tirador; el objetivo que hay que alcanzar es el verdadero Sí Mismo. En esta lucha, el arquero es el arco, su Sí divino es la flecha, y el blanco –con el que la flecha debe unirse– es Dios".*

La arquería se resume en tres pasos: TENSAR-APUNTAR-DISPARAR, que nos recuerdan el fundamento de la Ascesis Iniciática: TENSAR (esfuerzo, reunión de energías, purificación de los vehículos, es decir todo lo que debemos hacer previamente al lanzamiento de la flecha), APUNTAR (disciplina, máxima concentración a fin de establecer un "puente", una vía invisible entre la punta de la flecha y el blanco, que todas nuestras acciones estén en concordancia con el objetivo) y finalmente DISPARAR (soltar la flecha, dejar que actúen las leyes cósmicas, simplemente observar).

Tanto en el seguimiento del "camino recto" (la senda del filo de la navaja) como en "dar en el blanco" se hace alusión a algo muy preciso que nos recuerda al "centro". Cristo hablaba de la "puerta estrecha" diciendo: *"Entren por la puerta estrecha. Porque es ancha la puerta y espacioso el camino que conduce a la destrucción, y muchos entran por ella. Pero estrecha es la puerta y angosto el camino que conduce a la vida, y son pocos los que la encuentran".* (Mateo 7:13-14)

"En la práctica del tiro con arco hay algo que se parece al principio que guía la vida de un hombre moral. Cuando el arquero no da en el centro del blanco, se vuelve y busca la causa de su fracaso en sí mismo"

(Confucio)

El trabajo del guerrero espiritual consiste en derrotar a los "habitantes del interior", identificándolos primero, luego tomando conciencia de su rol y finalmente transmutándolos en virtudes necesarias para la gestación de un "neos anthropos" con un "Yo" unificado y una conciencia constante. Todos los "enemigos internos" (vicios) pueden ser aniquilados mediante nuestros "amigos internos" (virtudes), reproduciéndose en nuestro interior la encarnizada batalla del Bhagavad Gita, el enfrentamiento de los kurúes contra los pandavas.

Es verdad: el mítico campo de Kurukshetra está situado en nuestro interior y es en ese lugar donde se libra diariamente la batalla por la conquista de la ciudad sagrada de Hastinapura. De un lado combaten los kurúes (los defectos, los vicios y los malos hábitos) y del otro los pandavas (los hijos de los dioses, las fuerzas benéficas y las virtudes). En el centro del conflicto está Arjuna, el guerrero, cavilando si entrará en combate o no porque no desea enfrentarse a su familia: *"¡Oh, Keshava! No veo ventaja alguna de que en batalla se maten los parientes. (…) Maestros, padres, hijos, tíos, suegros, nietos, cuñados y demás parientes. Aunque perezca, no quiero matarlos"*. (Gita 1:31, 1:34-35)

Pero esa "gran familia" a la que se refiere Arjuna no son otra cosa que los vicios, los apetitos, los apegos, en síntesis los "yoes" negativos, por eso la voz de Krishna es muy clara al aconsejar al guerrero dubitativo: *"Advierte tus deberes y no vaciles; porque nada hay más correcto para un Kshattriya que la guerra justa. (…). Así, pues, yérguete, ¡oh, hijo de Kunti!, y determínate a luchar"*. (Gita 2:31, 2:37)

Con esta actitud guerrera de disposición a la confrontación podremos entender a los antiguos maestros de la tradición que pedían a sus discípulos que cerraran los ojos y se "prepararan para el combate". Y este enfrentamiento supremo aparece reiteradamente en los relatos clásicos, siendo uno de los más simbólicos el de Hércules contra la Hidra.

Al enfrentarse a la Hidra de nueve cabezas, el héroe prontamente se percató que por cada cabeza que le cortaba, le crecían dos. Siendo así, Hércules recurrió a la ayuda de su sobrino Yolao (la conciencia), quien iba quemando ordenadamente cada uno de los muñones de la Hidra a medida que su heroico tío iba cercenando las cabezas, cauterizándolos e impidiendo de este modo que volvieran a crecer.

Los yoes "positivos" podrán vencer en la batalla interna reconociendo a un comandante general y poniéndose bajo sus órdenes: el Yo Superior. Piotr Ouspensky hablaba de que los "yoes positivos" debían unirse para formar un "Yo sustituto", lo más coherente posible y dispuesto a enfrentarse a los "yoes negativos", que deberán ser vencidos (transmutados) a fin de "dar en el blanco". La alquimia espiritual —siguiendo las enseñanzas del Kybalión— habla de vibraciones y dice que: *"Para destruir un grado de vibración no deseable, póngase en operación el principio de polaridad y concéntrese a la atención en le polo opuesto al que se desea suprimir. Lo no deseable se mata cambiando*

VIRTUD CAPITAL	VICIO CAPITAL
Paciencia	Ira
Generosidad	Avaricia
Castidad	Lujuria
Humildad	Soberbia
Templanza	Gula
Caridad fraterna	Envidia
Diligencia	Pereza

su polaridad". (9) Esta labor se puede realizar únicamente a través de la voluntad y la auto-observación.

El propio Ouspensky contaba esta interesante anécdota oriental:

"Compárase al hombre con una casa llena de sirvientes, sin amo o mayordomo que los supervise. De modo que los sirvientes hacen lo que gustan; ninguno de ellos cumple con su trabajo. La casa se halla en un estado de completo caos, porque todos los sirvientes tratan de hacer el trabajo de algún otro, que no son competentes como para realizar.

El cocinero trabaja en los establos, el cochero en la cocina, etc. La única posibilidad para que las cosas mejoren es si cierta cantidad de sirvientes deciden elegir uno de ellos como submayordomo y, de este modo, hacerle controlar a los demás sirvientes. Aquél sólo puede hacer una cosa: pone a cada sirviente donde le corresponde y, de ese modo, empiezan a cumplir correctamente su trabajo. Una vez hecho esto, existe la posibilidad de que el mayordomo real llegue para reemplazar al sub-mayordomo, y preparar la casa para el amo. (...) Esta alegoría nos ayuda a entender el inicio de la posibilidad de crear un "yo" permanente.

Desde el punto de vista del estudio de sí y del trabajo para alcanzar un "yo", debemos entender el proceso por el cual podemos llegar desde esta pluralidad a la unidad". (10)

En otras palabras, los "yoes positivos" (aquellos que nos ayudan a emanciparnos y a quitarnos las ataduras) deben unirse y conspirar ("respirar juntos") para derrotar a los "yoes negativos", poniendo la casa en orden a fin de que el Yo Superior (el comandante, el amo, el capitán del barco) pueda finalmente tomar el control.

Según Colin Wilson: *"El hombre consta de miles de «yoes». Pero cada vez que tiene que hacer algún esfuerzo mental auténtico, dos o tres de esos «yoes» se funden y, si continúa efectuando unos enormes esfuerzos de voluntad, su ser interior dejará gradualmente de parecerse a una bolsa llena de canicas y, en su lugar, será como pedazos de cristal cada vez mayores. Y cada vez que se crea uno de esos pedazos (Gurdjieff llama a esto «cristalización») el hombre se hace más capaz de un esfuerzo dirigido de voluntad y, en consecuencia, de fusionar deliberadamente más de tales pedazos".* (11)

Un acontecimiento histórico se ajusta perfectamente a esta estrategia de los "yoes positivos" para reconquistar el terreno perdido: el desembarco de Normandía ("Día D"-"Hora H"), la acción militar con la que se inició la invasión de Europa por las fuerzas aliadas el 6 de junio de 1944, durante la Segunda Guerra Mundial.

En Normandía, los alemanes se habían preocupado en construir una gigantesca línea de construcciones de defensa conocida como la "muralla del Atlántico" y que constaba de garitas, trincheras, túneles, búnkers, casamatas, alambrados de púas, bases de hormigón y acero, que parecían hacerla inexpugnable. Sin embargo, los aliados se prepararon en secreto durante meses bajo el mando del general Eisenhower, quien elaboró una estrategia sólida a fin de franquear la barrera y avanzar a paso firme para reconquistar París.

Internamente nuestra situación es la misma: los "yoes negativos" suelen tomar el control, por lo cual se hace necesaria una organización disciplinada de los "yoes positivos" que deberán superar sus diferencias a fin de consolidar un buen ejército, que deberá decidirse a atacar, estableciendo una "cabeza de playa" en la reconquista de nuestra Normandía interior. Esto está en consonancia con las palabras de Maurice Nicoll: *"Habrá, desde luego, siempre dos divisiones de "Yoes", dos personas, en usted –una que desea el Trabajo [interno] y una que no lo desea– y la lucha entre esas dos siempre continuará porque en el fondo del trabajo ha de haber una contienda. El Trabajo [interno] empieza cuando un hombre inicia la lucha consigo mismo".* (12)

Si utilizamos la clave psicológica en la interpretación de las enseñanzas del Nuevo Testamento, la idea de erradicar lo impuro de nuestro templo interior aparece claramente en el dramático episodio de la expulsión de los mercaderes del templo:

"Llegaron, pues, a Jerusalén. Jesús entró en el Templo y comenzó a echar de allí a los que compraban y vendían. Volcó las mesas de los que cambiaban dinero y los puestos de los que vendían palomas, y no permitía que nadie atravesara el templo llevando mercancías. También les enseñaba con estas palabras: «¿No está escrito: "Mi casa será llamada casa de oración para todas las naciones"? Pero ustedes la han convertido en "cueva de ladrones".» (Marcos 11:15-17)

El homúnculo y el Testigo silencioso

¿Cómo se produce el espejismo de un Yo único y separado? En primer lugar tenemos una identidad que nos acompaña toda la vida: Juan Pérez tiene una forma física determinada e irrepetible, con una voz particular y huellas dactilares únicas, por lo cual la sociedad toda concluye que Juan Pérez es un in-dividuo (del latín "individuus", es decir "indivisible") y por lo tanto independiente de los demás. Por otro lado, el cuerpo físico, al mantener una forma más o menos estable a lo largo de los años, nos brinda la sensación de "algo" que se perpetúa en el tiempo y que ocupa un mismo lugar en el espacio. No obstante, si analizamos la supuesta permanencia de los tejidos celulares podremos comprobar que éstos se hallan en constante renovación y que en unos 7-10 años casi todas las células corporales (excepto unas pocas de la corteza cerebral) habrán sido cambiadas. Dicho de otro modo, nuestro cuerpo físico que actúa como lazo unificador de un supuesto "Yo" también es impermanente.

Teniendo en cuenta que el cuerpo físico es perecedero, y observando que las emociones y los pensamientos "pasan de largo" sin lograr una permanencia. ¿Dónde podemos ubicar a un Yo más duradero?

La mayoría de los occidentales ubican a su "Yo" en el centro de la cabeza, en la forma de un hombrecito (más conocido como "homúnculo") que tiene un centro de operaciones en el cerebro y que actúa como una especie de operador o piloto. Según Alan Watts, este homúnculo *"lleva auriculares para recibir mensajes de los oídos, que está sentado frente a un televisor para recibir mensajes de los ojos, que va cubierto de electrodos que le traen sensaciones de la piel y que preside un panel de botones, palancas y apagadores que, más o menos, controlan el cuerpo. Aun así, ese pequeño ser no es la misma cosa que mi cuerpo, ya que yo me hago cargo de lo que considero las acciones voluntarias de mi cuerpo".* (13) No obstante, *"cuando los japoneses o los chinos quieren situar el centro de sí mismos apuntan hacia la zona del corazón. Otros pueblos se sitúan en el plexo solar"* (14), por lo cual no existe un consenso universal sobre la ubicación de este supuesto "Yo" controlador o centro operativo de la conciencia.

Este homúnculo caricaturesco ubicado imaginariamente en el medio del cráneo es un engaño de la propia mente de deseos, pues en el hombre dormido no existe un Yo unificado sino un conglomerado de "yoes" que se van turnando en el control.

Pero si logramos dejar de lado a los "yoes" psicológicos, a los roles sociales y al continuo parloteo de la mente, podremos llegar finalmente a identificar "algo" que está por encima de la manifestación: un "Testigo silencioso" más allá de los pensamientos, un observador interno que algunos relacionan erróneamente con la propia mente de deseos.

Ken Wilber habla de un "Testigo supraindividual" y sugiere que es aquel *"que es capaz de observar el flujo de lo que existe, sin entrometerse, comentarlo, ni manipularlo en modo alguno. El Testigo se limita a observar la corriente de los sucesos, tanto dentro como fuera del mente/cuerpo, de un modo creativamente desvinculado, ya que en realidad el Testigo no se identifica exclusivamente con lo uno ni con lo otro. En otras palabras, cuando el individuo se da cuenta que su mente y su cuerpo pueden ser percibidos objetivamente, comprende espontáneamente que no pueden constituir un yo subjetivo real".* (15) Y concluye que este "Testigo" es la MENTE UNIVERSAL, es decir *"la propia cabeza divina"*, pero *"esta subjetividad absoluta no es el sujeto independiente que habitualmente conocemos y creemos ser, ya que dicha sensación de sujeto independiente es una mera ilusión, como lo demuestra el hecho de que cuando intentamos hallar dicho sujeto, lo único que encontramos son objetos de percepción. Así pues, el verdadero conocedor es uno con el universo del conocimiento; todo lo que uno observa no es más que uno mismo observándolo".* (16)

Esto significa que nuestra conciencia es un observador silencioso sin forma que está más allá del tiempo y del espacio, y por encima de las impresiones, de las emociones y de los pensamientos. Sin embargo, al dejarnos impresionar por las ilusiones del mundo fenoménico, llegamos a identificarnos con una forma física (el cuerpo) estableciendo una barrera dérmica que nos separa del resto de la creación. Y en este razonamiento sencillo (dentro de mi piel está el "Yo" y fuera de ella el "No-Yo", los otros, el mundo) se llega a la conclusión que somos independientes del mundo, llegando a asumir nuestra separación de los demás, corroborando la llamada "herejía de la separatividad".

Por otro lado, Shankara señala: *"Hay una realidad autoexistente, que es la base de la conciencia de nuestro ego. Esa realidad es el Testigo de los estados de conciencia egoica y de las coberturas corporales. Esa realidad es lo conocedor en todos los estados de conciencia: caminar, soñar y dormir sin sueños. Es consciente de la presencia o ausencia de la mente y de sus funciones. Es nuestro auténtico Yo. Dicha realidad colma el universo, pero nadie la penetra. Sólo ella resplandece. El universo brilla con la luz que se refleja en ella. Debido a su presencia, el cuerpo, los sentidos, la mente y el intelecto desempeñan sus funciones respectivas, como si obedeciesen sus órdenes.*

Su naturaleza es la Mente eterna. Lo sabe todo, desde el ego hasta el cuerpo. Es la conocedora del placer y del dolor y de los objetos del sentido. Éste es vuestro auténtico Yo, el ser supremo, el anciano. Nunca deja de experimentar una alegría infinita. Es siempre el mismo. Es la propia Mente". (17)

> *"Todo cuanto sucede en el universo, le sucede a usted, el Testigo silencioso. (…) Todo cuanto es hecho, es hecho por usted, la energía universal e inagotable. (…) Cese de ser el objeto y conviértase en el sujeto de todo cuanto sucede. Cuando se haya encontrado a sí mismo, encontrará que también está usted más allá del objeto, que ambos, sujeto y objeto, existen en usted, sin ser usted ninguno de ellos. (…) Todo es Ser, Luz; único a pesar de su desdoblamiento [en el nivel relativo] en el conocedor, lo conocido y la cognición".* (Nisargadatta)

¿Qué dice la ciencia materialista sobre esto? En primer lugar, asegura que "mente" y "cerebro" son la misma cosa, partiendo de la base que en el cerebro reside la conciencia, por lo cual para los materialistas:

CEREBRO = MENTE = CONCIENCIA

La Sabiduría Antigua, por su parte, relaciona la conciencia con la mente pero sostiene que ésta no se limita al cerebro sino que éste es una herramienta de la mente para manifestarse. Tomemos como ejemplo las experiencias post-mortem o los viajes astrales. En estos casos la conciencia evidentemente pasa a residir fuera del cuerpo físico, el cual puede llegar a observarse objetivamente. Las personas que han experimentado con drogas hablan de "vuelos" y de una conciencia extracorporal, lo que científicamente se define como simples "alucinaciones". No obstante, si pudiera comprobarse experimentalmente que la conciencia es independiente del cuerpo físico (y por ende del cerebro), la postura materialista no podría mantenerse.

Al final de su vida, el neurocirujando Wilder Penfield, famoso por confeccionar los primeros "mapas cerebrales" tuvo que admitir, en su obra "The Mistery of Mind" que *"la conciencia trasciende con mucho los límites del cerebro",* (18) asegurando que *"la mente no es producto del cerebro. La mente no es algo físico. Depende del cerebro pero no es el cerebro, no es algo fisiológico. Ningún científico ha logrado demostrar que la mente tiene explicación material".* (19)

Stanislav Grof decía que las observaciones científicas *"demuestran, sin duda alguna, que existe una estrecha relación entre la conciencia y el cerebro. Sin embargo, no demuestran necesariamente que la conciencia sea producto del cerebro. (…) Esto se puede ilustrar con un ejemplo tan simple como el de un receptor de televisión. La calidad de la imagen y del sonido depende decisivamente del funcionamiento correcto de todos los componentes y el funcionamiento incorrecto o destrucción de algunos de ellos produce distorsiones muy específicas. El técni-*

co de televisión puede identificar el componente cuyo funcionamiento es incorrecto, basándose en la naturaleza de la distorsión y corregir el problema reemplazándolo o reparándolo. Nadie interpretaría esto como prueba científica de que el programa debe ser generado, por consiguiente, en el receptor de televisión, ya que se trata de un sistema fabricado por el hombre, cuyo funcionamiento es bien conocido. Sin embargo, éste es precisamente el tipo de conclusión a la que la ciencia mecanicista ha llegado con relación al cerebro y la conciencia". (20)

"De todos los millones de objetos desconocidos que hay en el universo –agujeros negros, quasars, pulsars, etc.– el más desconocido, sin duda alguna, es el Yo". (Anthony De Mello)

LA pregunta

"¿Quién soy?" Esta interrogante es LA pregunta fundamental, la piedra basal de la auto-observación y del autoconocimiento.

¿Quién soy? Al tratar de responder esta pregunta, tal vez sea mejor empezar por lo que NO SOY: no soy este cuerpo físico, sino que uso este cuerpo físico. Al ser consciente de mi cuerpo físico, queda en evidencia que no soy él.

Tampoco soy mi cuerpo energético, sino que lo uso para que el cuerpo físico pueda vivir. Ni soy las emociones, tampoco los pensamientos pues al poder observarlos es evidente que no soy ellos sino que ellos "pasan" a través de mí. Entonces…¿quién soy?

Esta pregunta será LA pregunta para nuestra auto-observación. La mente de deseos intentará darnos una respuesta apresurada que nos satisfaga y dirá: "Soy Juan Pérez". Esa no es una respuesta válida. Ese es un nombre, una etiqueta, no lo que somos. ¿Quién soy? "Soy psicólogo". No. Esa es una profesión, otra etiqueta. "Soy padre de tres hijos". No, ese es un rol. "Soy adulto". No, tampoco. "Soy budista". No, no y no. ¿Quién soy? ¿Podemos responder esta pregunta sin la interferencia de la mente de deseos? ¡Intentémoslo!

Y cuando el intelecto no sepa que contestar podremos llegar a atisbar nuestra verdadera naturaleza para llegar a la única respuesta posible: "YO SOY". Al darnos cuenta que "SOMOS ESO" (el Ser, el Uno sin segundo, la divinidad pura) descubriremos también que tenemos los mismos atributos del Ser, que puede ser concebido en forma trina como Voluntad, Amor e Inteligencia o como señalan los indos: Sat-Chit-Ananda (Ser-Conciencia-Beatitud).

¡Somos ESO! ¡Somos chispas del divino fuego! ¡Somos Dios! ¡Reconocerlo es el primer paso para el despertar!

Meister Eckhart lo declaraba muy claramente: *"La gente simple imagina que debemos ver a Dios como si estuviera en aquel lado y nosotros en éste. No es cierto: Dios y yo somos uno en mi acto de percepción".* (21)

La auto-observación

"La última cosa que recordaré brevemente es que si usted se llama John Smith tiene que observar a John Smith y ser cada vez menos John Smith. Al presente John Smith es su mayor enemigo aun cuando esté cubierto de condecoraciones y rodeado del aplauso del mundo".

(Maurice Nicoll)

Para poder comprender a fondo las enseñanzas iniciáticas es necesaria la auto-observación, la búsqueda profunda de nuestra verdadera identidad y el reconocimiento de los "yoes" actuantes en nuestra vida cotidiana.

Existe un ejercicio fundamental e introductorio a toda práctica auténticamente espiritual, el cual debe ser incorporado por el estudiante en su quehacer diario. Esta práctica no exige la búsqueda de un momento especial de recogimiento sino que puede realizarse en cualquier instancia, por lo cual la excusa mental de "falta de tiempo" no es válida en ningún caso.

No obstante, si después de varias semanas el estudiante no logra llevar a la práctica estos ejercicios sería bueno preguntarse:

"¿Quién o qué está minando mis esfuerzos?" "¿Por qué no realizo estos ejercicios?" Y las respuestas podrían ser: olvido, falta de voluntad, incomprensión del ejercicio, falta de motivación o incluso la incapacidad para detectar algún tipo de avance. Por último, la clásica mentira: "falta de tiempo".

Ante la imposibilidad de llevar adelante estos sencillos ejercicios, deberíamos cuestionarnos: "¿Deseo realmente tomarme estos estudios en serio, adoptando un estilo de vida acorde o simplemente el estudio para mí es un "hobby"? Sobre este punto vale la pena recordar las tres posturas que describimos en un capítulo anterior: la valentía, la cobardía y la indiferencia. El sendero heroico que conduce a la puerta de la Iniciación está reservado a los valientes, no a los medrosos y a los apáticos.

El ejercicio primordial de la auto-observación y que puede considerarse la piedra basal de toda la Ascesis Iniciática que vamos a presentar es preguntarse diariamente (¡y varias veces al día!) y en diferentes circunstancias: ¿QUIÉN SOY?

Preguntémonos "¿quién soy?", en el trabajo, en el estadio, en la calle, en el autobús, en el mercado, en nuestra casa, en el coche, en la ducha, frente a la televisión, en una discoteca, en una ceremonia…

Con esta pregunta trataremos de descubrir nuestra identidad oculta, haciendo a un lado a los "yoes" y a nuestros vehículos para encontrar al Testigo silencioso, a nuestro auténtico "Yo", un reflejo fiel del Ser.

Como dijimos antes, la mente de deseos tratará de darnos mil respuestas para dejarnos satisfechos, pero debemos continuar e ir hasta el fondo…¿Quién soy? ¿Cuál es mi verdadera identidad? ¿Quién es el observador y qué es lo observado?

Si no soy mi cuerpo físico porque puedo objetivarlo, pero tampoco soy mis otros vehículos, entonces…¿quién soy? El pensamiento cartesiano redujo esta pregunta a la conclusión: "Pienso, luego existo", cuando en realidad la conclusión debería ser: "Contemplo, luego existo". ¿Y quién es el que contempla? ¡El Testigo! ¡El verdadero Yo! ¡Dios en nosotros!

El descubrimiento de nuestra identidad profunda deberá surgir de esta pregunta, que nosotros llamaremos LA pregunta (con "LA" en mayúsculas), asociada al deseo interno de llegar a LA respuesta. Y LA respuesta solo es una: "Yo Soy Eso".

> LA pregunta: "¿Quién soy?"
> LA respuesta: "Yo Soy Eso"

En el medio de esta búsqueda incesante, decenas de "yoes negativos" tratarán de boicotear nuestros esfuerzos poniéndonos piedras en el camino, intentando satisfacernos con respuestas intelectuales y mecánicas (incluso diciéndonos "Yo Soy Eso" para dejarnos contentos) para después empujarnos a volver enseguida a nuestro sueño cotidiano.

La pregunta capital "¿Quién soy?" puede estar acompañada por otras más: "¿Qué estoy haciendo?", "¿Dónde estoy?", "¿Para qué hago esto?", en un afán de distinguir las acciones que nos conducen al despertar y las que prolongan nuestro letargo.

El objetivo de este ejercicio inicial es hacernos conscientes, pero vale aclarar que la mayoría de las veces (y sobre todo en el comienzo) la pregunta "¿Quién soy?" simplemente arañará la cáscara. En este momento, la mente de deseos buscará llenarnos la cabeza con estos pensamientos: "¿qué tontería estoy haciendo?", "¡esto no sirve para nada!", "¿me estaré volviendo loco?", "¡necesito volver al trabajo y dejar estas fantasías!", "esto no me lleva a ninguna parte", etc., pero con el esfuerzo continuado estos pensamientos intrusos irán dando paso al descubrimiento de nuestra identidad.

En ocasiones es bueno tener un "despertador", es decir una palabra clave u objeto que nos haga recordar la formulación de LA pregunta. Podemos usar la palabra "So Ham" y escribirla en diferentes lugares a los que tendremos acceso durante el día: el espejo del baño, la heladera, el escritorio de trabajo, el volante de nuestro coche, la agenda, el llavero, etc. Esto ayudará a los "olvidadizos" a hacerse LA pregunta.

Otra forma de tener siempre presente LA pregunta es utilizando el rosario iniciático de 33 cuentas, como veremos más adelante.

Como vemos, LA pregunta no nos aisla de nuestra cotidianidad sino que intenta darle un sentido de acuerdo a nuestra verdadera naturaleza, pues el descubrimiento de nuestra verdadera identidad y de nuestro propósito existencial son las cosas más importantes de nuestra vida.

Resumen del ejercicio

Pregunta. ¿Quién soy?

Negaciones: No soy el cuerpo físico. No soy el cuerpo vital. No soy el cuerpo emocional. No soy la mente de deseos. No soy los "yoes" que se manifiestan.

Repetición de la pregunta: ¿Quién soy?

Respuesta: Soy el observador. Soy el Testigo.

Conclusión: Yo Soy. Yo Soy Eso.

Ramana Maharshi revelaba que: *"El pensamiento «¿Quién soy yo?» destruirá todos los otros pensamientos, y al igual que la estaca utilizada para remover la pira funeraria, finalmente él mismo acabará destruido. Entonces, surgirá la Realización del Sí mismo (o la Autorrealización). (…) Cuando surgen otros pensamientos, uno no debe perseguirlos, sino que debe indagar: «¿A quién surgen?» No importa cuántos pensamientos puedan surgir. A medida que surge cada pensamiento, uno debe indagar con diligencia, «¿A quién ha surgido este pensamiento?». La respuesta que emergerá, será «A mí». Por consiguiente, si uno inda-*

ga «¿Quién soy yo?», la mente retrocederá a su fuente; y el pensamiento que surgió devendrá quiescente". (22)

Capítulo IV
La Conciencia Constante

En un capítulo anterior hablamos de los estados de conciencia y decíamos que existen varias clasificaciones de los mismos, aunque en todas aparece –de una u otra forma– la dicotomía primaria SUEÑO-VIGILIA. Luego de considerar un par de clasificaciones tradicionales (vedantina y del Cuarto Camino), proponíamos una tercera clasificación en total consonancia con las dos anteriores:

a) Sueño

b) Vigilia relativa (otra forma de sueño)

c) Vigilia absoluta

d) Conciencia constante o continua

Esta última instancia de conciencia constante es propia de los Maestros espirituales que han logrado despertar y mantener un estado de conciencia independiente de las mudables circunstancias externas.

La conciencia despierta

Ken Wilber dice que *"si queremos realizar nuestra identidad suprema con el Espíritu debemos establecer contacto con esa corriente de conciencia constante y mantenerla a través de todos los cambios de estado" (1)* y comenta la perspectiva de Ramana Maharshi cuando éste señala que *"la Realidad Última (o el Espíritu) no puede ser algo que brote en la conciencia y luego aparezca fuera de ella; la Realidad Última debe ser algo que se halla continuamente presente o, dicho de un modo más técnico, algo que, siendo atemporal, se halle completamente presente en cada uno de los puntos del tiempo".* (2)

Las palabras de Sri Aurobindo sobre este punto son muy ilustrativas e importantes: *"Pareciera como si, durante el sueño, nuestra conciencia se retirase de las experiencias propias del estado de vigilia y quedara suspendida en un estado de descanso o de reposo. Sin embargo, ésta es una visión bastante superficial del asunto ya que lo único que se interrumpe durante el sueño es la actividad vigílica y lo único que descansa son los aspectos más superficiales de nuestra mente y la actividad consciente normal de nuestro cuerpo. Así pues, durante el sueño la conciencia no desaparece sino que, por el contrario, acomete activi-*

dades más internas, de las cuales sólo recordamos aquellas que han quedado grabadas, o han sucedido, en las proximidades de la superficie de nuestra mente. (...) Pero si logramos desarrollar nuestro ser interior y vivir a un nivel más profundo que la mayoría de las personas podremos cambiar esta situación y gozar de una mayor conciencia de nuestros sueños ya que, en tal caso, los sueños adquieren un carácter más subliminal y menos subconsciente y asumen una realidad y un sentido completamente nuevos.

Cabe la posibilidad, incluso, de llegar a ser totalmente conscientes del sueño y de poder seguir completamente –bien desde el comienzo hasta el final o bien durante largos períodos de tiempo– los distintos estadios por los que discurre nuestra experiencia onírica. Descubrimos entonces que ES POSIBLE CONSERVAR NUESTRA CONCIENCIA EN EL PASO DE UN ESTADIO A OTRO y que, al final, terminamos sumergiéndonos, por un breve período, en un estado de luminosidad y paz exento de sueños –que es el auténtico restaurador de las energías de nuestra conciencia vigílica– para después siguiendo el camino inverso, regresar al estado de vigilia. (...) En todo caso, a pesar de que resulte difícil de alcanzar y de mantener es posible desarrollar una comprensión coherente de nuestra vida onírica". (3)

El sabio hindú concluye su pensamiento asegurando que "el sueño puede llegar a ser consciente, cada vez más consciente, hasta el momento en que nuestro desarrollo sea bastante para ser conscientes de continuo, aquí o allá, y en que el sueño, lo mismo que la muerte, no serán ya un retorno al estado vegetativo, o una dispersión de nuestros componentes naturales, sino simplemente el paso de un modo de consciencia a otro modo de consciencia. Porque, en verdad, la línea de separación que hemos trazado entre el sueño y la vigilia, entre la vida y la muerte, responde tal vez a una observación de las apariencias exteriores, pero carece de realidad esencial, así como nuestras fronteras nacionales carecen de realidad para la geografía física, o como el exterior coloreado e inmutable de un objeto carece de realidad para la física nuclear". (4)

En la tradición oriental, especialmente en el budismo tibetano existe una práctica llamada "yoga de los sueños", que tiene como objetivo la continuidad de la conciencia, a fin de mantenernos totalmente conscientes tanto en el sueño como en la vigilia. El lama Tenzin Wangyal Rinpoche recuerda que: "Normalmente, el sueño es considerado como algo "irreal" en comparación con el contexto de la vida "real" de la vigilia; pero no hay nada más real que el sueño. Esto sólo tiene sentido *cuando se entiende que la vida normal de vigilia es tan irreal como el sueño, exactamente de la misma manera. Entonces puede comprenderse que el yoga del soñar se aplica a toda la experiencia: tanto a los sueños del día como a los sueños de la noche".* (5)

Mientras que los profanos pasan de un sueño a otro sueño (vigilia relativa), los probacionistas se afanan por trabajar en el tercer estado de conciencia, que se conquista en la etapa del discipulado. Por su parte, la conciencia constante la podemos hallar con certeza en los Maestros de Sabiduría que han logrado quitar de sus ojos las telarañas mayávicas.

Cuento: La conciencia constante

Ningún alumno Zen se atrevería a enseñar a los demás hasta haber vivido con su Maestro al menos durante diez años. Después de diez años de aprendizaje, Tenno se convirtió en maestro.

Un día fue a visitar a su Maestro Nan-in. Era un día lluvioso, de modo que Tenno llevaba chanclos de madera y portaba un paraguas.

Cuando Tenno llegó, Nan-in le dijo: «Has dejado tus chanclos y tu paraguas a la entrada, ¿no es así? Pues bien: ¿puedes decirme si has colocado el paraguas a la derecha o a la izquierda de los chanclos?».

Tenno no supo responder y quedó confuso. Se dio cuenta entonces de que no había sido capaz de practicar la Conciencia Constante. De modo que se hizo alumno de Nan-in y estudió otros diez años hasta obtener la Conciencia Constante.

El hombre que es constantemente consciente, el hombre que está totalmente presente en cada momento: ése es el Maestro. (6)

Cuento: El ciervo escondido (Liehtsé)

Un leñador de Cheng se encontró en el campo con un ciervo asustado y lo mató. Para evitar que otros lo descubrieran, lo enterró en el bosque y lo tapó con hojas y ramas. Poco después olvidó el sitio donde lo había ocultado y creyó que todo había ocurrido en un sueño. Lo contó, como si fuera un sueño, a toda la gente. Entre los oyentes hubo uno que fue a buscar el ciervo escondido y lo encontró. Lo llevó a su casa y dijo a su mujer:

- Un leñador soñó que había matado un ciervo y olvidó dónde lo había escondido y ahora yo lo he encontrado. Ese hombre sí que es un soñador.

- Tú habrás soñado que viste un leñador que había matado un ciervo. ¿Realmente crees que hubo un leñador? Pero como aquí está el ciervo, tu sueño debe ser verdadero- dijo la mujer.

- Aun suponiendo que encontré el ciervo por un sueño-contestó el marido-, ¿a qué preocuparse averiguando cuál de los dos lo soñó?

Aquella noche el leñador volvió a su casa, pensando todavía en el ciervo, y realmente soñó, y en el sueño soñó el lugar donde había ocultado el ciervo y también soñó quién lo había encontrado. Al alba fue a casa del otro y encontró el ciervo. Ambos discutieron y fueron ante un juez, para que resolviera el asunto. El juez le dijo al leñador:

-Realmente mataste un ciervo y creíste que era un sueño. Después soñaste realmente y creíste que era verdad. El otro encontró el ciervo y ahora te lo disputa, pero su mujer piensa que soñó que había encontrado un ciervo que otro había matado. Luego, nadie mató al ciervo. Pero como aquí está el ciervo, lo mejor es que lo repartan.

El caso llegó a oídos del rey de Cheng y el rey de Cheng dijo:

-¿Y ese juez no estará soñando que reparte un ciervo? (7)

La atención

"El que permanece atento está vivo; el que no, es como si ya hubiera muerto" (Dhammapada)

Para despertar la conciencia, debemos lograr una atención consciente vinculada a la práctica de la auto-observación y que conduce a la lucidez y a la comprensión profunda de nuestra auténtica naturaleza.

Este descubrimiento surgirá de una pregunta fundamental: "¿Quién soy?", que es LA pregunta, la pieza clave del proceso de autoconocimiento. En este proceso, uno de los dragones simbólicos del laberinto tratará de impedirnos –por todos los medios– que lleguemos a LA respuesta. Nos referimos al dragón del elemento Fuego, el custodio del portal de la mente de deseos. Sus tácticas son muy conocidas y consisten en distraernos, a través de pensamientos intrusos que nos llevan a callejones sin salida. En síntesis: su estrategia es la DISPERSIÓN. Por eso, simbólicamente este dragón debe ser apaciguado antes de ser finalmente aniquilado (según veremos más adelante).

La atención surge de la serenidad, de la "ataraxia" de los estoicos, pues solamente una mente imperturbable y serena dejará de suministrar oxígeno para que el fuego siga encendido. La imperturbabilidad nos permite estar atentos y esta atención nos ayuda a controlar la mente, esto es: MATAR AL CUARTO DRAGÓN.

Esta atención consciente es una fuerza liberadora, pues nos rescata de la oscuridad de la caverna y nos guía a la verdadera conciencia, a una percepción lúcida tanto de lo externo como lo interno. Sin atención plena no puede existir autoconocimiento, por eso es de capital importancia la auto-observación en los cuatro niveles de trabajo: físico, vital, emocional y mental.

En un mundo alterado e insano que fundamenta su supervivencia en la inconsciencia y en la complacencia de todos los deseos animales no es fácil lograr la serenidad y menos aún estar atentos, por lo cual uno de los primeros desafíos del estudiante es trabajar estos aspectos, que aparecen al comienzo del laberinto, como veremos en un próximo capítulo.

Antonio Blay consideraba que *"hay una gran diferencia entre estar simplemente atentos a algo y el razonar sobre algo. Al razonar nos estamos pronunciando sobre ese algo, estamos formando símbolos, estamos juzgando, valorando, seleccionando. Pero cuando yo miro algo, cuando aprendo a dirigir mi atención de una manera fija, sostenida, sobre algo, estoy simplemente mirando y es manteniendo esta actitud de mirar cuando se puede llegar a ver, del mismo modo que sólo manteniendo la actitud de escuchar se puede llegar a oír. Y al decir escuchar quiero decir escuchar de veras y en consecuencia, oír de veras; porque lo que ahora hacemos no es escuchar de veras, pues mientras estamos escuchando también estamos pensando, estamos comparando, razonando o criticando lo que escuchamos, y esto nos impide desarrollar nuestra capacidad de oír del todo. Como estamos tan acostumbrados a escuchar de este modo ni siquiera nos ha pasado por la mente la idea de que realmente existe la capacidad de escuchar del todo. Uno cree que ya está atento, que ya se está enterando de todo, pero luego, cuando la persona tiene que repetir o dar cuenta de lo que ha escuchado, se evidencia que la persona sólo ha cogido unos pequeños fragmentos de lo que se ha dicho –y aún esos fragmentos los interpreta mediante una óptica totalmente subjetiva–, que no ha tenido la capacidad de escuchar realmente lo que el otro decía, cómo lo decía y desde la perspectiva en que lo decía.*

En el sentido de la atención sostenida ocurre lo mismo que en el escuchar. Hemos de aprender a mirar sin razonar, a fijar nuestra atención, muy clara, muy despierta, muy lúcida, en un acto simple de mirar aunque a primera vista esto nos parezca muy tonto, pues, como se dice en forma de chiste, los mochuelos se «fijan» mucho. A pesar de que parezca una cosa tonta, es preciso practicar para llegar a descubrir que ahí está la clave más importante para entrar en el reino interior, en este mundo oculto, en este mundo de posibilidades inmensas que hay en nuestra mente y en nuestro corazón". (8)

Por su parte, Ramiro Calle asevera: *"Cuando permanecemos muy atentos, el griterío mental se disuelve. La atención es el antídoto del pensamiento descontrolado y, por tanto, de muchos problemas imaginarios. Hay varios ejercicios de meditación, muy antiguos, para ir descubriendo la naturaleza de la mente y aprendiendo a ser los propietarios reales, y no las víctimas, de la propia mente. Si estás vigilante, ésta es menos operativa y más perceptiva; la mente inútilmente pensante da paso a la mente perceptivamente actuante. En la fuente del pensamiento donde reside la poderosa energía del observador, hay sosiego y equilibrio; en la masa de pensamientos ciegos y mecánicos, hay incertidumbre y desconcierto. Pero no podemos odiar, ni detestar, ni subestimar la mente. Es una joya de valor incomparable y conviene ejercitarse para que sea amiga y aliada y no enemiga. Hay una clave esencial que debemos recordar para ir ganando quietud o paz interior: ante cualquier circunstancia, grata o ingrata, favorable o desfavorable, hagamos un esfuerzo sabiamente aplicado para mantener la atención y la serenidad. (…)*

Cuando la mente está atenta, la vida se capta en cada instante. La vida no es lo que fue o será, sino lo que es. Sólo una mente muy receptiva, y por tanto meditativa, puede percibir cada momento y abrirse a él. El pensamiento forma parte de la vida y ocupa un lugar en la misma, pero no es la vida y, además, es por completo insuficiente. A menudo el pensamiento se ha desarrollado de tal modo y sin control, que usurpa el lugar de la realidad y la persona piensa pero no vive. Vivamos la vida con atención en lugar de dejar que ella mecánicamente nos viva. Asimismo la atención nos ayuda a descubrir, conocer y examinar los estados de la mente, y esa labor es un gran antídoto contra la confusión, el sopor psíquico y la neurosis. (…)

La atención se ejercita a cada momento, abriendo los sentidos a lo que sucede, nos permite permanecer más lúcidos y se vuelve un eficiente aliado para combatir impedimentos como el deseo compulsivo, la impaciencia, la apatía, la pereza, el tedio, el desasosiego y la angustia. Supone la vigilancia estrecha de la mente para prevenir estados mentales aflictivos e insanos. Al estar muy atenta a lo que percibe, la persona frena los pensamientos mecánicos y pone en marcha los recursos de la mente". (9)

Al comienzo del sendero, es difícil lograr una completa atención.

Por esta razón, es necesario empezar con algunos ejercicios sencillos pero eficaces. A la pregunta capital "¿Quién soy?" tendremos que ir agregando ejercicios como los que detallamos a continuación:

1) Atención programada (despertadores)

Programe su reloj para que la alarma suene cada una hora. Cuando ésta se active simplemente recuerde la necesidad de "estar atento". Preste atención a su alrededor, preste atención a su interior y hágase LA pregunta: "¿Quién soy?". Existen otros ejercicios sencillos llamados "despertadores", que se basan en la ruptura de la rutina a través de tareas sencillas que nos lleven a auto-observarnos y a descubrir nuestra naturaleza íntima.

2) "Stop"

En los retiros o en las actividades grupales use un silbato o simplemente la palabra "¡Stop!" para que todos detengan lo que estén haciendo (sea lo que sea: durante la comida, una charla, una actividad física, etc.) y cierren sus ojos. El guía dirá: "afuera" y todos observarán a su alrededor atentamente. Luego de unos momentos dirá: "adentro" y todos cerrarán sus ojos y observarán su estado emocional y sus pensamientos. Finalmente el guía preguntará: "¿Quién soy?". Cuando el silbato suene nuevamente (o una palabra del guía) todos abrirán sus ojos y continuarán sus actividades.

Una variante de este ejercicio puede realizarse con los sentidos. Tras el sonido del silbato, el guía dice "Vista" y todos prestan atención visual, luego cierran los ojos "Oído", "Olfato", "Tacto" y "Gusto".

3) Atención en la respiración

Uno de los ejercicios más recomendados es prestar completa atención a nuestra respiración, en principio tomando conciencia del aire que entra y sale por nuestra nariz. En todo momento la atención debe estar fija en las narinas y en el proceso respiratorio, evitando los pensamientos intrusos.

"El que ha situado la atención como guardián de las puertas de su mente no puede ser invadido por los anhelos aferrantes, igual que una ciudad bien guardada no puede ser conquistada por el enemigo".
(Asvaghosa)

La serenidad

Decíamos antes que la atención completa debe estar está fundamentada en una mente serena y esta serenidad puede lograrse con la comprensión de un concepto fundamental en el cual los filósofos estoicos cimentaban su "ataraxia" (imperturbabilidad): ALGUNAS COSAS ESTÁN BAJO NUESTRO CONTROL Y OTRAS NO.

Epicteto comentaba sobre esto hace dos mil años atrás: *"Sólo tras haber hecho frente a esta regla fundamental y haber aprendido a distinguir entre lo que podemos controlar y lo que no, serán posibles la tranquilidad interior y la eficacia exterior.*

Bajo control están las opiniones, las aspiraciones, los deseos y las cosas que nos repelen. Estas áreas constituyen con bastante exactitud nuestra preocupación, porque están directamente sujetas a nuestra influencia. Siempre tenemos la posibilidad de elegir los contenidos y el carácter de nuestra vida interior.

Fuera de control, sin embargo, hay cosas como el tipo de cuerpo que tenemos, el haber nacido en la riqueza o el tener que hacernos ricos, la forma en que nos ven los demás y nuestra posición en la sociedad. Debemos recordar que estas cosas son externas y por ende no constituyen nuestra preocupación. Intentar controlar o cambiar lo que no podemos tiene como único resultado el tormento.

Recordemos: las cosas sobre las que tenemos poder están naturalmente a nuestra disposición, libres de toda restricción o impedimento; pero las cosas que nuestro poder no alcanza son debilidades, dependencias, o vienen determinadas por el capricho y las acciones de los demás.

Recordemos, también, que si pensamos que podemos llevar las riendas de cosas que por naturaleza escapan a nuestro control, o si intentamos adoptar los asuntos de otros como propios, nuestros esfuerzos se verán desbaratados y nos convertiremos en personas frustradas, ansiosas y criticonas". (10)

Esta idea –que debe ser comprendida e interiorizada por los estudiantes– fue notablemente sintetizada por Reinhold Niebuhr en su "oración de la serenidad" que reza:

Señor
Dame valor para cambiar lo que pueda cambiarse
Serenidad para aceptar lo que no pueda cambiarse
Y sabiduría para diferenciar lo uno de lo otro.
¡Que así sea!

"Imperturbabilidad" no significa "insensibilidad" sino una comprensión cabal de la vida como una ESCUELA, de las pruebas a las que somos sometidos día a día. Por eso Séneca al referirse a la "ataraxia" decía: *"No es invulnerable el que no es herido, sino el que no puede ser ofendido: por este signo reconoceré al sabio. (…) No importa que arrojen en contra de él muchas flechas, dado que ninguna puede herirlo"* (11) y también indicaba que: *"Libertad no significa no sufrir nada. Es un error. Libertad es colocar el Alma por encima de las injurias, y lograr transformarse a sí mismo de tal manera, que sea posible extraer únicamente de sí mismo las mismas satisfacciones"*. (12)

Muchos creen que si todos fuéramos "imperturbables" el mundo sería soso, sin gracia, frío, distante. Eso sería cierto si la serenidad fuera sinónimo de insensibilidad, indiferencia o inhumanidad, pero en realidad es justamente lo contrario: es sensibilidad, comprensión y humanidad.

SEGUNDA PARTE

MARCO SIMBÓLICO

"Ariadna entregó un ovillo de hilo mágico a Teseo y le dijo que lo siguiera hasta que llegara adonde dormía el monstruo, al que debía asir por el cabello y sacrificar. Luego podría volver siguiendo el hilo, que iría enrollando y formando de nuevo el ovillo". (Robert Graves: "Los mitos griegos")

Capítulo V
La Isla de los Iniciados

Al seguir un método de entrenamiento interior de naturaleza iniciática aparecerán ante nosotros un conjunto de símbolos, los cuales han sido colocados deliberadamente en un contenedor alegórico en la forma de una isla sagrada.

A partir de este capítulo, usaré este territorio insular como punto de referencia, sin olvidar que no es otra cosa que un modelo, un esquema de trabajo, en síntesis: un MAPA. Esto quiere decir que —como todo mapa— no debe ser confundido con la realidad sino que es una representación de ella.

Al trazar este mapa he utilizado una matriz antigua y tradicional: el laberinto cruciforme de la catedral de Chartres, que puede ser considerada la imagen más acabada del tránsito iniciático y que resume en pocas líneas toda la peregrinación discipular de la periferia al centro.

Este laberinto se adecua perfectamente a nuestros fines y funcioma a la perfección como un "contenedor" de símbolos, una figura geométrica cerrada donde será sencillo identificar visualmente las 4+1 etapas de la Ascesis Iniciática.

La Isla del laberinto

La "Isla de los Iniciados" constituye el centro del mapa simbólico que usaremos a partir de este momento, pero en nuestro esquema aparecerán otros símbolos que serán de utilidad para transitar por la "Via Lucis".

Estos símbolos son los siguientes: la Isla de los Iniciados (lugar de regeneración), el laberinto cruciforme, la Tierra de las Sombras (lugar de de-generación), el Barquero, el peligroso y oscuro mar de los Sargazos, la moneda, las cinco piedras, el guardián del laberinto, la espada de la voluntad, los cuatro dragones, la puerta del templo, el Santuario del Ser o "sancta sanctorum", la dama del Grial, la espada flamígera, el jardín secreto, la corona de laurel, el caballero negro, el guardián del umbral, las cinco llaves, etc.

Estos símbolos, además de brindar cohesión y coherencia al conjunto, servirán como "marco simbólico" a nuestra aventura heroica, como telón de fondo a nuestra Ascesis Iniciática. Pero el símbolo asimilado intelectualmente de nada sirve si no implica una puesta en práctica, para lo cual incluiremos más adelante diversos ejercicios en relación con esta simbología.

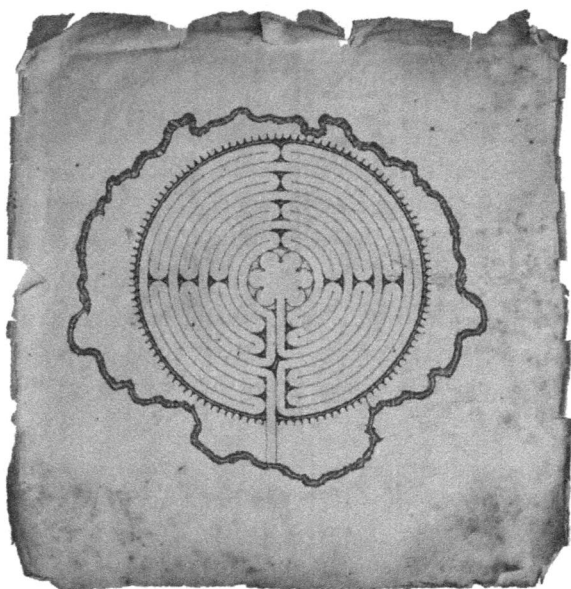

La figura del héroe

"El hombre sabio aspira a la perfección; el hombre vulgar, al bienestar".
(Confucio)

Este viaje, aunque posea elementos fantásticos, no es de ninguna forma imaginario porque simboliza nuestra propia peregrinación hacia el centro. Siendo así, el caminante heroico no es un personaje ficticio sino que es cada uno de nosotros, recorriendo caminos de misterio y aventura, empuñando la filosa espada de la voluntad y avanzando con paso decidido hacia la "paz triunfal".

En verdad, esta aventura no es para los cobardes ni para aquellos que gustan de las "medias tintas". Esta es una ruta reservada a los valientes, los decididos, aquellos que desean convertirse en héroes y salir de su "zona de confort".

El mundo moderno nos bombardea a través de los medios de comunicación masiva instándonos a admirar a héroes con pies de barro, es decir "falsos ídolos". Son todos los supuestos modelos exitosos (deportistas, modelos, los actores, músicos, millonarios, etc.) aunque su heroicidad casi nunca es auténtica sino de cartón pintado. ¡Pura cáscara! ¡Pura imagen! Si observamos con atención a estos ídolos prefabricados podremos descubrir que –en su inmensa mayoría– son modelos falaces que sirven para prolongar nuestro sueño cavernario.

Si queremos salir de la caverna de las ilusiones, deberíamos orientar nuestra mirada a los héroes míticos: Jasón, Hércules, Ulises, es decir aquellos que se prueban a sí mismos en la adversidad y que representan a nuestro Ser Interno enfrentado a los desafíos de la vida.

La literatura moderna también ofrece varios de estos modelos heroicos (J.R.R. Tolkien, Frank Baum, Julio Verne, J.K. Rowling, Richard Ford, etc.) e incluso la industria cinematográfica –tomando como punto de partida los estudios de Joseph Campbell– ha presentado exitosas odiseas heroicas (Avatar, Matrix, Star Wars, el Rey León, Gladiador, etc.) pues sabe que todos los seres humanos vibran y se emocionan con los arquetipos heroicos. (1)

Breve resumen de un viaje fantástico

"Donde el camino es más duro, allí debes ir y lo que el mundo desecha, recógelo. Lo que el mundo hace, no lo hagas; en todas las cosas camina en dirección contraria al mundo. Así te aproximarás a lo que estás buscando". (Jacob Boehme)

Nuestro viaje simbólico comienza en la Tierra de las Sombras, que no es otra que el mundo profano. En este lugar de somnolencia, cualquier mención a tierras sagradas se considera una fantasía propia de locos constructores de castillos en el aire. Sin embargo, algunas personas insisten en afirmar que en una playa secreta de este territorio sombrío hay un barquero que –por la módica suma de una moneda– conduce a los aventureros hasta una isla misteriosa atravesando el mar de los Sargazos.

Nuestra primera tarea para abandonar la Tierra de las Sombras será conseguir una moneda para abonar el viaje (esto es: adecuar nuestro estilo de vida para ser digno de transitar el sendero) y la segunda encontrar al barquero que conozca la ubicación exacta de la tierra insular (esto es: un guía espiritual que nos pueda ayudar a alcanzar un estado de conciencia más elevado). Este barquero ciertamente nos puede trasladar hasta las costas de la isla, pero el laberinto lo deberá recorrer cada peregrino por sí solo, sin ayudas. Esta es una regla fundamental: cuando el discípulo está preparado (portando la moneda, que representa el esfuerzo) aparece el maestro (barquero) pero éste no puede llevarnos a cuestas sino simplemente señalarnos el rumbo.

Tras atravesar el peligroso mar de los Sargazos, llegaremos a la isla sagrada, con una disposición geográfica casi circular y con enormes muros que impiden el acceso por otro lugar que no sea el pórtico principal. Esta única entrada es custodiada por un vigilante, que es el Guardián del Laberinto. El mismo nos dará las indicaciones necesarias para que podamos avanzar en el interior del laberinto, aconsejándonos que abandonemos todos nuestros lastres del pasado a lo largo del camino.

Al ingresar al primer pasillo del laberinto, nos enfrentaremos a nuestro primer desafío que consiste en hacernos de una espada simbólica, con la que podremos matar a los cuatro dragones feroces que se presentarán más adelante y que tratarán de impedirnos el avance al Santuario del Ser, emplazado en el centro de la isla. La espada mágica del laberinto está incrustada en una enorme piedra y solo puede ser extraída por las personas con una voluntad inquebrantable. Sin fuerza de voluntad, nuestro viaje terminará prematuramente aquí, frente a la espada.

Los principales escollos que encontraremos en las galerías del laberinto son los cuatro dragones ya mencionados, que representan a los elementos (la forma cruciforme del laberinto también nos recuerda a los mismos). Cada uno tiene una característica principal a vencer:

Basilisco (Tierra) – Inercia

Serpiente escamosa (Agua) – Desarmonía

Dragón alado (Aire) – Sensualidad

Bestia de Fuego (Fuego) – Dispersión

Los cuatro dragones en conjunto representan el desequilibrio, la fragmentación y la inestabilidad de la personalidad (el ego). Teniendo en cuenta esto, Antonio Medrano aclara que *"el dragón simboliza el ego cuya aniquilación es considerada objetivo prioritario por cualquier vía espiritual. Todas las doctrinas espirituales ortodoxas se muestran coincidentes en este punto: el ego es nuestro peor adversario; el principal obstáculo que impide nuestro avance en la senda de realización interior;*

la pesadilla que nos tortura y oprime; el monstruo que arruina y enve-nena nuestra vida, haciéndonos miserables y desgraciados; la bestia de los abismos que destruye nuestras mejores posibilidades, frena nuestro ascenso y nos sume en un mundo de oscuridad y sufrimiento; el demonio que, alimentado por la ignorancia, atiza en nosotros la pasión, el vicio y el error". (2)

Al igual que el heroico Sigfrido, nuestra misión será vencer y matar a los dragones, para bañarnos con su sangre a fin de convertirnos en Maestro de cada uno de los elementos. La sangre simboliza la conquista e impregnada en la piel se transforma en una poderosa y sutil armadura. De este modo, tras haber derrotado a nuestros enemigos íntimos, arre-batándoles sus tesoros (el poder del elemento, sintetizado en una llave) llegaremos finalmente hasta la Puerta del Templo como "Maestro de los Cuatro Elementos".

A lo largo de todo el laberinto nos toparemos también con otro ene-migo poderoso: el Caballero Negro ("caballero del terror") que repre-senta nuestros miedos y que puede ser un oponente incluso más podero-so que los propios dragones.

La Puerta del Templo, es decir la entrada al Santuario del Ser (el Sanc-ta Sanctorum) siempre está custodiada por el Guardián del Umbral, que protege el recinto de la indiscreción de los profanos. A la sagrada estancia se accede abriendo cinco cerraduras. Las primeras cuatro las podremos abrir fácilmente con las llaves que has arrebatado a los dragones, pero la quinta solamente podrá ser abierta con la llave del Guardián, quien la en-trega solamente a los nobles de corazón, aquellos que ciertamente están preparados para acceder a la Iniciación.

Después de abrir la quinta cerradura podremos entrar finalmente al "Sancta Sanctorum", situado en el centro mismo del laberinto. En este bellísimo lugar, nos encontraremos con la Dama del Grial, que nos in-vitará a beber de la mística copa, contenedora de un líquido precioso conocido como en la tradición alquímica como "elixir vitae" o elixir de la eterna juventud. Todas las tradiciones espirituales enseñan que en el centro del mundo –además del Templo Primordial donde está el "axis mundi" (eje del mundo)– existe también un fantástico jardín secreto que decora los exteriores de la construcción. En este jardín interno simbóli-camente siempre es primavera y en él está emplazada la magnífica fuente de la eterna juventud. De este tupido entorno vegetal, la Dama recogerá dos ramas de laurel, con las cuales confeccionará una corona que representa el triunfo final, trayéndonos a la memoria la imagen victoriosa del arcano XXI ("El mundo"), donde aparece un personaje andrógino que representa la reintegración.

Por último, la Dama nos entregará una segunda espada, que no es una espada común sino llameante o flamígera, convirtiéndonos en "caballeros de dos espadas" al igual que el rey Arturo, Perceval y otros héroes tradicionales. Con la espada de fuego en nuestro poder podremos desandar el camino laberíntico y retornar a la Tierra de las Sombras como "portadores de la luz".

Es importante aclarar que cuando hablamos de "Caballeros" que se desplazan valientemente hasta llegar hasta su "Dama" no estamos diciendo que este camino iniciático esté reservado a los hombres y vedado a las mujeres. ¡Por supuesto que no! Tanto el "Caballero" (portador de la espada, símbolo masculino, de naturaleza solar) como la "Dama" (portadora de la copa, símbolo femenino, de naturaleza lunar) son arquetipos internos, comunes a todos los seres humanos, ya que nuestra Alma espiritual no es masculina ni femenina. La unión ritual de estos dos personajes opuestos y complementarios (Yin-Yang, Shiva-Shakti, Prakriti-Purusha,

98

etc.) es la que posibilita la reconstrucción de la unidad perdida representada por el andrógino. Por esta razón, el encuentro del "Caballero" y la "Dama" también puede ser interpretado como un matrimonio místico o alquímico, el mismo que aparece en el "Cantar de los Cantares" y en "Las bodas químicas de Christian Rosenkreutz".

La geografía interior

Todos los senderos aluden a un recorrido entre un punto "A" y un punto "B". En la trayectoria metafórica del "sendero iniciático" o "Via Lucis", el punto "A" es la oscuridad y el "B" la luz, en una peregrinación que va desde la personalidad al ser, del sueño a la vigilia, de la inconsciencia a la conciencia, del vicio a la virtud, de la materia al espíritu, de Avidya a Vidya, de lo conocido a lo desconocido y —en el caso del laberinto— de la periferia al centro.

En un capítulo anterior dijimos que todo peregrino puede adoptar diferentes roles simbólicos en su aventura (guerrero, caballero, alpinista, navegante, canoero, caminante, etc.) que no son otra cosa que diferentes enfoques de un único rol: el HÉROE, estudiado en detenimiento por Joseph Campbell en su monumental obra "El héroe de las mil caras".

Todos estos personajes se trasladan de una u otra forma desde un punto "A" a un punto "B", en una odisea idéntica a la del prisionero escapado de la prisión cavernaria de "La República".

El alpinista vence montañas. El punto "A" está en la base (Tierra) y el "B" en la cima (Cielo). Su principal enemigo es la fuerza de gravedad que lo empuja hacia abajo, a lo cual se suman otros obstáculos: la falta de oxígeno, las tormentas, la nieve, el frío, la noche, etc.

El navegante surca los mares contra viento y marea. El punto "A" está en el puerto de salida y el punto "B" en el puerto de llegada, donde generalmente hay un faro que le sirve de auxilio. Los vientos huracanados y las gigantescas olas intentarán derrotarlo pero si doblega sus esfuerzos, guiándose por la luz lejana, llegará a su destino sano y salvo.

El ejemplo del canoero no es muy diferente al del navegante. Sus obstáculos también surgen de las profundidades del río en forma de rápidos, rocas, troncos, animales peligrosos y otras pruebas que deben superarse antes de llegar al punto "B".

La labor del caballero consiste en aniquilar dragones y derrotar caballeros hostiles a fin de llegar a la torre de un castillo donde se encuentra cautiva una princesa. En otras ocasiones su objetivo es un tesoro o incluso el Santo Grial, pero en todos los casos, el caballero debe triunfar sobre las adversidades para alcanzar una meta suprema, que podemos identificar con el punto "B".

El guerrero, por su parte, fundamenta su misión en la conquista de un emplazamiento estratégico. En el Bhagavad Gita este lugar simbólico es la ciudad de Hastinapura, a la cual se accede después de la total destrucción del ejército enemigo de los Kurúes.

En síntesis, todos estos personajes SON diferentes facetas del héroe. Dicho de otro modo: todos ellos son distintos enfoques de nuestro Ser Interno. Están dentro de nosotros, no en viejas historias de libros apolillados. El laberinto no debe buscarse afuera sino en nuestro interior.

La Isla de los Iniciados no es un invento ni un recurso literario. Esta isla EXISTE en nuestro interior. Los dragones EXISTEN dentro de nosotros. Los enemigos no están afuera sino adentro. Por eso hablamos de un mapa, pero no de un mapa geográfico sino de un mapa del Ser. La Ascesis Iniciática presentada en el interior de una "Isla de los Iniciados" describe fielmente esta geografía interior.

De ahí la importancia de este círculo laberíntico como "contenedor" de símbolos. Como bien dice Fermín Vale Amesti: *"El simbolismo permite, de una parte, una expresión más allá de la inteligencia sensorial, y de otra parte, comprender por analogía los parentescos entre diversos fenómenos. El simbolismo es el único y maravilloso medio que permite al hombre romper el vínculo material que limita su inteligencia del universo y enfocar un más alto y más amplio estado de conciencia".* (3)

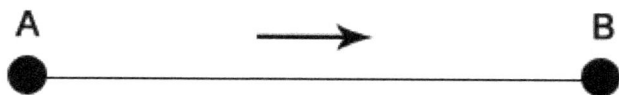

La nobleza del camino

"Si realmente queremos conocer el secreto de viajar con el Alma, necesitamos creer que hay algo sagrado esperando ser descubierto prácticamente en cada viaje" (Phil Cousineau)

So pena de parecer reiterativos, deseo retomar el tema del peregrino como "noble viajero", el cual es abordado y ampliado en la obra "El Peregrino de la Rosacruz".

En ese trabajo citamos a Cirlot, quien aseguraba que *"la idea del hombre como peregrino y de la vida como peregrinación es común a muchos pueblos y tradiciones, concordando ya con el gran mito del origen celeste del hombre, su "caída" y su aspiración a retornar a la patria celestial, todo lo cual da al ser humano un carácter de extranjería en la morada terrestre a la vez que una transitoriedad a todos sus pasos por la misma. El hombre parte y regresa (exitus, reditus) a su lugar de origen". (4)*

A lo largo de los siglos, los maestros espirituales han representado el sendero iniciático de múltiples maneras. El Tarot es una de ellas, pues éste se presenta como un recorrido de 22 estaciones donde aparecen personajes, pruebas y situaciones que están íntimamente ligadas con nuestra aventura interior.

Las doce pruebas de Hércules son otra forma de presentar el sendero iniciático, con doce desafíos discipulares relacionados con los signos del zodíaco, los cuales forman parte de una vía estelar sagrada. No en vano los sumerios llamaban al zodíaco "camino de Anu", los chinos "camino amarillo" (Hangtao), etc. En todos los casos, el zodíaco se reconoce como el recorrido aparente que sigue el sol por la bóveda celeste, y por eso se considera una "vía solar".

Para diferenciarse de los simples senderistas mundanos, los peregrinos del camino iniciático han sido llamados tradicionalmente "nobles viajeros" o "nobles caminantes", peregrinos de la "Via Lucis". El alquimista Oscar Vladislas de Lubicz Milosz consideraba que el término "noble viajero" era *"el nombre secreto de los iniciados de la antigüedad, transmitido por tradición oral a aquellos de la edad media y de los tiempos modernos. (…) Los peregrinajes de los iniciados no se distinguían de los comunes viajes de estudio, salvo por el hecho de que su itinerario coincidía rigurosamente, bajo las apariencias de un trayecto azaroso, con las aspiraciones y aptitudes más secretas del adepto". (5)*

El título de "noble viajero" nos remonta a Cagliostro, a Giordano Bruno y a Apolonio de Tyana, pero también encontraremos "nobles viajeros" en todas las tradiciones mitológicas: Jasón, Gilgamesh, Ulises, Sigfrido, Simbad, etc.

De esta manera, todo aquel que se aventura en el laberinto portando la espada mágica puede ser considerado un "noble viajero", pues su

nobleza proviene de la pureza de su Alma y no de caducas herencias aristocráticas.

Un concepto de capital importancia para aquellos que se deciden a hollar el Sendero es el COMPROMISO. Si no nos comprometemos profundamente con nuestro Ser Interno y su propósito más alto, no llegaremos muy lejos. Si nos conformamos con hacer las prácticas más agradables y descuidamos (o ignoramos) las pruebas diarias y las lecciones de la "escuela de la vida", no lograremos vencer al laberinto.

En su obra "El atleta espiritual", Quidel Maihue diferencia atinadamente el "atletismo espiritual" de la "obesidad espiritual", explicando que *"un obeso espiritual es aquella persona que se nutre continuamente de conocimientos y prácticas que van dirigidas hacia el crecimiento personal y el despertar de la conciencia espiritual. Sin embargo, todo este conocimiento adquirido queda en el plano del "tejido adiposo de la mente" que tiende a acumular toda la energía, saber y experiencia para sí y no es capaz de ejercitar este conocimiento de la manera en que lo hace el Atleta espiritual, gastando sanamente los nutrientes adquiridos en un benéfico de vivencia cotidiana de lo que se ha aprendido. Así, el obeso espiritual es aquella persona que nutriéndose de forma constante no aplica con la misma perseverancia aquellos conocimientos que ha adquirido, generando un desequilibrio entre lo mucho que entra y lo poco que sale".* (6)

Por eso la primera tarea del aspirante en la Tierra de las Sombras es ganarse la moneda con la que podrá pagar el viaje a la Isla de los Iniciados. Esa moneda significa la adopción de un estilo de vida coherente con las enseñanzas que estamos siguiendo. Sin coherencia, no ganaremos la moneda y seguiremos vagando por la Tierra de las Sombras, de instructor en instructor, de curso en curso, de escuela en escuela, siguiendo las modas espirituales y con la conciencia profundamente dormida.

"Si ya sabes lo que tienes que hacer y no lo haces entonces estás peor que antes." (Confucio)

Capítulo VI
En el Mar de los Sargazos

"La isla es un mundo reducido, una imagen del cosmos completa y perfecta, porque presenta un valor sacro concentrado". (J. Chevalier)

A partir de este capítulo pasaremos a analizar con detenimiento los diferentes símbolos del mapa simbólico, donde se destaca una ISLA BLANCA en el centro de un MAR NEGRO, también conocido como "Mar de los Sargazos".

Que el sitio elegido para nuestro laberinto sea una isla no es casualidad. El famoso laberinto del minotauro también estaba emplazado en una isla (Creta) y muchas escuelas iniciáticas de la antigüedad encontraron en las diversas tierras insulares un lugar ideal para realizar sus ceremonias internas. Es así que podemos nombrar varias escuelas mistéricas que florecieron en islas después del hundimiento de la Atlántida: Creta, Avalon, Filae, Samotracia, Malta, Chipre, Delos, etc.

Según cuentan algunos relatos tradicionales, los colegios iniciáticos de Poseidonis (el último territorio atlante en hundirse) se prepararon minuciosamente para la catástrofe enviando delegaciones de Iniciados tanto a Oriente (Egipto) como a Occidente (América precolombina) para preservar encendida la llama de los antiguos misterios.

Sin embargo, no podemos considerar a los atlantes como los fundadores de las escuelas de Misterios sino como continuadores de una Tradición Sapiencial ligada a una "cadena de oro" proveniente de una civilización anterior, identificada generalmente con Hiperbórea. Si tenemos en cuenta los relatos míticos de diferentes culturas encontraremos reiteradas alusiones a los hiperbóreos en una "Isla Blanca" (también llamada "Thule" o "Tula") situada en el polo norte (Svita-Dvîpa) con el legendario monte Meru como punto central. De acuerdo con el Haimavatchanda, este monte axial poseía cuatro pilares: Este-Bronce, Sur-Hierro, Norte-Oro y Oeste-Plata, vinculados con cuatro ríos que fluían desde el Ganges Celestial. Estas corrientes fluviales arcaicas nos recuerdan los cuatro ríos del Paraíso, que son descritos en el Antiguo Testamento:

"Del Edén nacía un río que regaba el jardín, y que desde allí se dividía en cuatro ríos menores. El primero se llamaba Pisón, y recorría toda la región de Javilá, donde había oro. El oro de esa región era fino, y también había allí resina muy buena y piedra de ónice. El segundo

se llamaba Guijón, que recorría toda la región de Cus. El tercero se llamaba Tigris, que corría al este de Asiria. El cuarto era el Éufrates". (Génesis 2:10-14)

De acuerdo con Zimmer, toda isla puede ser concebida como el punto de fuerza metafísico en el cual se condensan las fuerzas de la *"inmensa falta de lógica"* del océano. (1)

La isla es fundamentalmente un punto de referencia, una representación evidente del "axis mundi" o centro primordial, del mismo modo que también lo son el árbol y la montaña. En la tradición inda se habla de una "isla esencial" donde los buscadores podían alcanzar la autorrealización, la cual tenía unas características muy precisas: era dorada, de forma circular y con unas hermosas playas cuyas arenas habían sido formadas mediante la pulverización de piedras preciosas y gemas. Por esta razón este paraje maravilloso también fue llamado "la isla de las joyas" (Ratna dvîpa o Mani-dvipa), siendo además la morada de la Diosa, que vivía en un enorme palacio construido en el centro mismo de la isla. En este punto central no existían las estaciones, pues siempre era primavera y en él crecían árboles de gran frondosidad, junto a miles de flores de encantadoras fragancias.

En la tradición griega también se habla de una "Isla Blanca" situada en el centro del "Mar Negro", también conocida como Leuce, el lugar donde el héroe Aquiles y la bella Helena de Troya vivieron una intensa historia de amor. Según el geógrafo Dionisio Periegeta, Leuce se llamaba así *"debido a que los animales salvajes que vivían allí eran de color blanco. Se decía que en Leuce residían las almas de Aquiles y de otros héroes, y que éstos vagaban por los valles inhabitados de esta isla; así es como Júpiter recompensó a los hombres que se habían distinguido por sus virtudes, gracias a que por ellas adquirieron honor eterno".* (2)

En algunas versiones, Helena (la más femenina de las mujeres) y Aquiles (el más masculino de los hombres) concibieron en la isla un hijo "con alas" llamado Euforión, el tercer elemento de esta unión polar. (3)

Como representación del "axis mundi", la isla alude a un paraíso primigenio y como lugar de trabajo iniciático puede considerarse un "atanor" u horno filosofal. Los atanores –construidos con cuatro niveles superpuestos– eran la base del trabajo alquímico y hacían referencia a la naturaleza cuaternaria de nuestra personalidad: cuerpo físico (Tierra), cuerpo vital (Agua), cuerpo emocional (Aire) y mente de deseos (Fuego).

Teniendo en cuenta esto, Geber (Jabir Ibn Hayyan al-Suffi) aseguraba que el atanor debía ser *"cuadrado, de cuatro pies de longitud, tres de anchura, y un grosor de medio pie en las paredes"*. Los materiales a calcinar debían ser colocados dentro del horno en cazuelas de arcilla lo más resistentes posible, *"como la arcilla que se empleaba para la formación de crisoles, a fin de que pudieran resistir la fuerza del fuego, incluso hasta la combustión total de la cosa a calcinar"*.

En este horno se colocaba un frasco en forma de huevo donde se "incubaba" un nuevo ser, que debía salir al final de la obra como un "niño coronado" (la piedra filosofal), el cual aparecía generalmente vestido de la púrpura real. De acuerdo con Rouillac: *"De la misma manera que un huevo tiene todo lo que le es necesario para la generación del pollo, que no le es necesario agregar nada, y que no hay nada superfluo que sea necesario retirar, de la misma manera, es necesario proveer en nuestro huevo lo que le es necesario para la generación de la piedra"*. (4)

Como hemos destacado anteriormente, la Alquimia está fundamentada en las correspondencias: "Así como es arriba es abajo" (Microcosmos-Macrocosmos) y también "Así como es adentro es afuera", por lo cual los verdaderos alquimistas sabían que existía un paralelismo entre ellos y su obra. Dicho de otro modo: el proceso de "sufrimiento", "muerte" y "renacimiento" de los metales dentro del atanor podía ser considerado una reproducción fiel de los procesos internos que debían producirse en el interior del propio alquimista. Esto lo reafirman todas las corrientes tradicionales, sosteniendo que no es necesario buscar afuera a los tres principios, los cuatro elementos y los siete metales porque éstos solamente pueden encontrarse dentro de nosotros mismos.

En el "Tratado Áureo de Hermes", el autor anónimo dice: *"La Obra está con vosotros y en vosotros, de modo que si la encontráis en vosotros mismos, donde está continuamente, también la tendréis siempre y en cualquier parte en que os encontréis, sea en la tierra o en el mar".* (5)

Teniendo en cuenta esto, podemos ubicar a la isla de los Iniciados en el seno de nuestra geografía interior y –desde una perspectiva alquímica– esta tierra aislada no es otra cosa que nuestro Atanor, es decir nuestro lugar de trabajo, nuestro oratorio y también nuestro laboratorio.

Del mismo modo que a través del proceso alquímico se produce la piedra filosofal (el niño dorado o "filius philosophorum") en el interior del Atanor, al laberinto de la isla ingresan "hombres viejos" (palaios anthropos) y salen "Hombres Nuevos" (neos anthropos).

El mar negro

"Vivere non necesse sed, navigare necesse sed" (*"Vivir no es necesario. Navegar es una necesidad"*) (Frase latina atribuida a Pompeyo)

Para llegar a la Isla Blanca, el refugio de los Iniciados, es necesario atravesar un peligroso mar oscuro de aguas turbias y embravecidas. Es el mar de los sargazos.

El sargazo es un tipo de alga esponjosa que aparece en forma de bancos enmarañados y que permanece flotando en el mar por la acción de vejigas llenas de gas, fácilmente identificable por su nauseabundo y penetrante olor a putrefacción. En la historia de la navegación, muchos barcos españoles y portugueses quedaron frenados (e incluso atascados) en estos bancos de algas, dando origen a un sinfín de relatos sobre un misterioso "mar de los sargazos", uno de las cuales hablaba de un enorme cementerio de barcos. Geográficamente este mar fue ubicado en la zona el océano Atlántico donde se sitúa el famoso "Triángulo de las Bermudas", lo cual contribuyó a la perpetuación de la leyenda hasta nuestros días.

Simbólicamente "atravesar las aguas" implica pasar de un estado de conciencia inferior a otro superior y todos aquellos que ayudan a los peregrinos en este cruce son reconocidos como guías y maestros espirituales, al igual que el barquero de nuestra alegórica isla.

En palabras de Julius Evola: *"Atravesar un río a nado o pilotar un navío era la fase simbólica fundamental en la "iniciación real" que se celebraba en Eleusis y Jano, la antigua divinidad de los romanos, dios de los comienzos y luego, por excelencia de la iniciación como "vida nueva", era también el dios de la navegación. Entre sus atributos característicos figuraba la BARCA. La barca de Jano como sus dos atributos, las llaves, han pasado luego a la tradición católica, como barca de Pedro y en el simbolismo de las funciones pontificales".* (6)

En todos los casos, el tránsito de una orilla a otra nunca es sencillo y las embarcaciones que se atreven a atravesar el canal siempre se exponen tanto a los sargazos como a los tifones, la niebla, los monstruos marinos, el canto enloquecedor de las sirenas, las olas gigantes y muchos otros obstáculos marinos.

Ciertamente, el sendero iniciático es un camino de muerte (o de "pequeñas muertes") que nos conduce hacia una vida superior, y en este sentido atravesar las aguas puede considerarse una "primera muerte" (lo cual se acentúa más adelante en la etapa del Nigredo). Por eso Cirlot asegura que *"volver al mar"* es como *"retornar a la madre, morir".* (7)

La figura del barquero

"Cuando el oído es capaz de oír, entonces vienen los labios que han de llenarlos con sabiduría". ("El Kybalión")

Para llegar a la otra orilla sano y salvo es indispensable contar con un guía experto, un navegante que conozca los peligros de este mar furioso, oscuro y caótico, y que evite un naufragio seguro. Y así es: cuando el discípulo está preparado, aparece el Maestro, encarnado en un BARQUERO.

Un barquero es un piloto avezado que sabe orientarse con maestría en el mar abierto, aún en la noche más oscura y que puede lidiar hábilmente con los diferentes escollos marinos. De acuerdo con Guénon, *"la conquista de la «Gran Paz» [esto es: la PAZ PROFUNDA] a menudo está representada por la figura de la navegación"* (8) y en todos los casos *"la isla permanece inmutable en medio de la agitación incesante de las mareas, que es una imagen de la del mundo exterior, y es preciso haber atravesado «el mar de las pasiones» para llegar al «Monte de la Salvación», al "Santuario de la Paz".* (9)

Algunos relatos cristianos se refieren al propio Cristo como el "supremo marinero" y San Hipólito advierte que *"el mar es el mundo; la nave, la Iglesia; el timonel, Cristo; el mástil, la cruz: la escalera que sube al travesaño del mástil, los pasos de Cristo a la cruz".* (10)

En la Tradición Iniciática encontramos numerosos ejemplos de héroes-navegantes como Ulises (Odiseo), Jasón y sus argonautas, Gilgamesh, Sigfrido y Simbad, pero también encontramos relatos fantásticos de naturaleza cuasi-iniciática en la historia reciente: tanto en la odisea

del noruego Thor Heyerdahl a bordo de su balsa "Kon Tiki" como en la desesperante aventura de Ernest Shackleton en los mares antárticos. (11)

Uno de los investigadores que estudió más profundamente el simbolismo de la navegación fue el italiano Julius Evola, quien afirmó que *"el navegante es el homólogo del héroe y del iniciado, el sinónimo de aquel que, abandonando el simple "vivir" quiere ardientemente un "más que vivir", un estado superior a la caducidad y a la pasión. Entonces se impone el concepto de OTRA tierra firme, la verdadera, la que se identifica con el fin del "navegante", con la conquista propia a la misma épica, de la mar y la "otra ribera" es la tierra, primero desconocida, inexplotada, inaccesible, dada por las antiguas mitologías y tradiciones con los símbolos más diversos, entre los cuales aparece bastante frecuentemente el de la ISLA, imagen de firmeza interior, de calma y del Imperio sobre sí de quien, feliz y victoriosamente, ha navegado sobre las olas o las corrientes impetuosas, sin convertirse en víctima de las mismas"*. (12)

Navegar é preciso (Fernando Pessoa)

Navegadores antigos tinham uma frase gloriosa:
"Navegar é preciso; viver não é preciso".
Quero para mim o espírito [d]esta frase,
transformada a forma para a casar como eu sou:
Viver não é necessário; o que é necessário é criar.
Não conto gozar a minha vida; nem em gozá-la penso.
Só quero torná-la grande,
ainda que para isso tenha de ser o meu corpo e a (minha alma) a lenha desse fogo.
Só quero torná-la de toda a humanidade;
ainda que para isso tenha de a perder como minha.
Cada vez mais assim penso.
Cada vez mais ponho da essência anímica do meu sangue
o propósito impessoal de engrandecer a pátria e contribuir
para a evolução da humanidade.
É a forma que em mim tomou o misticismo da nossa Raça.

Traducción: Navegar es necesario

Navegadores antiguos tenían una frase gloriosa:
"Navegar es necesario; vivir no es necesario".
Quiero para mí el espíritu de esta frase,

transformada en su forma para adaptarse a lo que soy:
Vivir no es necesario; lo que es necesario es crear.
No busco gozar mi vida; ni en gozarla pienso.
Sólo quiero volverla grande,
aunque para eso tenga que ser mi cuerpo y mi alma la leña de ese fuego.
Sólo quiero volverla de toda la humanidad;
aunque para eso tenga que perderla como mía.
Cada vez más pienso de este modo.
Cada vez más pongo de la esencia anímica de mi sangre
el propósito impersonal de engrandecer la patria y contribuir
a la evolución de la humanidad.
Es la forma que tomo en mí el misticismo de nuestra Raza.

Una tierra sombría

El periplo del navegante-discípulo siempre comienza en un lugar oscuro, donde pocas veces la luz del sol puede filtrarse entre los oscuros y densos nubarrones. Este lugar es una tierra sombría, que nos recuerda a la "Tierra Yerma" de las tradiciones caballerescas del Santo Grial.

Esta tierra yerma es pedregosa, lúgubre, estéril, y en ella reinan la mediocridad y las apariencias. Es un ESPACIO PROFANO donde todo está supeditado a un TIEMPO PROFANO. Sin embargo, existe otra tierra más allá del horizonte, otro lugar donde el ESPACIO y el TIEMPO son sagrados: la Isla de los Iniciados.

La oposición entre el tiempo profano y el tiempo sagrado era bien conocida por los antiguos y, en este sentido, los griegos diferenciaban a "Cronos" de "Kairos".

Cronos es el tiempo lineal que podemos medir, el que se divide en pasado, presente y futuro, mientras que Kairos es el tiempo circular, el eterno aquí y ahora. La personalidad desarrolla su existencia en Cronos mientras que el Alma Espiritual vive en Kairos.

El tiempo cronológico es el tiempo de la "vieja física" de Newton, mientras que el tiempo kairológico es el de la "nueva física". De esta manera podemos entender las palabras de Albert Einstein: *"Para nosotros, físicos convencidos, la distinción entre el pasado, el presente y el futuro es tan solo una ilusión, si bien es cierto que persistente"*. (13)

Cronos representa el tiempo que nos consume, el devenir. Todos los instrumentos y las formas para medir el tiempo profano se relacionan con él: cronograma, cronómetro, cronología, etc. Al mismo

La juventud del Alma Espiritual más allá del tiempo

Tempus Fugit - Carpe Diem

CRONOS	KAIROS
Tiempo lineal	Tiempo cíclico
Pasado-presente-futuro	Eterno ahora
Tiempo de la Personalidad	Tiempo del Alma
Tiempo objetivo	Tiempo subjetivo
Tiempo profano	Tiempo sagrado
Tiempo irrecuperable	Tiempo recuperable (ritual)
Se puede conmemorar	Se puede revivir con el ritual
Tiempo métrico-cuantitativo	Tiempo vivo-cualitativo
Medible con instrumentos	No medible
Vieja física (Isaac Newton)	Nueva física (Albert Einstein)
Niñez-Juventud-Madurez-Vejez	Eterna juventud
Tiempo de la historia	Tiempo de los mitos
Samsara	Nirvana
Karma	Dharma
Ilusión	Realidad
Sueño	Vigilia
Tempus Fugit	Carpe Diem
Tiempo sin ningún sentido particular.	Tiempo en el que las cosas especiales suceden.

tiempo que Cronos era considerado un Dios poderoso, Kairos –por su parte– era representado como una deidad sencilla y pequeña, simbolizando el tiempo de la oportunidad, de la felicidad y el cambio: el genio del momento decisivo. Según Paul Tillich éste *"es el momento de tiempo que es invadido por la eternidad".* (14)

Mircea Eliade recalcó la importancia del Ritual como una forma de entrar en ese tiempo sagrado y señalaba que: *"Participar religiosamente en una fiesta implica el salir de la duración temporal «ordinaria» para reintegrar el Tiempo mítico reactualizado por la fiesta misma. El Tiempo sagrado es, por consiguiente, indefinidamente recuperable, indefinidamente repetible. Desde un cierto punto de vista, podría decirse de él que no «transcurre», que no constituye una «duración» irreversible. (...) En cada fiesta periódica se reencuentra el mismo Tiempo sagrado, el mismo que se había manifestado en la fiesta del año precedente o en la fiesta de hace un siglo: es el Tiempo creado y santificado por los dioses a raíz de sus gestas, que se reactualizan precisamente por la fiesta".* (15)

Quienes viven en el tiempo cronológico están expuestos a la decrepitud y el deterioro, porque el cuaternario inferior y sus vehículos (cuerpo físico, vital, emocional y mente de deseos) están subordinados a la impermanencia. Por otro lado, quienes fundamenten su existencia en el "otro tiempo" (Kairos) lograrán la "eterna juventud" porque ser joven no es una condición del cuerpo sino del Alma Espiritual. En nuestros días es fácil encontrar "jóvenes" de veintipocos años ya "hastiados de la vida", que han malgastado sus años de primavera en actividades inútiles y –por otro lado– ancianos entusiastas y con enormes ganas de vivir la vida plenamente.

La eterna juventud nunca puede condición de lo externo sino de lo interno y aquellos que vuelquen todos sus esfuerzos en mantener el cuerpo joven –descuidando el Alma Espiritual– tarde o temprano se verán defraudados y frustrados porque la pulseada con la muerte nunca puede ser ganada por la personalidad.

La juventud del Alma va de la mano con el entusiasmo y el buen humor. *"¡Protegedme de la filosofía que no ríe!"* pedía Khalil Gibrán, mientras que Manly Palmer Hall aseguraba que *"es un error creer que la seriedad puede ocupar el lugar de la integridad".* (16) Ante las múltiples dificultades del Sendero, nuestra mejor arma es una sonrisa.

La moneda

En esta Tierra Sombría donde todo gira en torno al dinero y a los placeres efímeros, el aspirante debe buscar –justamente– una moneda que no tiene valor material sino que representa la adhesión a un Ideal trascendente y la adopción de un estilo de vida que sea COHERENTE con él.

Así como el dinero corriente se gana mediante el trabajo mundano ("el sudor de la frente" sin otra pretensión que "ganarse el pan"), esta moneda especial solamente se puede conseguir a través de otro tipo de trabajo, de naturaleza interna, un "oficio sagrado" o "sacro-oficio".

Desde un punto de vista esotérico y simbólico, el dinero significa nuestra energía laboral condensada. Por otro lado, la moneda de nuestro esquema representa la energía que ofrendamos (sacrificamos) para abandonar la Tierra de las Sombras y emanciparnos del rebaño.

La parábola de los talentos relatada por Cristo nos recuerda la importancia de utilizar de buena forma nuestras habilidades innatas:

"Porque el reino de los cielos es como un hombre que, al irse de viaje, llamó a sus siervos y les entregó sus bienes. A uno le dio cinco mil monedas de oro; a otro, dos mil; y a otro, mil, a cada uno conforme a su capacidad; y luego se marchó.

El que había recibido cinco mil monedas negoció con ellas, y ganó otras cinco mil.

Asimismo, el que había recibido dos mil, ganó también otras dos mil.

Pero el que había recibido mil hizo un hoyo en la tierra y allí escondió el dinero de su señor.

Mucho tiempo después, el señor de aquellos siervos volvió y arregló cuentas con ellos.

El que había recibido las cinco mil monedas se presentó, le entregó otras cinco mil, y dijo: "Señor, tú me entregaste cinco mil monedas, y con ellas he ganado otras cinco mil; aquí las tienes."

Y su señor le dijo: "Bien, buen siervo y fiel; sobre poco has sido fiel, sobre mucho te pondré. Entra en el gozo de tu señor."

El que había recibido las dos mil monedas dijo: "Señor, tú me entregaste dos mil monedas, y con ellas he ganado otras dos mil; aquí las tienes."

Su señor le dijo: "Bien, buen siervo y fiel, sobre poco has sido fiel, sobre mucho te pondré. Entra en el gozo de tu señor."

Pero el que había recibido mil monedas llegó y dijo: "Señor, yo sabía que tú eres un hombre duro, que siegas donde no sembraste y recoges lo que no esparciste. Así que tuve miedo y escondí tu dinero en la tierra. Aquí tienes lo que es tuyo."

Su señor le respondió: "Siervo malo y negligente, si sabías que yo siego donde no sembré, y que recojo donde no esparcí, debías haber dado mi dinero a los banqueros y, al venir yo, hubiera recibido lo que es mío más los intereses. Así que, ¡quítenle esas mil monedas y dénselas al que tiene diez mil!" Porque al que tiene se le dará, y tendrá más; pero al que no tiene, aun lo poco que tiene se le quitará. En cuanto al siervo inútil, ¡échenlo en las tinieblas de afuera!" (Mateo 25:14-30)

Esto es absolutamente cierto: todos recibimos "talentos" o "monedas de oro" al nacer, y tenemos el gran desafío de lograr que ese capital intangible crezca y que nosotros crezcamos con él. Sin embargo, la mayoría de las personas deja de lado ese "talento" ignorando su propósito vital y eligiendo la comodidad que ofrece la sociedad (¡seguridad ante todo!) que no es otra cosa que "enterrar la moneda".

"Seguridad ante todo": este es el gran lema burgués de la modernidad. "No te metas", "no te atrevas", "no te compliques la vida", "permanece indiferente"... son los axiomas fundamentales de la filosofía "light" contemporánea. Ortega y Gasset lo comprendió y lo explicó claramente hace décadas: *"La filosofía moderna, producto de la suspicacia y la cautela, nace del burgués. Es éste el nuevo tipo de hombre que va a desalojar el temperamento bélico y va a hacerse prototipo social. Precisamente porque el burgués es aquella especie de hombre que no confía en sí, que no se siente por sí mismo seguro, necesita preocuparse ante todo de conquistar la seguridad. Ante todo evitar los peligros, defenderse, precaverse".* (17)

Por otro lado, Enrique Rojas, el gran denunciante del vacío existencial del hombre moderno señala que: *"La cultura light es una síntesis insulsa que transita por la banda media de la sociedad: comidas sin calorías, sin grasas, sin excitantes... todo suave, ligero, sin riesgos, con la seguridad por delante. Un hombre así no dejará huella. En su vida ya no hay rebeliones, puesto que su moral se ha convertido en una ética de reglas de urbanidad o en una mera actitud estética. El ideal aséptico es la nueva utopía, porque, como dice Lipovetsky, estamos en la era del vacío. De esas rendijas surge el nuevo hombre cool, representado por el telespectador que con el mando a distancia pasa de un canal a otro buscando no se sabe bien qué o por el sujeto que dedica el fin de semana a la lectura de periódicos y revistas, sin tiempo casi –o sin capacidad–para otras ocupaciones más interesantes".* (18)

Entonces, ¿cómo se conquista la moneda? Simplemente "consagrando" ("volviendo sagrado") nuestro talento, nuestras habilidades innatas, ofreciéndolas en sacrificio para algo superior. Cumplir nuestro Dharma (Propósito en la vida) a través de nuestra profesión, nuestro oficio u otra vocación a través de la cual podamos practicar la RECTA ACCIÓN.

Con respecto a esta recta acción, Antonio Medrano señala que *"no es posible una actividad exterior sana, positiva y coherente, que no arranque de una previa actividad de ajuste, ordenación, formación y desarrollo de la propia vida psíquica y espiritual. (…) Todo lo que se haga sin haber llevado a cabo antes la necesaria obra de reconstrucción interna, está condenado al fracaso más estrepitoso. Para hacer bien, primero hay que hacerse; para reformar y construir, primero hay que reformarse y construirse"*. (19)

En todo momento el aspirante a la Sabiduría debería preguntarse si sus habilidades innatas lo están guiando hacia la autorrealización, a cumplir su misión existencial o si simplemente están siendo utilizadas para ganar dinero. Como bien decía el escritor Carlos Ruiz Zafón en una de sus novelas: *"Lo difícil no es ganar dinero sin más. Lo difícil es ganarlo haciendo algo a lo que valga la pena dedicarle la vida"*. (20)

Otra vez tomamos como inspiración las palabras de Antonio Medrano quien explica con razón que *"muchas personas traicionan su vocación por dinero, la abandonan y dejan que se extinga sin haberla siquiera ensayado, porque las tareas que implica no están tan bien pagadas como algún otro trabajo que se les ofrece o del que hay gran demanda en el mercado.*

Dejan de realizar su misión –lo que el cuerpo y el alma les piden, lo que les haría felices, al mismo tiempo que útiles cooperadores al bien de la sociedad– para entregarse a actividades más lucrativas.

No se dan cuenta que, con ello, se traicionan a sí mismos, arruinan sus vidas, las destrozan y empobrecen; pues la realización de actividades a las que no están llamados, por mucho dinero que ganen con ellas, no pueden sino hacerles desgraciados, dejándolos permanentemente descontentos e insatisfechos". (21)

La palabra clave para conseguir la moneda, el boleto de ida a la Isla de los Iniciados, es: RECTIFICAR, que según la Real Academia significa *"Corregir las imperfecciones, errores o defectos de algo ya hecho"*.

Tomando conciencia del alejamiento de nuestra esencia (de naturaleza divina) nuestra tarea urgente es rectificar el rumbo, es decir *"enderezar lo que está torcido"*: REACCIONAR.

El camino recto nos es otra cosa que el Dharma, nuestro propósito, nuestra misión, la LEY que debemos cumplir: nuestro Deber. Por eso es importante tomar conciencia de dónde estamos parados, corregir los errores más gruesos, las incoherencias que nos imposibilitan cruzar al otro lado y —después de esto— buscar la forma de cruzar a la otra orilla.

Isla de los Iniciados	Tierra de las Sombras
Vida interior	Vida exterior
Virtud	Vicio
Dharma	Adharma
Pureza	Impureza
Sabiduría	Trabajo
Recta acción	Activismo (Agitación)
Reino de Kairos	Reino de Cronos
Primavera	Invierno
Alma	Personalidad
SER	TENER

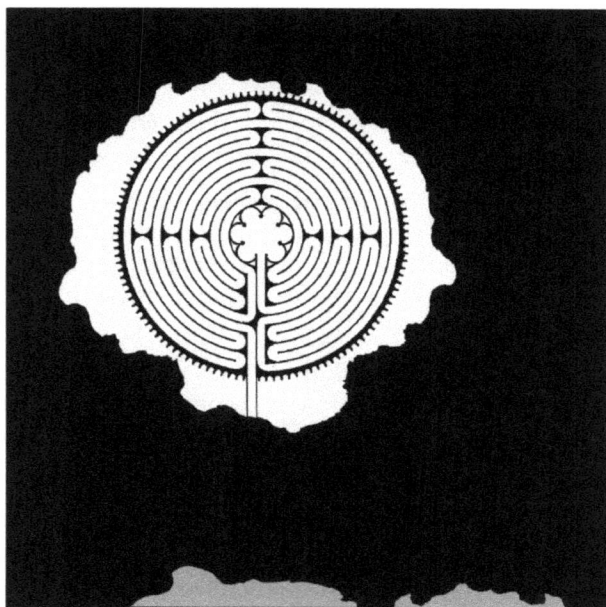

Capítulo VII
Camino a Chartres

Un hacha en la oscuridad

"La noche está avanzada, y se acerca el día. Desechemos, pues, las obras de las tinieblas, y vistámonos las armas de la luz". (Romanos 13.12)

En la noche de los tiempos, emergiendo de la oscuridad más densa, el Héroe Primordial, blandiendo su poderosa hacha de dos filos (labrys), se abrió paso en las tinieblas, y labró de este modo el primer laberinto, alcanzando el centro primigenio.

En esta historia mítica –anterior al relato clásico de Dédalo– la negrura arcaica extendida por doquier fue "cortada" trabajosamente por un paladín con la ayuda de un "labrys", una antigua herramienta que es la que da el origen a la palabra "laberinto". Según la Real Academia española, un laberinto es un *"lugar formado artificiosamente por calles y encrucijadas, para confundir a quien se adentre en él, de modo que no pueda acertar con la salida"*.

Sin embargo, se supone que el vocablo "labrys" también podría estar ligado a la palabra "labrador", es decir a un *"trabajador agrícola que traza surcos más o menos profundos con una herramienta de mano o con un arado"* y en la misma palabra "labrador" se halla el origen de "laborador" (trabajador).

Estas significaciones y conexiones etimológicas no son causales. El labrys, al ser un hacha de dos filos hace referencia a un trabajo que es doble: interno y externo, y en este sentido nos recuerda al símbolo de la abejita, que labora sin descanso dentro y fuera de la colmena.

El hacha doble es también una herramienta de penetración, que atraviesa la corteza del árbol tratando de llegar hasta lo más profundo. Del mismo modo, el labrador utiliza su arado para penetrar y trazar surcos en la Madre Tierra a fin de que ésta sea fecundada por el Padre Cielo mediante la acción de la lluvia y de las radiaciones solares. En la tradición alquímica es recurrente el uso del anagrama VITRIOL ("Visita Interiora Terrae Rectificando Invenies Occultum Lapidem", es decir "Visita el interior de la Tierra y rectificando encontrarás la piedra escondida"), que fue tomado más tarde por la Francmasonería, la cual desarrolló el concepto de la labranza como un "trabajo hacia el centro", incorporando en su rica simbología las herramientas del labriego para reforzar la concepción del trabajo interno. (1) Dicho de otro modo, y siguiendo esta relación alegórica, a cada ser humano se le entrega al nacer una parcela de tierra (en forma cuadrada o rectangular, aludiendo al Cuaternario Inferior), que será productiva en la medida que sea trabajada y que se aproveche convenientemente la beneficiosa influencia de la Madre Tierra y del Padre Cielo.

En muchas representaciones antiguas, podemos encontrar el hachalabrys sobre la cabeza de un buey (a veces de un toro), lo cual demuestra la relación labrys-labrador con el arado y el trabajo en la tierra.

En la escena mítica que comentábamos al inicio de este capítulo, el labrys aparecía en las manos del Héroe Primordial, a fin de abrirse paso en las tinieblas arcaicas dejando a su paso un surco de luz: el primigenio "Via Lucis". En este esfuerzo titánico por alcanzar el centro, el Héroe trazó una maraña de caminos espiralados que unidos conformaban un círculo perfecto, el primer mandala.

"Mandala" es un término hindú que quiere decir "círculo" y de acuerdo con Cirlot éste *"alude siempre a la idea de centro [y] presenta también los obstáculos para su logro y asimilación. El mandala cumple de este modo la función de ayudar al ser humano y aglutinar lo disperso en torno a un eje".* (2) Chevalier, por su parte, considera que *"el mandala, por la magia de sus símbolos, es a la vez imagen y motor de la ascensión*

espiritual, que procede por una interiorización más y más activada de la vida y una concentración progresiva de lo múltiple sobre lo uno: el yo reintegrado en el todo, el todo integrado en el yo". (3)

Cuando el Héroe primordial finalmente alcanzó el centro del laberinto que él mismo forjó con su hacha, descubrió con asombro que ésta se había convertido en una antorcha luminosa, en un haz de fuego, representándose de esta manera la iluminación externa e interna. Y entonces, tras haber cumplido con su cometido, el mítico paladín tomó en sus manos la tea en llamas y emprendió el regreso por las oscuras galerías, iluminándolas como un faro viviente o un "portador de la antorcha".

Es interesante saber que en idioma castellano las palabras "hacha" y "antorcha" son sinónimas y que la Real Academia señala que "hacha" proviene del latín "fascula", cruce de facula, pequeña antorcha, y fascis, haz. (4)

El Héroe Solar

"La adversidad es la piedra con la que afilo mi espada"
(Máxima iniciática)

En algunos relatos antiguos, el hacha doble es sustituida por una espada y la antorcha de la victoria pasa a ser una espada flamígera. No obstante, la espada mantiene el simbolismo dual del labrys porque sus dos filos significan tanto la destrucción como la construcción, es decir la aniquilación de "hombres viejos" y la generación de "Hombres Nuevos". En otras palabras, la espada mata la carne pero da vida al Alma Espiritual. Cierra los caminos de la tierra pero abre los caminos del cielo. ¡Solve et coagula!

Como símbolo, la espada no es otra cosa que un rayo materializado (símbolo solar) y representa la fuerza de la voluntad que debe canalizarse con maestría a fin de alcanzar un objetivo superior. En nuestra isla laberíntica este "arma de luz" será de inmenso valor para derrotar a los dragones de los elementos.

En las ceremonias iniciáticas de la antigüedad, la espada actuaba como "puente" transmitiendo a los candidatos un poder superior de manos de un Iniciador que lo había recibido en tiempos pretéritos, convirtiendo de este modo a los candidatos en Caballeros Iniciados, eslabones fuertes de una cadena que remontaba sus orígenes a la noche de los tiempos. Siendo así, la espada por sí sola no puede convertir a un profano en iniciado sino que esta condición solamente puede ser transmitida por otro iniciado, actuando la espada como elemento conductor.

> *"La espada transmite influencias superiores y pretéritas así como el metal conduce la electricidad".* (Robert Ambelain)

En el mito clásico del minotauro, el héroe Teseo avanzó por las intrincadas veredas del laberinto con la ayuda de una espada (que, al igual que el hacha, es un instrumento de penetración) y para salir –tras haber cumplido su misión de dar muerte al monstruoso minotauro– se valió de un hilo de oro, que le había suministrado su amada Ariadna.

En todos los casos, la espada flamígera, la antorcha y el hilo de oro son una representación del Sol, y actúan como sustitutos del astro-rey. En realidad, todos los héroes arquetípicos poseen una naturaleza solar, activa y positiva (Yang, Shiva). En la historia de Hércules esto se hace patente cuando se le encarga el cumplimiento de "doce trabajos", obviamente vinculados a la rueda zodiacal. Tradicionalmente, el héroe solar – en casi todos los relatos– posee una identidad masculina y se adorna con los atributos solares (Luz, Vida y Calor/Amor), los cuales garantizan la victoria de la luz sobre la oscuridad, de la vida sobre la muerte, del calor sobre el frío y del amor sobre el odio.

El Caballero Solar, al avanzar hacia el centro del laberinto, también está buscando su complemento, que aparecerá al final de su odisea en la forma de una Dama (Yin, Shakti, de naturaleza lunar, negativa y pasiva). En ese punto axial, el Héroe (portador de la espada) y la Doncella (portadora de una copa o Grial) se RE-UNEN y participan en unas bodas alquímicas de carácter espiritual e iniciático que simbolizan la armonía de los opuestos ("coincidentia oppositorum") y la consiguiente generación del Andrógino. Estas bodas son las mismas que aparecen en múltiples tratados alquímicos, en las moradas de Santa Teresa, en el Cantar de los Cantares y en la unión de Shiva y Shakti.

> *"El desposorio espiritual es diferente, que muchas veces se apartan, y la unión también lo es, porque, aunque unión es juntarse dos cosas en una, en fin, se pueden apartar y quedar cada cosa por sí, como vemos ordinariamente, que pasa de presto esta merced del Señor, y después se queda el alma sin aquella compañía, digo de manera que lo entiendan. En esta otra merced del Señor no, porque siempre queda el Alma con su Dios en aquel centro".* (Teresa de Jesús: "Las moradas")

NOSCE TE IPSUM

Volviendo al símbolo de la espada, hemos de señalar que una de las primeras tareas que todo peregrino debe realizar en la Isla de los Iniciados es encontrar (conquistar) su propia espada. Ésta representa la voluntad y en ocasiones aparece clavada en una roca, pudiendo ser extraída solamente por aquellos que estén debidamente preparados, del mismo modo que el joven Arturo logró arrancar su primera espada de las entrañas de la Madre Tierra para convertirse en Rey de Inglaterra.

Enfrentarse al laberinto

Al abordar el símbolo del laberinto, resaltaremos algunos elementos que nos permitirán comprender la importancia simbólica de esta construcción antes de pasar al análisis del laberinto de la catedral de Chartres, quizás el más elaborado y perfecto de toda la historia.

Todo laberinto representa una senda desafiante hacia lo más profundo de nuestro Ser, una peregrinación iniciática hacia un centro luminoso donde debemos "perdernos para encontrarnos". Los enmarañados caminos del laberinto protegen un secreto, un tesoro, una clave, un templo escondido donde debe completarse la Gran Obra, y en su conjunto representan las múltiples pruebas a las que debe enfrentarse el héroe. Cuanto más complicado y difícil sea el laberinto, más profunda será la transformación interna. Por esto, un laberinto sencillo no vale la pena ni sirve para nada. Todo héroe necesita y anhela desafíos dignos, pues sabe que solamente éstos lo harán crecer y le permitirán reencontrarse con su verdadero Ser.

Los laberintos no están destinados a los "hombres light" ni a los pusilánimes que evitan los riesgos y que han adoptado como propia la filosofía burguesa de "seguridad ante todo" con un código de valores enmarcado en el confort, la paz externa, las certezas, el facilismo, el individualismo y la falta de aventura, y con la creencia arraigada de un "progreso continuo" ligado a la ciencia, la tecnología y a la victoria sobre una Naturaleza dominada, considerada tan solo como una fuente de recursos.

Un burgués no puede nunca ser un héroe porque la superficialidad de sus creencias no le permitirá encontrar el sendero heroico. La mediocridad está en las antípodas del heroísmo.

En nuestros días, el evidente triunfo globalizado de esta filosofía posmoderna tan hueca –que Enrique Rojas identifica con la liviandad de los "hombres light"– es analizada por Alan de Benoist, quien señala que:

"No le gustan a la burguesía las convicciones fuertes, y aún menos los comportamientos imprevisibles, y por tanto peligrosos, que alientan en las muchedumbres. No le gusta ni el entusiasmo ni la fe. (…) En suma, a la burguesía no le gusta lo infinito que excede a las cosas materiales, las únicas que puede controlar. Emmanuel Mounier, que veía en el espíritu burgués «el más exacto antípoda de cualquier espiritualidad», escribía: «El burgués es el hombre que ha perdido el sentido del Ser, que sólo se mueve entre cosas, y cosas utilizables, desprovistas de su misterio». Y Bernanos: «La única fuerza de este ambicioso minúsculo estriba en que no admira nada»". (5)

Las veredas del laberinto sólo pueden ser transitadas por los valientes, por aquellos que desean fervorosamente encarnar al Héroe Primordial y repetir la proeza primigenia en los intrincados senderos de la vida diaria, enfrentando con decisión a los dragones cotidianos para alcanzar la victoria suprema y conquistar la corona de laureles.

Los misterios que se esconden tras las paredes del laberinto siempre estarán protegidos de la indiscreción de los profanos, porque éstos siempre preferirán permanecer en la Tierra de las Sombras, disfrutando de las comodidades y de la distensión sin riesgos que ofrece la sociedad de consumo.

Aquellos que se escandalizan con las supuestas "profanaciones" modernas de secretos iniciáticos y con la publicación de documentos "privados" en Internet deberían tener bien en cuenta que los verdaderos secretos siempre permanecerán a salvo porque son impublicables (y aún si fueran publicados no serían comprendidos por aquellos que están incapacitados para ver más allá de lo evidente).

Todos los textos místicos y esotéricos que se han publicado a lo largo de la historia no son otra cosa que MAPAS, algunos mejores, otros peores, pero simplemente MAPAS que indican el camino hacia el Santuario del Ser. Dado que los profanos carecen de los conocimientos básicos para descifrar y orientar estos mapas (pues ignoran el lenguaje del Alma), nunca podrán llegar hasta el Templo sagrado y tampoco podrán diferenciar un mapa verdadero de uno falso. A los discípulos –por su parte– que han aprendido la noble ciencia de la geografía interna, no les será difícil leer estos mapas y recorrer con sacrificio la "Via Lucis" hacia la iluminación.

Anexo: El desafío de la montaña (Mariana Caplan)

La mayoría de la gente vive al pie de la montaña. Construyen allí hermosos pueblecitos, a veces incluso ciudades. Tienen familias (y aman a sus familias o no las aman), encuentran trabajo y amigos, son felices o no lo son, y van a la iglesia o al templo, o no. Y mueren allí.

Un número mucho menor, aunque todavía una cantidad considerable, vive en las estribaciones. También tienen sus familias, sus trabajos y sus comunidades, pero luchan por vivir por criterios morales elevados: tratar a los otros bien, aprender y encontrar significado en sus vidas. Tienen alguna noción de Dios o de la Verdad, e incluso puede que intenten buscar esa Verdad de algún modo, quizás incluso servirla.

Todavía menos frecuente es el grupo de aquellos que viven en la montaña, plantando sus tiendas en lugares cada vez más elevados, a medida que son capaces de adaptarse al cambio de atmósfera. A menudo tienen familia y amigos y consideran que la vida con ellos es sagrada. Se esfuerzan por vivir vidas compasivas. Reconocen el valor de la montaña, lo aprecian, a veces dedican sus vidas a subir la montaña y hacen lo que pueden para ajustarse a sus circunstancias cambiantes y exigentes.

Raros son aquellos que han subido a la cumbre de la montaña. A menudo viven solos y desde esa perspectiva perciben el mundo que les rodea, aunque puedan tener personas queridas que vivan cerca de ellos y quieran ver lo que hacen. Constituyen un ejemplo de que la montaña puede escalarse. Algunos viven vidas activas, recibiendo visitantes, otros acampan y no atraen la atención hacia sí mismos.

Todavía más raros son aquellos que habiendo alcanzado la cumbre de la montaña descienden y viven una vida de constantes ascensos y descensos, caminando en peregrinaje de montaña en montaña, con paciencia y compasión, mostrando el camino de la montaña, ayudando a los otros a atarse las botas, llenando botellas de agua para ellos, echándoles cuerdas, ayudándoles en los desniveles y escalando colinas, animándoles a seguir en los momentos de desánimo. Nunca se detienen a descansar, pues están siempre guiando a otros a subir la montaña.

La verdadera vida espiritual es para pocos. Muchos buscadores de la verdad son sinceros y se esfuerzan en serio, pero la confrontación con el ego exigida por el sendero es más de lo que la mayoría de la gente es capaz de soportar, pues no es eso lo que desea.

A pesar de nuestra imagen de nosotros mismos como escaladores experimentados, muchos practicantes espirituales –o lo que imaginemos ser– se hallan viviendo todavía en las estribaciones. Somos sinceros en nuestros deseos de ascender la montaña, pero intuitivamente sabemos el precio que hay que pagar. Aunque jugueteamos con los cordones de nuestros zapatos y nos precipitamos a comprar equipos fantásticos como una manera de ganar tiempo mientras esperamos para ver si un teleférico aparece mágicamente para subirnos a la cumbre de la montaña, para que no tengamos que soportar la escalada. Otros practicantes van escalando, clavando sus piolets de roca en roca por las colinas. Sin embargo, como escaladores inexpertos intentando atravesar los Himalayas completos, sin ni siquiera una brújula, se equivocan fácilmente en su estimación de dónde se hallan. Se convencen con facilidad de que están más lejos de lo que realmente están y pueden empezar a guiar a otros antes de estar preparados para hacerlo. (6)

El significado de Chartres

En las antiguas catedrales góticas los laberintos constituían para los piadosos peregrinos un sucedáneo de la auténtica peregrinación a Tierra Santa, es decir que desplazándose a Chartres, Amiens, Reims y otras iglesias europeas, los feligreses podían sustituir la peligrosa (y costosa) odisea a los Santos Lugares por un tránsito más seguro a fin de cumplir el mismo objetivo. Por esta razón, algunos laberintos eran también conocidos como una "Nueva Jerusalén" o un "Camino a Tierra Santa".

El laberinto iniciático más acabado de todo el medioevo (y que aún puede visitarse en nuestros días) es el de la Catedral de Chartres en Francia, pues en él podemos encontrar diversos elementos simbólicos de gran valor para el trabajo interno. Por esta razón, en nuestro esquema de la Isla de los Iniciados hemos reproducido exactamente este modelo perfecto.

En primer lugar, debemos saber que este laberinto puede recorrerse en 14 ó 33 estaciones (paradas). Las 14 estaciones "exotéricas" aluden al "Vía Crucis" (camino crístico de la cruz) mientras que las 33 estaciones "esotéricas" hacen referencia a la "Vía Lucis", a los 33 años de la vida del Cristo y a las 33 vértebras de la columna vertebral que también marcan un camino desde la oscuridad a la luz. Los rosarios mistéricos –como veremos más adelante– contienen 33 cuentas divididas en cuatro partes, cada una de ellas representando la victoria sobre un dragón. (7)

Recorrido del laberinto en 14 y 33 pasos

Afortunadamente, desde hace un par de décadas, la Iglesia Anglicana ha retomado el laberinto como símbolo del trabajo interior y en muchos templos episcopales se han construido laberintos que toman como modelo el de Chartres.

Los estudios sobre las peregrinaciones a Chartres sugieren que los peregrinos realizaban el recorrido "exotérico" del laberinto (en 14 estaciones) recitando los "salmos de peregrinación", es decir aquellos que expresan el deseo de llegar hasta Jerusalén. Entre ellos hay que destacar los "salmos de ascensión", que en la antigüedad se cantaban con acompañamiento musical mientras se subía al Monte Sión. (Salmos 120 a 134) Otros salmos que se supone que podían ser recitados por los peregrinos eran el 15, 84 y 91.

José Bortolini escribe sobre estos "cánticos de las subidas": *"Después de ponerse por escrito, estos 15 cortos salmos ciertamente formaron parte de un librito para los peregrinos que subían a Jerusalén. Antes, sin embargo, fueron experiencias concretas de personas o grupos. Sólo en un momento posterior alguien los puso por escrito. Y así acabaron convirtiéndose en parte del librito de cánticos para los peregrinos"*. (8)

Cuando nos enfrentarnos al antiguo laberinto de Chartres (ca. 1205

El rosario iniciático de 33 piedras

d.C.) podemos notar que el mismo posee una disposición cruciforme. Toda cruz *"es una figura geométrica formada por dos segmentos de rectas que se cortan en ángulo recto. Estos dos postes constituyen dos fuerzas primigenias, una de naturaleza positiva (masculina, solar, Shiva, Mercurio, Rajas, Yang) y otra de naturaleza negativa (femenina, lunar, Shakti, Azufre, Tamas, Yin). Estas dos fuerzas polares al reunirse en el centro de la cruz "generan" una tercera fuerza (Sal, Sattva) que contiene las cualidades de los dos polos primarios pero que constituye –a su vez– una realidad diferente".* (9)

No obstante, en un segundo acercamiento a la cruz, podremos observar cuatro secciones bien diferenciadas (cuatro brazos) que son una representación de los cuatro elementos de la antigüedad (Tierra-Agua-Aire-Fuego) al mismo tiempo que el punto central simboliza el quinto elemento.

El laberinto de Chartres tiene 12,90 metros de diámetro y el recorrido interior tiene una extensión de unos 260 metros. La circunferencia aparece exteriormente ornamentada con 112 dientes y al dividir este número entre cuatro (las cuatro divisiones del laberinto) nos da 28, es decir los días de un mes lunar. Esto es interesante porque nos advierte que la peregrinación solar está contenida en un anillo lunar, una alusión más a la Diosa o Dama que reside en el centro del laberinto.

También hay que destacar que el circuito interior contiene once círculos concéntricos hasta llegar al duodécimo donde está representada una rosa de siete pétalos (seis externos más uno central), que nos recuerda al símbolo de la rosa-cruz.

Los once círculos están divididos, como ya dijimos, en cuatro secciones relacionadas con los puntos cardinales y los elementos, conteniendo además cada sección 7 giros de 180 grados, con un total de 28 giros a lo largo de todo el laberinto.

Capítulo VIII
El Jardín Secreto

El número de etapas del recorrido en el interior del laberinto que transitaban en el medioevo los peregrinos de Chartres (14 exotéricas y 33 esotéricas) no es casual, ya que los fieles buscaban reproducir vivencialmente el camino crístico, que tomado en su etapa pasionaria (14 pasos hacia el calvario) o en su totalidad (33 años de vida) hacen alusión a un esforzado recorrido que culminaba en el centro de la cruz, como representación del eje del mundo ("axis mundi").

La figura del Cristo tomada como "mito" (recordemos que desde una perspectiva iniciática los mitos no son mentiras sino verdades trascendentes) no es otra cosa que una forma tradicional del Héroe Solar y –siendo así– su célebre alocución: *"Si alguien quiere ser mi discípulo, tiene que negarse a sí mismo, tomar su cruz y seguirme"* (Mateo 16:24) es una clara invitación a seguir su senda luminosa.

La cruz y el centro

En otro lugar dijimos que para el cristianismo *"la cruz sustituyó al árbol de la vida y marcó el "centro del mundo", punto de partida y de llegada".* (1)

Este "centro del mundo" –que es el punto de unión del cielo y la tierra– puede ser representado de varias formas: como un árbol, una montaña, una isla, una piedra, etc., y en todos los casos simboliza una ascensión, un puente o una escalera hacia lo alto mediante el cual las almas se prestan a regresar a su hogar primigenio, a fin de alcanzar la reintegración con Dios.

En este punto axial confluyen las dos fuerzas primarias, opuestas y complementarias, representadas en nuestra alegoría insular por un Caballero (el Héroe Solar, el príncipe azul) y una Dama (la señora del laberinto). Dicho de otro modo, el cruce de dos líneas (una vertical, positiva y masculina y otra horizontal, negativa y femenina) origina un punto central, la rosa dentro de la cruz, el quinto elemento.

La cruz es un símbolo ascensional y si tenemos en cuenta que el centro siempre aparece emplazado en una elevación, deberíamos imaginar al laberinto en forma tridimensional: como un cono en cuyo vértice está situado el eje del mundo. Lo mismo podría decirse de nuestra isla-laberinto-montaña, con su corazón ubicado en un picacho central donde se reúnen los dos principios axiales (positivo-negativo). Queda claro el evidente paralelismo entre todos estos símbolos (isla, laberinto, montaña, etc.), pues aluden a un lugar excepcional, aislado, accesible sólo para unos pocos osados, y que nos desafían a superarnos, venciendo todos los obstáculos hasta alcanzar su centro primordial, donde reside el Gran Secreto. Cirlot, en su estudio simbólico, advierte que *"la isla permanece incólume en medio de la agitación oceánica, imagen del mundo exterior o "mar de las pasiones", e igualmente la montaña es el "monte de la salud", que se halla por encima de las modificaciones de la "corriente de las formas" en lo biológico"*. (2)

Por esta razón, el Héroe Solar deberá avanzar con paso seguro hasta el centro del laberinto o escalar una montaña sagrada (en definitiva, es lo mismo), al lugar preciso donde se reúnen el cielo y la tierra: el eje del mundo. En este punto central, la Dama cautiva de los dragones lo espera con una copa en sus manos (el Grial) para que el caballero beba su contenido y se una místicamente a ella para generar el andrógino, el Rebis.

En palabras de Mircea Eliade:

"a) la Montaña Sagrada –donde se reúnen el Cielo y la Tierra– se halla en el centro del Mundo;

b) todo templo o palacio –y, por extensión, toda ciudad sagrada o residencia real– es una "montaña sagrada", debido a lo cual se transforma en Centro;

c) siendo un Axis mundi [Eje del mundo], la ciudad o el templo sagrado es considerado como punto de encuentro del Cielo con la Tierra y el Infierno". (3)

Podemos imaginar entonces al centro de la isla laberíntica como una montaña con un templo sagrado construido en su cima y rodeado de jardines de esplendorosa belleza y perenne verdor. A este excepcional "lugar elevado" los griegos le llamaban "Acrópolis", es decir el sitio más alto y fortificado de sus ciudades, donde los hombres podían entrar en contacto con los dioses y concentrase en temas trascendentes.

Antonio Medrano dice que *"empleando un lenguaje simbólico, se* podría decir que quien actúa rectamente, quien ha encauzado su vida por el sendero del obrar justo y veraz, *MORA YA* en lo alto de la montaña cósmica, en el centro y cima polar del universo, donde brilla el Sol de medianoche, que resplandece inalterable en medio de la terrible oscuridad invernal de la "Edad tenebrosa", la "Era negra" o "Era sombría" del Kali-Yuga. (…) Nunca se ha hecho tan necesario volver la mirada hacia ese inmarcesible Sol de la Verdad como en esta era opaca, triste y gélida, la más distanciada de la Verdad que haya conocido la humanidad, y que por ese mismo distanciamiento se halla sumida en el caos, la confusión y la corrupción. Nunca como ahora ha sido tan necesario recordar a los seres humanos la necesidad de que su vida activa siga el camino trazado por la luz del Sol eterno. Y eso es lo que hace, con su ejemplo, con su realidad vivida, el satyavan o ashavan, el hacedor de la verdad, que vive como "hombre solar" u "hombre de luz". (4)

El corazón

El centro es también el corazón, la residencia de nuestra chispa divina o mónada espiritual. Mientras que los hindúes se refieren al corazón (hridaya) como la morada de Brahma (Brahmapura), los hádices islámicos ("dichos del Profeta") señalan que *el corazón del creyente es el lugar de revelación de Dios; el corazón del creyente es el trono de Dios; el corazón del creyente es el espejo de Dios".* (5)

En sus inspiradas composiciones de "El Peregrino querubínico", Angelus Silesis se refirió en múltiples ocasiones a este tema:

Tu corazón recibe a Dios con todo su bien,
si se abre hacia Él como una rosa.
Mi corazón es un altar, mi voluntad la ofrenda,
el sacerdote mi alma, el amor fuego y ardor.

Soy el templo de Dios, y el arca de mi corazón
es lo más santo de lo santo, cuando está pura y vacía.

Quien vive puro de corazón, y sigue la senda de Cristo,
adora esencialmente a Dios en sí mismo.

Absolutamente sin medida es el Altísimo, lo sabemos:
¡y sin embargo puede un corazón humano cercarlo por entero!

Hombre, si le das a Dios tu corazón, Él te da a su vez el suyo:
¡ah, qué ventajoso canje! tú asciendes, Él desciende.

Ay, si pudiera tan sólo hacerse pesebre tu corazón,
se haría Dios otra vez niño en esta tierra.

Mi corazón es estrecho por debajo y tan vasto por arriba,
para estar abierto a Dios, y no a lo terrenal.

Si la paloma de Dios puede reposar en tu corazón,
te abrirá a su vez el corazón de Dios.

Ensancha tu corazón, y Dios entrará en él:
debes ser su reino de los cielos, Él quiere ser tu rey.

¡Ay, miseria! ¡Nuestro Dios debe estar en el establo!
Vacía, niño mío, tu corazón, y entrégaselo de inmediato.

Despierta, cristiano muerto, mira, nuestro Pelícano
te rocía con su sangre y el agua de su corazón.

De corazón deseo un corazón, Señor, mi Dios,
en tu inocencia blanco, de tu sangre rojo.

El sabio tiene su corazón con Dios y en el cielo;
el avaro con el dinero y en el tumulto del mundo.

La paz del corazón consiste sólo
en que sea perfectamente con Dios un Uno único. (6)

El corazón físico –contenedor de la sangre humana– se corresponde con el grial místico, receptáculo de la sangre crística. Al constatar que el corazón tiene forma de triángulo invertido, René Guénon lo vinculó con la copa y con el principio femenino, a lo cual podemos acotar que el triángulo invertido en la representación de los elementos antiguos simboliza a la Tierra y al Agua (elementos femeninos) a la vez que el triángulo derecho se corresponde con el principio activo o masculino y con los elementos Aire y Fuego.

En Oriente, el triángulo rojo invertido es una forma de representar a Shakti (vulva, yoni) mientras que el triángulo blanco derecho es símbolo de Shiva (falo, lingam). A través de la unión sexual, estos dos principios se fusionan en un punto central (bindu), formando un Yantra (7), que también alude a la unión de los tres dioses de la Trimurti (Brahma-Vishnú-Shiva) con sus consortes de la Tridevi (Saraswati, Lakshmi y Parvati).

La copa como elemento simbólico es un recipiente contenedor del bálsamo de la inmortalidad. En ocasiones, este líquido es sangre redentora o crística que otorga la vida eterna y que representa el pasaje a la reintegración. En el preciso momento en que bebe el contenido del místico recipiente, el Héroe se transforma y se convierte en Maestro de los dos mundos, ocupando el trono axial del Rey del Mundo.

Luego de beber el elixir sagrado, la Señora del Laberinto le entregará una doble recompensa como demostración de su afecto:

a) una espada flamígera, que lo ayudará en su regreso a casa, del mismo modo que el hacha convertida en antorcha guió al Héroe Primordial en los pasillos intrincados del primer laberinto.

b) una corona de laurel (símbolo del dios solar Apolo), que representa su condición de "rey", la victoria sobre los dragones y el estado

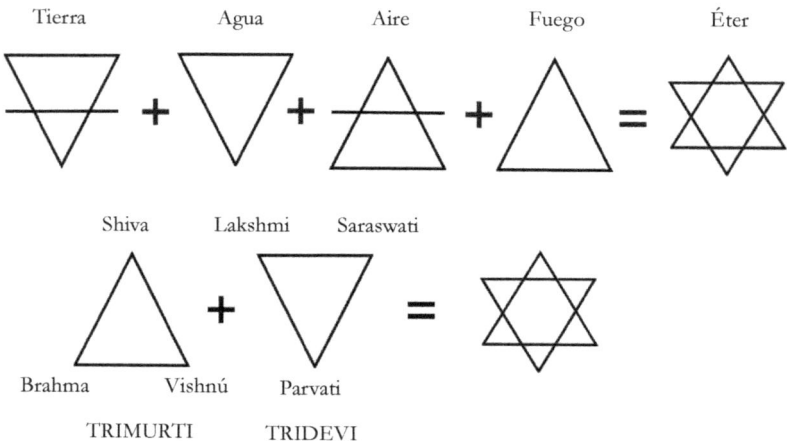

Tierra + Agua + Aire + Fuego = Éter

Shiva + Lakshmi + Saraswati

Brahma + Vishnú + Parvati =

TRIMURTI   TRIDEVI

olímpico: la "Pax Triumphalis". En los tratados de alquimia, se describe esta condición del Héroe como "rey poderoso", "soberano por excelencia", "monarca magnífico", etc.

Analizaremos estos símbolos en un próximo capítulo.

De esta forma, el Héroe se convertirá en el propietario de dos espadas: una espada telúrica (también llamada "potestas") y una espada flamígera (o "auctoritas"), simbolizando el dominio de los cuatro elementos y al mismo tiempo su condición de Rey y Sacerdote, continuador de la cadena áurea de Melquisedec y el Cristo, dominador de los Misterios Menores y los Misterios Mayores.

La doctrina de las dos espadas ("utrumque gladium") era bien conocida en la Roma Imperial y fue heredada por la Iglesia Católica, donde el papa siempre ha ejercido la doble función de rey ("potestas cesarea") y de sacerdote ("auctoritas pontifical"): *Duo sunt quippe, imperator auguste, quibus principaliter mundus hic regitur, auctoritas sacrata pontificium et regalis potestas* ("Dos son los poderes por los que este mundo se rige principalmente: la autoridad sagrada de los obispos y el poder real")

Jesús dijo a todos: *"El que nada tenga, que venda su manto y compre una espada. (...)*

—*Mira, Señor* —*le señalaron los discípulos*—, *aquí hay dos espadas".* (Lucas 22:35-38)

De acuerdo con Federico González, la realeza es un símbolo axial, *"que psicológicamente se traduce como un estado obtenido al llegar precisamente al centro: reintegración que determina el que podamos ser los emperadores –ni autoritarios ni pretenciosos– de nosotros mismos, acaso reyes con corona de espinas, tal como la describe el evangelio".* (8)

Aunque el peregrino alcance en el centro la noble categoría de "rey solar" no dejará de ser un humilde soldado a las órdenes de la Jerarquía (los Maestros de Sabiduría de la Fraternidad Blanca), un caballero de la Milicia del Grial.

En el centro del mundo nace el Hombre Nuevo (Neos Anthropos) o –como le llamaba Julius Evola– el Hombre Olímpico (Homo Olympicus) de noble condición, con laureles trenzados en su cabeza y portador de una antorcha encendida en la cima del Monte Olimpo,

simbolizando la comunión con los dioses, la feliz conclusión de la "Via Lucis".

El Templo y el Jardín

Decíamos antes que la Dama reside en el Templo, que es el "Sancta Sanctorum", "Adytum", "Debir" o "Santuario del Ser", emplazado en el centro del mundo, donde se reúnen el cielo y la tierra. Evola llama a la Dama *"la Mujer de la Isla, la Mujer del Árbol, la Mujer de la Fuente, la Mujer o Reina del Castillo, la Reina de la Tierra Solar, la Mujer escondida en la Piedra, etc."* (9)

También afirmamos anteriormente que en torno al Templo hay un magnífico jardín de perpetuo verdor, con esplendorosos follajes, coloridas flores y miles de fragancias exquisitas que perfuman el aire. En este punto, es interesante recordar que –según Ramón Llull y otros alquimistas– la piedra filosofal da vida a las plantas, en una *"regeneración vegetal asociada a la primavera"* (10). Dicho de otro modo, el aura mística de la piedra filosofal –guardada celosamente en el Templo y equivalente a la Rosa de Oro, el vellocino de oro o el mismísimo Grial– hace posible una influencia solar permanente, permitiendo así que la vegetación crezca armónicamente en torno al santuario.

Este mágico jardín secreto es concebido en ocasiones con siete estancias que se corresponden a los siete peldaños de la escalera del Tem-

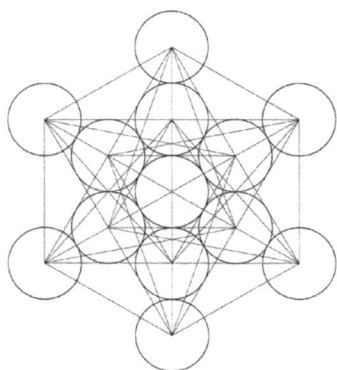

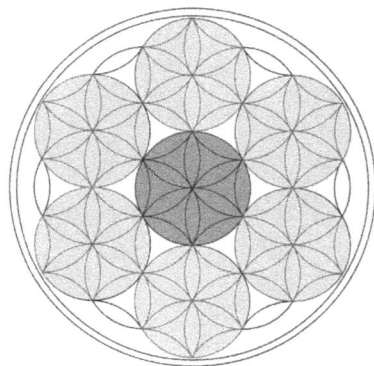

El cubo de Metatrón y la flor de la vida. (Compárese con la disposición geométrica del centro del laberinto de Chartres)

plo que Lavagnini relaciona con los siete planetas y los siete chakras, y que fueron un elemento de capital importancia en los misterios de Mitra. El esquema septenario también puede apreciarse en el centro del laberinto de Chartres así como en la "flor de la vida" –una figura geométrica adoptada por diversas tradiciones iniciáticas– y en el "cubo de Metatrón", todos ellos de singular importancia para los investigadores de la Geometría Sagrada. (11)

En todos estos modelos el centro representa lo más sagrado, y en nuestro esquema simbólico de la Isla Blanca, este lugar lo ocupa un Templo Sagrado (el Santuario del Ser) donde se conserva el Santo Grial o la Piedra Filosofal.

Este jardín oculto es seguro, luminoso, circular y perfectamente diseñado, lo cual nos brinda la idea de un paraíso ordenado (Cosmos) en oposición a la selva, que simbólicamente es peligrosa, oscura, desordenada y caótica (Caos).

De acuerdo con Santarcangeli: *"La construcción de un jardín siempre encubre (o plasma) la nostalgia del paraíso. La palabra "paraíso" proviene de la tradición hebraica y caldea, y originalmente significaba lugar plantado de árboles, huerto. No olvidemos que en la antigüedad, junto a los grandes bosques, hoy desaparecidos y en aquel entonces sentidos más como enemigos del hombre y recinto de bestias feroces, se extendían páramos desérticos. En los oasis, en los lugares irrigados por abundantes aguas, los poderosos de la tierra siempre buscaban crear un sitio cercado donde la naturaleza pareciese hecha a la medida del hombre, y dulce. En el dinamismo de las aspiraciones humanas, sería arduo juzgar qué ha tenido más peso: si el recuerdo de una fabulosa edad dorada o el ansia del Paraíso que recuperar, la felicidad pasada o futura".* (12)

En el "Cantar de los Cantares", el jardín simboliza tanto el refugio de los amantes como el cuerpo de la amada, al que el amado debe ingresar:

El amado dice:
"Jardín cerrado eres tú,
hermana y novia mía;
¡jardín cerrado, sellado manantial!
Tus pechos son un huerto de granadas
con frutos exquisitos,

con flores de nardo y azahar;
con toda clase de árbol resinoso,
con nardo y azafrán,
con cálamo y canela,
con mirra y áloe,
y con las más finas especias.
Eres fuente de los jardines,
manantial de aguas vivas,
¡arroyo que del Líbano desciende!" (Cantar 4:12-15)
Y la amada contesta:
"¡Viento del norte, despierta!
¡Viento del sur, ven acá!
Soplen en mi jardín;
¡esparzan su fragancia!
Que venga mi amado a su jardín
y pruebe sus frutos exquisitos". (Cantar 4:16)
El amado dice:
"He entrado ya en mi jardín,
hermana y novia mía,
y en él recojo mirra y bálsamo;
allí me sacio del panal y de su miel.
Allí me embriago de vino y leche;
¡todo esto me pertenece!" (Cantar 5:1)

Federico González relaciona a la Amada con la Diosa, señalando que ésta *"va cambiando sus ropajes antes de entregarse definitivamente. Ella es madre y esposa, hermana y novia, hija y concubina, su sexualidad se expande en forma esférica en todas direcciones. La promesa que exhala su fragancia es la misma que nuestra necesidad de copular místicamente con ella. Nos llama con el fuego de su ardiente amor, amor divino, y se nos revela virgen y vacía, oscura, sutil y misteriosa, perfectamente invisible, pero también pura, limpia y clara como el esplendor desnudo de la idea. (…) Ella simboliza la recepción, en cuanto es la contraparte femenina del cielo, y genera el dulce y delicioso vino de la vida, la comunión en la sangre del cosmos, en los efluvios secretos y nutritivos de la savia de la tierra, y nos transmite el vértigo y el éxtasis de la belleza".* (13)

En muchos relatos tradicionales, la Dama es el alma que espera ser liberada y despertada de su letargo (lo cual se evidencia en el cuento iniciático de la "bella durmiente"). Incluso si nos atenemos a la etimología hebrea de "alma" (nephesh) descubriremos que esta palabra significa "joven núbil, novia, recién desposada" y de ella se deriva la palabra "ninfa" (del griego "nymphé")

En todos los casos podemos apreciar tres cosas: una fuerza que avanza (el Héroe Solar) hacia su objetivo final (la Dama cautiva) y una barrera que impide su desplazamiento (los enemigos, los dragones, el monstruo, etc.). Lo más importante de este cuadro mítico no son estos personajes fantásticos en sí mismos sino el descubrimiento de estas tres fuerzas en nuestro interior, los cuales constituyen los fundamentos de la Ascesis Iniciática.

El regreso de la primavera

"La Dama Solar es la Aurora que despunta prometedora, radiante y bella en el horizonte, tras la sombría silueta del dragón invernal e infernal, es la Aurora sonriente, el risueño amanecer primaveral".

(Antonio Medrano)

En el jardín secreto del centro del laberinto −en el preciso lugar donde la Dama y el Héroe sellan su pacto de amor− no existen las estaciones ni los ciclos, pues siempre es primavera, símbolo de la renovación y del impulso de una vida nueva (y del nacimiento de un "hombre nuevo"). La eterna primavera solamente puede existir por un influjo constante y benéfico del Sol (el aura poderosa de la piedra filosofal), es decir que esta estación remite a estados de conciencia más altos que se ven iluminados por la acción solar, en un recuerdo de la "edad de oro" (satya yuga), cuando el ser humano vivía en un estrecho vínculo con los dioses.

El triunfo de la primavera está ligado a la derrota de los dragones, pues *"el triunfo sobre el dragón va ligado al crecimiento de la vegetación que tiene lugar en primavera, gracias precisamente al triunfo de luz. Hay que tener en cuenta que, además de la lucha entre luz y oscuridad, entre el calor vivificante y el frío de la muerte o letargo invernales, el enfrentamiento entre el Héroe y el dragón simboliza el encuentro, bélico y violento pero al mismo tiempo erótico y amoroso, entre cielo y tierra; encuentro del que habrá de brotar la nueva vida de la vegetación primaveral".* (14)

La primavera se celebra con cánticos y danzas, las cuales están directamente relacionadas con el laberinto. De acuerdo con Kerenyi, *"cualquier investigación sobre el laberinto debería basarse en la danza"* (15), ya que *"la totalidad de la mitología griega era bailable"* (16). De acuerdo con la tradición, al laberinto no se entra caminando sino danzando, y este detalle ha sido conservado y utilizado en la moderna escuela de las danzas circulares sagradas que desarrolla sus movimientos en torno a un punto central que actúa como "eje". (17)

Paolo Santarcangeli revela que *"según los Escolios, Teseo, una vez derrotado el Minotauro, habría celebrado, junto con el grupo de jóvenes que con él habían escapado de la muerte, una danza especial enseñada por Dédalo"*. (18) Si prestamos atención una vez más al personaje del arcano XXI ("El Mundo"), podremos apreciar que éste no sólo posee una naturaleza andrógina y porta laureles de victoria sino que además…¡está bailando!

Varias escuelas iniciáticas celebran tradicionalmente el año nuevo en el equinoccio de primavera, es decir en una fecha cercana al 21 de marzo (hemisferio norte), la cual se relaciona con el signo zodiacal de Aries. Esta correspondencia era particularmente importante en los misterios de Eleusis, pues éste era el tiempo del año en que Perséfone se reencontraba con su madre, regresando del inframundo en el que había estado recluida por Hades durante el período invernal.

De acuerdo con Fermín Vale Amesti: *"El Signo de ARIES representa muy bien LA INICIACIÓN, como puede inferirse del maravilloso simbolismo que representa. Es por lo tanto, perfectamente comprensible el hecho bien poco conocido, de que las Iniciaciones en las Escuelas Tradicionales de Misterios, comienzan el 21 de Marzo de cada año; es decir, a partir de la entrada del Sol en el Signo de Aries, en pleno Equinoccio de Primavera.*

Aries es LA PUERTA que corresponde a la ascensión del Sol: el pasaje del frío del Invierno al calor de la Primavera, de la sombra a la luz. La naturaleza se despierta después del largo letargo del Invierno. Aries es un signo íntimamente ligado por su simbolismo a la naturaleza del Fuego Original. Es el período preciso cuando el poder reproductivo de la Naturaleza renueva la vida y el sol cesa de producir una sombra al medio día; sombra que vuelve a producirse quince días después del Equinoccio de Otoño". (19)

Oswald Wirth explica que *"lo que caracteriza al Sol de Aries, no es su posición sideral insensiblemente variable, sino la impetuosidad de su acción primaveral. Los días se alargan rápidamente mientras que, con ardor súbito, el calor ataca los últimos fríos del invierno. Es entonces que ataca Aries, desplegando toda su potencia de choque. Su ataque es brusco, conquistador, pero carece de obstinación. El triunfo de la Primavera entraña retornos del frío, que comprometen una floración demasiado precoz".* (20)

Aries también está relacionado con la búsqueda del vellocino de oro y con la figura de Hermes Crioforo, el portador del carnero, simbolismo heredado posteriormente por el cristianismo en el cual el propio Cristo sustituyó a Hermes como "el buen pastor". (21)

Todos los grandes avataras tradicionalmente han sido pastores-iniciadores: Mahoma fue pastor de cabras y carneros, un oficio menospreciado para sus contemporáneos, Krishna adquirió el nombre de "Govinda" ("el que da placer a las vacas") al desempeñarse también como cuidador de vacas, etc.

De este modo puede entenderse la afirmación del Cristo: *"Yo soy la puerta de las ovejas. (…) Yo soy el buen pastor; conozco a mis ovejas, y ellas me conocen a mí, así como el Padre me conoce a mí y yo lo conozco a él, y doy mi vida por las ovejas. Tengo otras ovejas que no son de este redil, y también a ellas debo traerlas. Así ellas escucharán mi voz, y habrá un solo rebaño y un solo pastor".* (Juan 10:7-16)

Recordemos además que en el misal romano Cristo es el "cordero de Dios" quien nos brinda la paz: *"Agnus Dei, qui tollis peccata mundi, dona nobis pacem"* ("Cordero de Dios, que quitas el pecado del mundo, danos la paz"). Iconográficamente, el cordero ("Agnus Dei") aparece con su cabeza aureada, portando un estandarte con una cruz y derramando su sangre en un grial.

Los salvadores-iniciados como pastores: Hermes Crióforo "el portador del carnero" (arriba), Krishna como Govinda "el cuidador del rebaño" o Gopala "protector de las vacas" (abajo) y Cristo "el buen pastor" (página siguiente).

Capítulo IX
La Sangre del Dragón

En el mundo profano, los héroes clásicos han sido sustituidos por ídolos con pies de barro (deportistas, actores, cantantes, etc.), seudohéroes producidos por una sociedad de consumo que necesita el espectáculo para mantener a las masas dormidas y fácilmente manipulables. En cambio, desde una perspectiva iniciática, la heroicidad solar puede ser revivida por todos los discípulos y probacionistas que decidan encarnar el arquetipo heroico, enfrentando cotidianamente dragones y superando los mismos escollos físicos, vitales, emocionales y mentales que superaron Hércules, Perseo o Luke Skywalker.

La peregrinación mística desde la Tierra de las Sombras hasta el centro de la Isla-montaña no es otra cosa que el camino que debe recorrer cada estudiante ("recto y filoso como la hoja de una navaja"), desde el sueño a la vigilia, desde la mediocridad del mundo secular hasta la central magnificencia del círculo de los Iniciados. El buscador debe dejar de buscar para convertirse en un noble viajero, y avanzar con decisión por la "Via Lucis" hacia la cumbre, a fin de alcanzar la "paz triunfal" y descubrir íntimamente su verdadera identidad.

Portales y escollos

En la sagrada peregrinación al centro del laberinto el Héroe debe franquear dos portales (la entrada del laberinto y la puerta del templo) y superar siete obstáculos, a saber:

a) El Guardián del Laberinto
b) El Dragón del elemento Tierra (basilisco)
c) El Dragón del elemento Agua (serpiente escamosa)
d) El Dragón del elemento Aire (dragón alado)
e) El Dragón del elemento Fuego (bestia de fuego)
f) El Caballero Negro o "caballero del miedo"
g) El Guardián del Umbral, custodio de la Puerta del Templo

Como en todo portal iniciático, que se abre a una realidad más trascendente, en la entrada del laberinto insular hay un guardián, que simboliza el acceso a los misterios menores y más adelante –ante la Puerta del Templo– aparecerá otro centinela, representando el pasaje a los Misterios Mayores. Mientras que el primero nos da la bienvenida al laberinto, dejándonos libre el camino hacia los cuatro dragones de los elementos (Tierra, Agua, Aire y Fuego), el segundo inspecciona con detenimiento la dignidad de aquellos peregrinos que han llegado ante la Puerta del Sancta Sanctorum.

La tarea del primer guardián es comprobar si el peregrino que ha llegado a la isla está preparado para iniciar el sendero y enfrentarse a los dragones, brindándole una serie de indicaciones para poder triunfar frente a las dificultades que le aguardan en los intrincados caminos del laberinto.

Una de las enseñanzas capitales del guardián se refiere a "dejar los metales", es decir deshacerse de los hábitos del "hombre viejo" para propiciar el nacimiento del "Hombre Nuevo". Este abandono de lo viejo se representa con cinco piedras que el caminante ha traído de la Tierra de las Sombras y que deberá ir dejando a lo largo del camino, formando "hitos" o "testimonios" pétreos que servirán para guiar, orientar y dan ánimo a los caminantes, sirviendo además como nexo de unión con los peregrinos del pasado y los del futuro.

El origen de estos montículos de piedra se remonta al propio Hermes, de acuerdo a un viejo relato griego, que cuenta que este dios fue acusado por Hera y juzgado por sus pares por haber matado a su monstruoso criado Argos. Como una manera justa de declarar su veredicto al unísono, cada uno de los dioses tomó una piedrita con la indicación de arrojarla a quien consideraban inocente: Hera o Hermes. La defensa de éste último fue tan brillante que cuando los dioses decidieron arrojar sus guijarros, Hermes quedó sepultado bajo un montón de piedras, convirtiéndose así en el "primer hito".

Como divinidad relacionada con los viajes, los peregrinos de la antigüedad se inspiraron en este relato para homenajear a Hermes acumulando piedritas en los caminos, a modo de señalización. Por esta razón, estos montones también han sido llamados "mercuriales", "hermas" o "Mons Mercurii", siendo muy populares entre los fenicios, que rendían culto a Hermes como divinidad tutelar del comercio.

En la América andina existe una tradición similar en los llamados "apachitas", unas acumulaciones pétreas que se colocan en las montañas en señal de agradecimiento a la Pachamama, a la vez que en el Círculo Polar Ártico los esquimales (inuit) han conservado la costumbre de colocar montículos de piedras llamados Inukshuk, palabra que significa tanto "vas en buena dirección" como "alguien ha estado aquí".

Los celtas también colocaban rocas de orientación en los parajes montañosos y le llamaban "cairn", manteniéndose esta práctica en algunas zonas de Escocia, donde los excursionistas tienen la costumbre de recoger un guijarro al pie de la montaña para colocarlo más tarde en el cairn.

Galahad, caballero del testimonio

En la mesa redonda de la corte del Rey Arturo, existía una "silla peligrosa" (siège périlleux), un lugar reservado por Merlín para que se sentara en él un caballero de singular pureza, que debía arribar en el momento indicado a Camelot para marcar el comienzo de la búsqueda del Santo Grial.

Cuando en el reino artúrico ya podían distinguirse signos claros de decadencia, llegó por fin el caballero esperado (Galahad) para ocupar el asiento peligroso. Su nombre (Galahad o Galaad) nos remite al Antiguo Testamento y a los montones de piedras conmemorativas que servían como "testimonio":

"Labán le dijo a Jacob:
—Hagamos un pacto tú y yo, y que ese pacto nos sirva como testimonio.
Entonces Jacob tomó una piedra, la levantó como una estela, y les dijo a sus parientes:
—¡Junten piedras!
Ellos juntaron piedras, las amontonaron, y comieron allí, junto al montón de piedras. A ese lugar (…) Jacob lo llamó Galaad.
—Este montón de piedras —declaró Labán— nos servirá de testimonio". (Génesis 31:43-48)

Por eso, el caballero Galahad es el "testimonio" viviente de una realidad más trascendente. Vestido de color rojo (simbolizando así la etapa final del proceso alquímico y la piedra filosofal), Galahad es un caballero perfecto, la encarnación palpable del místico "caballero celeste", la prueba concluyente de la magnificencia y pureza del Santo Grial.

Con este caballero elegido y predestinado ocupando el asiento pe-

"Hay que transitar por la senda de los dioses"

"En la encrucijada hay un montón de piedras, del que sobresale la imagen de Dios, esculpida hasta el pecho, pues es un túmulo de Hermes. Dedícale, ¡oh, viajero! una ofrenda amorosa, para que te muestre el camino recto. Todos estamos en la encrucijada, y en en este camino de la vida nos equivocamos si Dios mismo no nos indica la vía correcta".

Fuente: Alciato, "Emblemata", año 1522

ligroso, la Mesa Redonda del Rey Arturo se comsolidó y alcanzó su punto culminante, convirtiéndose en la "tercera mesa" del Grial (la primera fue la de Cristo y la segunda la del Rey Pescador). El número de los caballeros puede variar según las diferentes versiones, pero si nos atenemos a la historia tradicional, la cantidad de integrantes de la mesa redonda necesariamente debe ser doce porque doce fueron los ángeles que tallaron el Grial, doce los seguidores de Set, doce los discípulos de Cristo y doce los Guardianes del Grial. El Rey Arturo era el decimotercer integrante de la mesa, actuando bajo el atento asesoramiento del mago Merlín.

Sobre el número 12 y su relación con la Orden Artúrica, dice Julius Evola: *"Es importante destacar que, en distintas narraciones, estos caballeros de la Tabla Redonda, o al menos los mejores de ellos, aparecen en número de doce, de donde resulta una visible correspondencia con los doce Pares que, en el* Roman de Brul, *«se dividen la Tierra en doce partes, de las que cada uno de ellos toma una en feudo y se hace llamar rey».*

La importancia de este detalle estriba en el hecho de que el doce es un número solar que, de una u otra forma, siempre apareció allí donde se constituyó, o intentó constituirse, un centro tradicional: los doce tronos del Midgard, los doce dioses supremos olímpicos, los doce troncos del centro délfico, los doce lictores en Roma, los doce residentes de Avalonia, los doce condes palatinos de Carlomagno, y así sucesivamente. Pero en la saga del Grial y del rey Arturo a ese simbolismo se agrega otro motivo: el del asiento peligroso. Es un asiento dejado vacío en la Tabla Redonda y reservado a un caballero esperado y predestinado, superior a cualquier otro, que a veces parece ser el caballero decimotercero y que entonces corresponde de modo manifiesto a la misma función suprema de centro, jefe o polo de los «doce» y es imagen o representante del propio cakravartî, o «Rey del Mundo».

Naturalmente, cuando se presenta el tema del «asiento peligroso» concebido como asiento vacío, hay que pensar en un estado de involución del reinado de Arturo o de tal decadencia de sus representantes que necesitase una restauración. En un plano ideal, ahí es precisamente cuando se ponen a buscar el Grial los caballeros de la Tabla Redonda, y ahí es cuando, en la literatura correspondiente, se entrelazan inestrincablemente las aventuras del Grial y de los caballeros del rey Arturo. En general, el reino de Arturo se identifica entonces con el de Locris o

Logres, una antigua designación de Inglaterra, como «Albania» e «Isla Blanca», y como sede del Grial; y los caballeros de Arturo se dedican a buscar el Grial para devolver el antiguo esplendor al reino y destruir los sortilegios que, tal como aparece ya en el Mabiscagian, han afectado a aquella tierra. El Grial es el símbolo de lo que se ha perdido y hay que encontrar de nuevo. Un hombre debe conseguir que el Grial manifieste de nuevo sus virtudes, y a menudo ese es también el caballero que se sentará en el «asiento peligroso». (1)

Si comparamos el declive de Camelot en el momento de la llegada de Galahad y la "necesidad" de restaurar la pureza original de esa sociedad a través de un elemento trascendente (el Grial), es tentador trazar un paralelismo con la actual situación de nuestra sociedad de inicios del siglo XXI, sin rumbo y en plena crisis. Por esto, del mismo modo que Galahad es "testimonio" de la majestuosidad del Grial, de una vida superior y es el impulsor de la búsqueda del copón místico, así también se necesitan hoy en día caballeros (discípulos) que sean el fiel testimonio de una vida más plena, servidores de un Ideal Supremo, piedras vivientes que marquen el camino a los que deseen encontrar el rumbo hacia lo más alto.

De la misma forma que Galahad consolidó con su presencia la "tercera mesa" del Grial, en nuestros días se hace necesaria la instauración de una simbólica "cuarta mesa", una verdadera "milicia del Grial", un núcleo de la Fraternidad Universal, la Vanguardia de un nuevo tiempo que reúna a los "nobles de corazón", a fin de que la sociedad primordial sea restaurada.

Este núcleo deberá trabajar por la reconstrucción, por una re-evolución, manteniéndose fiel a los mandatos de los Maestros de Sabiduría. Y es importante recordar que cuando hay Hermanos fieles al Ideal más elevado, trabajando por un mundo nuevo y mejor, los Hermanos Mayores los acompañan y los guían. Así se entienden las palabras del Cristo cuando prometen que *"donde dos o tres se reúnen en mi nombre, allí estoy yo en medio de ellos"*. (Mateo 18:19)

Ser "piedras vivientes" o "testimonios" de una vida más plena significa hablar poco y predicar con el ejemplo. Si queremos ser "hombres nuevos" debemos empezar a actuar como tales, encarnando en nuestra vida diaria el Ideal Iniciático. Por eso, como veremos más adelante, la primera afirmación del rosario iniciático dice: "RECTIFICO EL RUMBO" y enseguida agrega: "SOY COHERENTE".

De nada valen nuestras palabras si las negamos con nuestras acciones. De nada sirve aspirar a un mundo nuevo si con nuestra actitud diaria nos empeñamos en perpetuar un sistema caduco. Recordemos a Gandhi: *"Seamos el cambio que queremos ver en el mundo".*

La sociedad profana (hoy sociedad de consumo) necesita seres humanos dóciles, que se ajusten a un "patrón de normalidad" a fin de manipularlos con más facilidad. Y esta "normalidad" significa justamente comportamientos que desde un punto de vista espiritual son totalmente "anormales": la competencia, el relativismo, el consumo, la búsqueda del "confort", la permisividad, el hedonismo, la opulencia, la cosificación de la Naturaleza, etc.

Lo que es normal para el profano es anormal para el iniciado y lo que es normal para el iniciado es anormal para el profano.

Esta es exactamente la conclusión a la que llegan Erich Fromm y Jiddu Krishnamurti: si la sociedad está enferma, ¿deberíamos seguir su "patrón de normalidad" o –por el contrario– deberíamos "navegar contra la corriente"?

Erich Fromm razonaba: *"El hecho de que millones de personas compartan los mismos vicios no convierte esos vicios en virtudes; el hecho de que compartan muchos errores no convierte a éstos en verdades, y el hecho de que millones de personas padezcan las mismas formas de patología mental no hace de esas personas gentes equilibradas".* (2)

El aspirante a los Misterios, el peregrino que desea aventurarse en los misteriosos pasillos del laberinto debe romper con ese "molde" y tomar conciencia de sus fisuras. Liberarse de los condicionamientos profanos y rechazar los códigos de la moral mundana, reemplazándolos por códigos éticos más elevados, fundamentados en la ética atemporal.

En este momento, es necesario que el lector haga una pausa y que responda honestamente a estas tres preguntas:

a) ¿Cree que el mundo va por buen camino?
b) ¿Cree que aún es posible hacer algo?
c) ¿Qué está haciendo para que el mundo cambie su rumbo?

Es importante tomar conciencia que de nada sirve "creer" en las enseñanzas, "adherirse" al Ideal si en nuestra conducta cotidiana no se reafirman estas doctrinas con acciones concretas, aportando nuestro granito de arena para que pueda existir una verdadera Re-Evolución.

La apatía, el desinterés y la pasividad han llevado al planeta a una situación insostenible, y tal como dijo Edmund Burke: *"lo único necesario para el triunfo del mal es que los buenos no hagan nada"*, es decir que frente a nosotros tenemos dos caminos: podemos dar la batalla por perdida o, por el contrario, trabajar de forma individual y colectiva para construir un mundo nuevo y mejor.

La "cuarta mesa" es un ideal a alcanzar. Es la soñada re-unión de los nobles de corazón formando una Comunidad (común unidad). Este núcleo revolucionario es un sueño, sí, pero también una apuesta al futuro, la constitución de una célula de resistencia a un sistema cada vez más insostenible.

El dragón

"El dragón está ante todo en nosotros" (Chevalier)

El dragón es un poderoso adversario, una fuerza primordial que trata de evitar que alcancemos el centro del laberinto, actuando como el guardián de un tesoro fabuloso, mientras que en otras ocasiones custodia una llave que da paso a un recinto maravilloso (3).

La animalidad salvaje del dragón debe ser dominada a través de la voluntad, representada por la espada que debe portar todo héroe en su odisea.

En palabras de Medrano: *"Por su descomunal tamaño, por sus horribles rasgos físicos, por su aspecto deforme y contrahecho, por la fealdad y desproporción de sus miembros, por la heterogeneidad de las partes que forman su cuerpo, el dragón viene a ser el colmo de lo anómalo y monstruoso, el summum del horror, la máxima expresión de lo que repele y causa espanto. Por eso es imaginado con el cuerpo de aquellos animales que causan mayor pavor y repugnancia en cualquier ser humano, sólo que aquí los cuerpos de tales animales, además de mezclados sin proporción ni orden alguno, se hallan aumentados hasta dimensiones indecibles: como un gigantesco escorpión o como un mastodóntico gusano; con los anillos constrictores de una enorme y gruesa serpiente o con el tronco calloso e hinchado de un cocodrilo ciclópeo. En él nos encontramos con la anormalidad, la monstruosidad, la bestialidad y la brutalidad elevadas a la más alta potencia.*

Pero no solo es monstruosa su figura o su apariencia física: son también monstruosos sus movimientos, su paso torpe y pesado, su rugido o su voz, su mirada, sus huellas, los ruidos que produce, las llamaradas que salen de su boca, el estruendo que provoca su marcha renqueante, la atmósfera lúgubre y turbulenta que lo rodea y le acompaña por doquier, el hedor que emana de su piel, los negros nubarrones y las borrascosas tormentas que anuncian su proximidad, su pestilente y mortífero aliento. Todo en él presenta los rasgos distintivos de lo horrendo, lo que invita a huir y apartar la mirada.

Hasta el menor detalle de su anatomía, de sus costumbres o de su forma de vida inspira juntamente miedo y asco. No es extraño que el simple recortarse de su silueta en el horizonte o el eco de su ruidoso avance, provoquen el pánico en las regiones donde hace sentir su amenaza. (…) El dragón no es solo la negación de la belleza, puesta de manifiesto por la fealdad y deformidad de su cuerpo; es también la negación de la unidad, de la salud y la vida; la negación de todo lo elevado, bueno, noble, digno y valioso". (4)

El enfrentamiento del héroe con el dragón (que es la negación de lo Bueno, lo Justo, lo Bello y lo Verdadero) es también el combate del "Hombre Nuevo" –que desea abrirse paso al futuro– contra el "hombre viejo". Otra vez encontramos aquí el concepto primordial de la "guerra interior" y el axioma: *Si quieres la paz [interna], prepárate para la guerra [interna]"*.

Es importante señalar que la "Ascesis Iniciática" es también una "Ascesis guerrera", pues implica una cuidada preparación para el combate (entrenamiento), la conquista del arma (una espada o un hacha) y, finalmente, el enfrentamiento contra un enemigo poderoso y artero hasta alcanzar la "paz", que no es otra cosa que la "Pax Triumphalis", propia del "estado olímpico".

Toda la literatura caballeresca y todos los relatos ambientados en la corte del Rey Arturo hacen referencia a este proceso heroico de purificación.

"El camino del Guerrero se basa en la humanidad, el amor y la sinceridad; el corazón del valor marcial es verdadera valentía, sabiduría, amor y amistad. Acentuar los aspectos corporales de la calidad delguerrero es inútil, porque el poder del cuerpo siempre es limitado".

(Morihei Ueshiba)

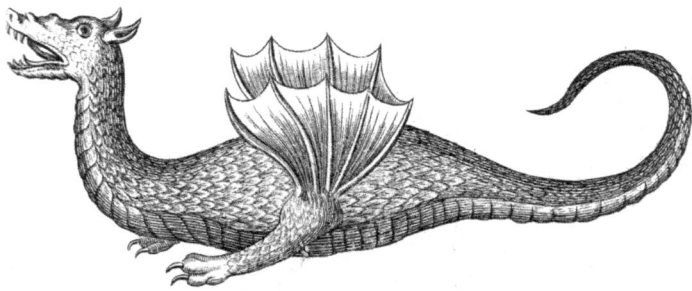

Diferentes dragones según Athanasius Kircher

Los cuatro dragones

Titus Burckhardt afirmó que *"el dragón puede representar por sí solo todas las etapas de la obra [alquímica], según aparezca: con patas, con aletas, con alas o sin ninguno de estos apéndices; puede habitar en el agua, en la tierra o en el aire y, en forma de salamandra, incluso en el fuego"*. (5)

El dragón como símbolo de los escollos del cuaternario inferior o los diferentes niveles de la personalidad puede ser concebido como cuádruple, por lo que –a fin de identificar de mejor manera los obstáculos a superar– es mejor hablar de cuatro dragones, cada uno de ellos relacionado con uno de los elementos.

Esta multiplicidad nos remonta a las ceremonias iniciáticas de la antigüedad, en las que el candidato debía superar las pruebas de los cuatro elementos para llegar al centro (quintaesencia).

Una vez más, recordamos al estudiante que la Iniciación NO SE PUEDE CONCEDER en los templos de las órdenes "iniciáticas" sino que DEBE CONQUISTARSE en la vida cotidiana a través de la purificación y de la "recta acción". Las pruebas de los elementos se presentan día a día en nuestro trabajo, en nuestra familia, con nuestros amigos y en nuestra comunidad, mientras que las ceremonias iniciáticas son útiles para transmitir a nuestro subconsciente –mediante el lenguaje universal de los símbolos– la necesidad de "atraverse a transitar" el sendero iniciático.

Pero, ¿qué simbolizan los dragones? Como regla general, los dragones significan corrupción, desequilibrio y falta de armonía, y nuestra victoria sobre ellos es lo único que puede traer el equilibrio a cada uno de los vehículos.

Por ejemplo, en nuestro enfrentamiento con el dragón de la Tierra, con el temible basilisco de la cueva, debemos saber que nuestro triunfo se alcanza a través de la purificación del cuerpo etero-físico. Siendo así, la pereza, el sedentarismo, la mala alimentación, los excesos y los vicios deben ser interpretados como venenos del dragón.

En el cristianismo, cuando se habla de los "siete pecados capitales" (que implican "salirse del camino") se está haciendo referencia a siete formas del desequilibrio, que pueden relacionarse con los vehículos:

Tierra y Agua (físico y vital) – Pecados: Pereza y gula

Aire (emocional) – Pecados: Ira, codicia, lujuria.

Fuego (mental inferior) – Pecados: Orgullo y envidia

La siguiente tabla nos brinda un panorama completo para conocer la acción de los cuatro dragones, que debemos derrotar a fin de restablecer el equilibrio perdido.

Elemento	Dragón	Desequilibrio	Objetivo
Tierra	Basilisco	Físico	Salud física
Agua	Serpiente escamosa	Vital	Salud vital
Aire	Dragón alado	Emocional	Salud emocional
Fuego	Bestia de fuego	Mental	Salud mental

La "Ascesis Iniciática" además de ser una ascesis guerrera es también alquímica, entendiendo la Alquimia como *"el arte de trabajar con la Naturaleza sobre los cuerpos para perfeccionarlos"* (6).

Mientras que desde una perspectiva secular, la Alquimia es considerada tan sólo una precursora imperfecta de la química, la tradición iniciática siempre ha enseñado que el verdadero trabajo alquímico se fundamenta en la transmutación del propio alquimista, mediante una ardua labor de purificación interior.

¡Solve et coagula! En esas dos palabras se resume el trabajo de los alquimistas: "disolver" y "coagular", en busca de la armonía de los opuestos. La comprensión del principio hermético de polaridad (*"Todo es doble, todo tiene dos polos; todo, su par de opuestos: los semejantes y los antagónicos son lo mismo; los opuestos son idénticos en naturaleza, pero diferentes en grado; los extremos se tocan; todas las verdades son medias verdades, todas las paradojas pueden reconciliarse"*) es capital para conocer las motivaciones últimas de los alquimistas. Éstos se referían constantemente a dos fuerzas opuestas que podían apreciarse en la Naturaleza: Sol y Luna, Azufre y Mercurio, Masculino y Femenino, Fuego y Agua, etc. Sin embargo, esta idea no puede ser entendida en profundidad sin tener en cuenta el principio de generación, en el que se contempla una tercera fuerza mediadora, que alquímicamente se denomina "Sal".

La disolución es un movimiento "hacia fuera" mientras que la coagulación es un movimiento "hacia dentro", dos procesos que desde una perspectiva cósmica nos recuerdan a la respiración de Brahma, a través de la cual el Universo se expande (exhalación, manvantara, big bang, ad extra, fuerza centrífuga) para luego contraerse (inhalación, pralaya, big crunch, ad intra, fuerza centrípeta). Es la diástole y la sístole cardíaca, el principio hermético del ritmo, hacia fuera y hacia dentro. Por eso René Guénon señala que *"la fórmula solve et coagula contiene en cierta forma todo el secreto de la "Gran Obra", en cuanto ésta reproduce el proceso de la manifestación universal"*. (7)

"Disolver" significa neutralizar los venenos del dragón (los malos hábitos de cada uno de los vehículos) y "coagular" implica reencauzar y utilizar esa energía malsana para alcanzar un objetivo superior, es decir que la acción de una operación será el fundamento de la reacción a la siguiente: convertir la hiel en miel, el plomo en oro, los vicios en virtudes, los hábitos nocivos en hábitos de excelencia. En palabras de Piobb: *"Analiza todo lo que eres, disuelve todo lo inferior que hay en ti, aunque te rompas al hacerlo; coagúlate luego con la fuerza adquirida en la operación anterior"*. (8)

Del mismo modo que el Sol es la representación más perfecta de la divinidad en el cielo (brindándonos Luz, Vida y Calor), asimismo el oro es la representación más fiel del Sol en la tierra. Como han indicado algunos investigadores, el oro (el metal más noble) puede ser considerado simbólicamente como la coagulación, materialización o petrificación del Sol (el astro-rey). No obstante, este "oro" al que nos estamos refiriendo no es material sino espiritual, y esto es lo que los alquimistas repetían: *"aurum nostrum non est aurum vulguis"* ("nuestro oro no es el oro vulgar").

El caduceo de Mercurio, donde se muestran dos serpientes que se encuentran y se separan varias veces rumbo a la cúspide, es otra forma de representar el "solve et coagula", mientras que en el laberinto de Chartres, los pasillos que van y vienen son otra forma de representar este axioma alquímico.

Cada una de las etapas de perfeccionamiento de la Gran Obra (Nigredo, Albedo, Citrinitas y Rubedo) implica un acercamiento al oro, y cada una de ellas es necesaria en la odisea heroica rumbo al centro espiritual. Por esta razón, el Cristo-solar es una representación clara del proceso que deben seguir los seres humanos rumbo a la perfección, a través de cinco instancias trascendentes:

Tierra	Nacimiento en una cueva	Nigredo
Agua	Bautismo en un río	Albedo
Aire	Ascenso a una montaña	Citrinitas
Fuego	Crucifixión (INRI)	Rubedo
Éter	Ascensión a los cielos	Gran Obra

> *"El plomo se cambia por oro, el azar se disipa cuando, con Dios, soy cambiado por Dios en Dios. Es el corazón, el que cambia en el oro más fino; es el Cristo, o la gracia divina, ellos son la tintura"*
>
> (Ángelus Silesius)

El bautismo de sangre

"El dragón es el guardián del templo. Sacrifícale, decapítale, separa la carne de los huesos y encontrarás lo que buscas" (Manuscrito alquímico 2327, citado por Marcelino Berthelot)

El dragón, al enfrentarse al héroe, le declara en un tono burlón: *"A menos que me matéis, no podréis ser llamado sabio"* (9), por lo cual la única posibilidad de pasar al otro lado es derrotar y aniquilar al dragón.

Luego de esta monumental hazaña, el héroe deberá bañarse en la sangre de su enorme oponente, imitando la acción de Sigfrido al aniquilar a Fafnir o la de Hércules que —al asesinar al león de Nemea— se confeccionó un vestido con su piel.

Todo baño tiene una doble connotación: por un lado purificatoria y por otro regenerativa. Y si este baño es de sangre (que simboliza la vida que fluye), entonces el líquido pasa a convertirse en un elixir de inmunidad.

Según Antonio Medrano, *"es como si la sustancia vital del monstruo o el fluido que lo alimentaba sufriera un proceso de catálisis o crisopeya, de mutación alquímica, en virtud de su derrota por el guerrero celeste: lo que era ponzoña y veneno, sustancia vil, ardiente y corrompida, contaminada y contaminante, se convierte en medicina suprema, en una potencia luminosa, purificadora y vivificante. Los prodigiosos* poderes que ella otorga no hacen sino poner de relieve el enriquecimiento espiritual y la transformación interior que experimenta el matador de la bestia. El dar muerte al dragón se presenta así como un acto sacrificial que trasmuta la sangre de la víctima y hace de ella un líquido sacramental, un agua milagrosa. En tal sentido, el bañarse en la sangre del monstruo cobra así el valor de un rito bautismal o iniciático que sella definitivamente la muerte del ego, la transmutación de las potencias abisales y caóticas latentes en el propio ser". (10)

En los rituales místéricos de Cibeles, Mitra y Atis se sacrificaba a un toro (equiparable al dragón) y los candidatos a la Iniciación se bañaban en su sangre. Esta práctica era conocida como "taurobolio" y fue registrada detalladamente por Prudencio en "El libro de las coronas", donde se relata que el candidato entraba en una fosa, desnudo de la cintura para arriba, donde esperaba el momento de la decapitación del bovino.

El foso era cubierto con una plancha con múltiples agujeros y sobre ella era conducido *"un toro de enorme frente fiera y erizada, atado con guirnaldas de flores por los lomos o en su cornamenta encadenada; brilla también el oro en la frente de la víctima y recubre su pelo el fulgor de láminas doradas. Luego que han colocado ahí el animal que ha de ser inmolado, le abren el pecho con el cuchillo sagrado: la ancha herida vomita una oleada de sangre hirviente, y sobre las planchas del puente que hay debajo del toro se derrama un encendido torrente de sangre y expande su calor por todas partes.*

Entonces, por los numerosos canales de las mil rendijas, el borbotón penetrante de la sangre llueve su podrida corriente, que recibe el sacerdote metido dentro de la fosa, exponiendo su cabeza sucia a todas las gotas, infestando su vestido y todo su cuerpo. Más aún, levanta su rostro hacia arriba, ofrece sus mejillas al encuentro de la sangre, presenta sus orejas, sus labios, sus narices, y hasta sus mismos ojos baña en ese líquido: ni aparta su propio paladar y empapa su lengua hasta todo él se embebe de la negra sangre". (11)

Finalizada la ceremonia, el candidato salía del foso y era proclamado como un "Hombre Nuevo" y "renacido en la eternidad" ("renatus in aeternum"). Para reforzar la idea de este "nacimiento segundo", al iniciado –según cuenta James Frazer– *"durante algún tiempo después de su renacimiento, se le mantenía a dieta de leche como a un recién nacido".* (12)

Teniendo en cuenta la correspondencia de cada dragón con uno de

los elementos de la naturaleza, la muerte de la bestia y el bautismo de sangre significan el DOMINIO de cada nivel de la personalidad. Por esta razón, al empapar toda la piel con la sangre del dragón ésta pasa a convertirse en una armadura sutil, permitiendo que el noble peregrino se convierta en "Maestro" de cada elemento.

Simbólicamente, con la derrota del dragón, los espíritus elementales de la naturaleza –que anteriormente eran aliados de la bestia y que a lo largo del sendero minaban los esfuerzos del peregrino– pasan a ser sus súbditos y aliados. Los gnomos, faunos y silvestres, que en primera instancia se divertían poniéndole escollos, pasan a convertirse en sus camaradas. Lo mismo ocurre con las sirenas, los silfos y las salamandras. Obviamente, estamos hablando desde la alegoría y no estamos refiriéndonos a los espíritus elementales de la naturaleza como entidades metafísicas, lo cual nos desviaría demasiado del presente estudio.

Desde esta perspectiva simbólica, las fuerzas elementales tradicionales que pasan a ayudar al caminante luego de la derrota de su "líder" (el dragón) son las siguientes:

Tierra: Gnomos, hadas, silenos, faunos, cubitales, elfos, enanos, enanos negros, silvanos, dríades, duendes, durdalis, trasgos, hamadríades, kobolds, ninfas, manos blancas, picadores, paniscos, pigmeos.

Agua: Ondinas, nereidas, sirenas, espíritus del agua, tritones, litorales, nixies, gente musgosa, ninfas marinas, náyades, hombres del río.

Aire: Silfos, espíritus de las nubes, nenúfares, peris.

Fuego: Salamandras, cabiros, espíritus del fuego.

Las cuatro llaves

Al vencer a cada dragón, el héroe se apodera de su tesoro, muchas veces sintetizado en una llave que abre la puerta más importante de todas: la Puerta del Templo. Sin embargo, esta puerta maravillosa no posee una sola cerradura sino cinco. De este modo, para poder abrirla y acceder al Sancta Sanctorum es indispensable la victoria sobre todos los dragones del sendero y pasar el minucioso examen final del Guardián del Umbral, para conseguir así las cinco llaves.

El simbolismo de la llave es muy antiguo y nos remite al acceso a secretos velados para los indignos. Toda llave (o "clave") tiene un papel doble: por un lado abre y por otro cierra. Dicho de otro modo, abre la puerta a los peregrinos dignos y la cierra a los profanos indignos. Los Misterios Mayores y los misterios menores también son representados con dos llaves, una de plata y otra de oro, las dos caras del Jano bifronte, que en ocasiones aparece en sus representaciones portando una llave.

Chevalier asevera que *"en el plano esotérico, poseer la llave significa haber sido iniciado. Indica, no sólo la entrada en un lugar, ciudad o casa, sino el acceso a un estado, a una morada espiritual, a un grado iniciático"*. (13)

Siendo así, tomemos nota del metal con que está elaborada cada llave, su relación con los planetas y las fases de la Obra (14):

Elemento	Metal	Planeta	Fase
Tierra	Plomo	Saturno	Nigredo
Agua	Plata	Luna	Albedo
Aire	Estaño	Júpiter	Citrinitas
Fuego	Hierro	Marte	Rubedo
Éter	Oro	Sol	Gran Obra

Las cuatro llaves reunidas como símbolo constituyen una cruz conocida como esvástica clavígera o "cruz gamada" ("crux gammata"), es decir cuatro letras "gamma" unidas. Dicho símbolo también se conoce como "gammadion" o "tetragammadion" (no tetragramaton). La letra griega "gamma" corresponde a la "G" masónica que puede significar muchas cosas, pero que primariamente hace referencia al Dios ("God") que nace en el centro del corazón, vivificando y espiritualizando la materia. No obstante, la "G" es también "Gnosis" (conocimiento), "Geometría" (por influencia de la Orden Pitagórica), "Generación" (de un Hombre Nuevo, claro está), etc.

La espada de los nobles

La conquista de la espada es el primer paso de la realización heroica del peregrino hacia la "pax triumphalis", pero esta espada no puede ser tomada por cualquiera sino que está reservada para los "puros".

En las historias caballerescas, solamente los "nobles de nacimien-

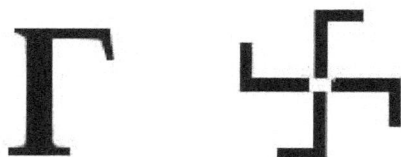

Arriba: Letra griega "Gamma" y "crux gammata"
Abajo: Las cuatro llaves constituyen una cruz gamada o esvástica

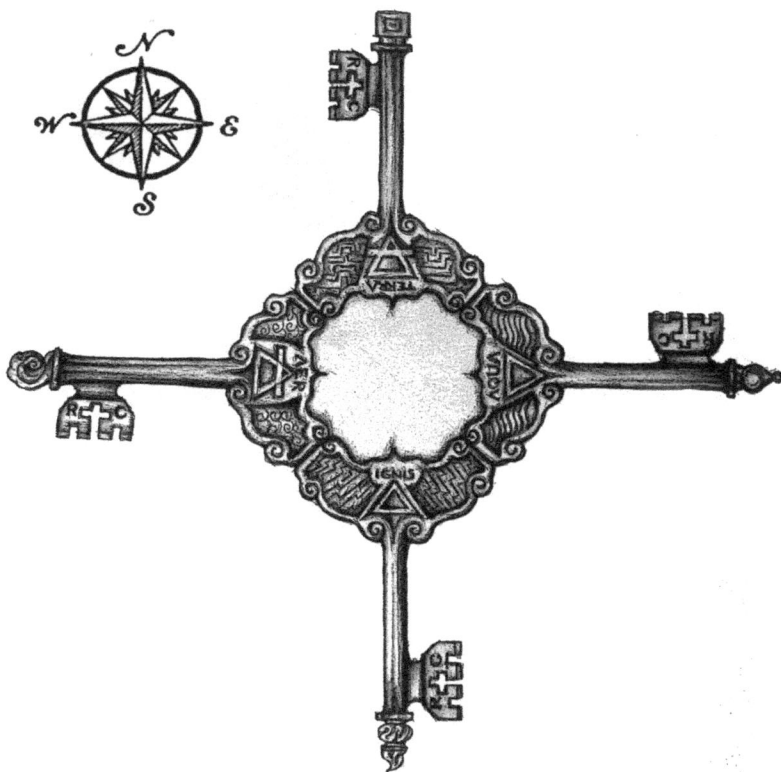

to" pueden empuñar la espada: Arturo, hijo del rey Uther Pendragon; Perceval, del linaje de Titurel; Galahad, hijo de Lancelot y Elaine, etc.

En su primera infancia, estos héroes predestinados generalmente son criados en un entorno profano que no es el propio, con el apoyo de tíos, padres adoptivos os tutores (esta característica aparece también en otros "héroes" más modernos como Luke Skywalker, Dorothy, Clark Kent y hasta el "patito feo", que viven una existencia gris hasta descubrir su propósito más alto).

Esta "nobleza de nacimiento" de los relatos heroicos (tanto antiguos como modernos) representa la "nobleza del alma" y nunca un derecho racial o sanguíneo. De esta forma también debe ser interpretada la "pureza aria", que no tiene nada que ver con el reclamo hitlerista de la raza germana sino con el concepto de "arya" (noble) de los indos.

Medrano comenta que el vocablo "ario" encierra los significados de *"noble, señor, excelso, honorable, eminente, digno de confianza y honor, bien nacido, venerable o heroico, además de leal, servicial, dedicado o devoto (la lealtad, la devoción y el servicio como condición de la honorabilidad y la nobleza). Se halla emparentado con otros muchos que denotan dignidad, nobleza, grandeza o señorío en los diversos idiomas de la familia indoeuropea: el gótico era, «noble»; el irlandés er, «grande y bueno»; el sánscrito arhant, «héroe»; el latino heros, «héroe», y también erectus, «recto» o «noble»; el céltico ard, «alto y noble»; las voces griegas aristoi, «los mejores», arete, «virtud», arios, «fuerte», y aristeia, «acción heroica». Y acusa su presencia en los nombres de algunas naciones de origen indoeuropeo, como por ejemplo, Armenia, Eire (nombre primitivo de Irlanda, en inglés Ireland, pronunciado «Air-land») o Iran, originariamente Eircin o Airyan. Nombres todos ellos que contienen una alusión a la nobleza de los pueblos respectivos.*

Como apuntaba Theodor Poesche en su ya célebre estudio sobre el tronco indoeuropeo, el nombre de «arios» (Arier en alemán), que a sí mismos se dieron estos pueblos, y especialmente los de la rama indo-irania, significa los honorables (die Ehrwrirdigen), excelentes o magníficos (Vortrefflichen), y el lingüista alemán agrega que dicha palabra viene de la misma raíz que las palabras alemanas Ehre, «honor», y erst, «primero» o «en primer lugar». El epíteto arya vendría, así, a aplicarse a quienes, por su honorabilidad y su excelencia, se sitúan en primer lugar dentro de la escala jerárquica desde un punto de vista ético. Según el prestigioso filólogo español José Alemany y Bolufer, buen conocedor y traductor del sánscrito, la palabra arya tiene el mismo significado que el griego aristos, del que derivan «aristocracia» y «aristocrático», queriendo decir, por tanto, «el mejor, el más bravo, el más valiente, el más noble». (15)

La senda heroica también se llama "arya-marga" (camino noble), que es el *"camino sagrado, supramundano, consistente en los cuatro grados de santidad"* (16). Por esto, Helena Blavatsky explica que originariamente, el nombre "arya" era *"el título de los Rishis, aquellos que han dominado el Âryasatyâni (Las cuatro sublimes verdades) y entrado en el sendero (…) que conduce al Nirvana".* (17)

La profanación por parte del nacionalsocialismo alemán de varios de los símbolos de la tradición primordial como la esvástica, el saludo solar, la "pureza" aria, las runas, etc., tuvo como consecuencia su proscripción en todo Occidente, debido a las evidentes desviaciones causadas por esta insana ideología. No obstante, el estudiante no debería olvidar su significado más antiguo, considerando todos estos símbolos desde una perspectiva más completa y no en relación a un movimiento político secular que mancilló muchos de los símbolos arcaicos.

La paz triunfal

"Domina las técnicas divinas del arte de la paz, y no habrá enemigo que se atreva a desafiarte". (Morihei Ueshiba)

La odisea del héroe termina en el centro, en la cumbre, donde se conquista la "paz triunfal", la armonía de los opuestos y la victoria del orden sobre el caos.

En la obra "Parzival" de Wolfram von Eschenbach, al final de sus aventuras el caballero Parsifal es nombrado "rey del Grial" y se le comunica solemnemente al final de su viaje:

"Has conquistado la paz del alma / y conseguido la alegría de la vida en tus angustias". (18)

Los rosacruces hablan de la "Paz Profunda" que puede ser considerada como un paso más allá de la Iniciación, es decir un estado de conciencia que está por encima de los cuatro estados conocidos por el ser humano. Nos referimos, claro está, a la liberación de la rueda de nacimientos y muertes, de la bienaventuranza del Nirvana, pero como esta condición suprafísica está por encima de nuestra comprensión limitada, en ocasiones relaciona a la Iniciación (Iluminación) en sí misma como esa "Paz Profunda" buscada con ahínco por los discípulos de todos los tiempos.

La paz de los humanistas y de los pacifistas contemporáneos no es la misma paz de los iniciados, porque no pasa de ser una paz superficial, sin cambios profundos, subordinando lo interno a lo externo. Como indica Krishnamurti con razón: *"Sin cambiar nuestra vida cotidiana no podemos tener paz, y la guerra es una expresión espectacular de nuestra conducta diaria".* (19)

La verdadera paz no se nutre de palabras sino de intenciones. Una persona iracunda no puede hablar de paz. Por eso, la política profana, llena de podredumbre e imperfección, nunca podrá construir una paz mundial duradera.

Bhagwan Shree Rajneesh señaló con certeza que *"la guerra no desaparecerá porque haya personas que se oponen a ella. No. La gente que está contra la guerra creará otra guerra. (…) Podrán llamarse pacifistas pero no saben lo que significa la paz. Son beligerantes, arrogantes, y están siempre listos a pelear. (…) El hombre de paz no es un pacifista sino un remanso de silencio. Vibra al ritmo de una energía diferente en el mundo; entona una canción diferente. Vive de una manera completamente distinta y esa forma de vida es de gracia, oración y compasión".* (20)

Volviendo a la "Pax Triumphalis", debemos recordar que ésta es la consecuencia de haber superado las pruebas del sendero y traspasado la Puerta del Templo. Y en ese preciso lugar, en el centro del laberinto o en la cima de la montaña, el Héroe es recibido por la Dama, quien le entrega una corona de laurel y una espada flamígera a modo de reconocimiento.

La corona de laurel y la espada de fuego

Según cuenta la mitología, al enterarse Eros que Apolo quería competir con él en el arte de la arquería, le arrojó una flecha de oro para que se enamorara de la ninfa Dafne, pero al mismo tiempo lanzó a ésta una flecha de plomo para que le causara un rechazo por Apolo.

Siendo así, al encontrarse con Dafne con Apolo, éste –enloquecido de amor– corrió tras ella, pero la grácil ninfa sentía tal repulsión por él, que le pidió a la Madre Tierra que la escondiera en algún lugar para que el dios nunca pudiera encontrarla. Y entonces, mágicamente, Dafne fue convertida en un árbol de laurel. En el mismo momento que la dama se estaba transformando, Apolo llegó ante ella para presenciar la fase final de la triste metamorfosis. Lleno de dolor y sin posibilidad de alterar la conversión, el dios se abrazó al árbol y se puso a llorar.

Para recordar a Dafne por siempre, Apolo adoptó como símbolo el laurel y al matar al monstruoso Pitón, confeccionó una corona con sus hojas que se colocó en la cabeza para simbolizar su victoria. No obstante, como bien dice Chevalier, el laurel no significa solamente

la victoria sino también *"las condiciones espirituales de la victoria, la sabiduría unida al heroísmo"*. (21)

En el oráculo de Apolo, en Delfos, las pitonisas mascaban laurel para entrar en contacto con el Dios y por eso eran llamadas "dafnófagas" (comedoras de laurel), mientras que los consultantes del célebre oráculo –si obtenían una respuesta favorable a su consulta– regresaban a su hogar con una corona de laurel en su cabeza.

En la Roma imperial, los generales victoriosos que entraban en la ciudad eran "laureados" con una corona triunfal sobre su cabeza, simbolizando así la "Pax Triumphalis" alcanzada y la gloria de la inmortalidad.

Al llegar al centro del laberinto, el héroe-caminante también es "laureado" por la Dama pues ha logrado vencer a sus enemigos, del mismo modo que Apolo derrotó a Pitón. Pero además de la corona de laureles, la señora del laberinto le hace entrega de una espada que refuerza su condición de "rey" y "sacerdote". De este modo el peregrino porta ahora dos espadas, representando una los misterios menores y la otra los Mayores.

Esta segunda espada es de naturaleza ígnea o flamígera, con una hoja de forma ondulante relacionada con el fuego solar. Si la primera espada representaba la voluntad para franquear los escollos del camino, ésta significa el honor, la victoria y la luz. En Génesis 3:24, cuando Adán y Eva son expulsados del paraíso, dos querubines fueron colocados con sendas espadas flameantes para bloquear el acceso al árbol de la vida. Por eso, al regresar al centro y comer del árbol de la vida (símbolo del "axis mundi"), el héroe pasa a convertirse él mismo en custodio del sendero hacia el místico árbol del edén.

La espada flamígera simboliza también la armonía de los opuestos, pues establece una simbiosis entre el calor del fuego y el frío del metal.

Afirmaciones heroicas del rosario de 33 cuentas

Existen varias formas de utilizar el rosario iniciático de 33 cuentas.

La primera de ellas simboliza el avance del héroe hacia el centro del laberinto a través de la pronunciación de frases que lo impulsan a seguir adelante, es decir que cada cuenta cumple la misma función de los hitos pétreos citados en el presente capítulo.

Las afirmaciones para recitar son las siguientes:

Introducción
1) ¿Quién soy?
2) Soy un noble caminante

Primera serie (Tierra-Nigredo)
3) Rectifico el rumbo
4) Mis intenciones son puras
5) Soy coherente
6) Soy disciplinado
7) Purifico mi cuerpo
8) Mi voluntad es fuerte
9) Enfrento los obstáculos con valentía
10) Derroto al primer dragón

Segunda serie (Agua-Albedo)
11) Actúo con rectitud
12) Estoy atento
13) Soy paciente
14) Vivo en armonía
15) Tengo una actitud positiva
16) Sonrío internamente
17) Respiro y me lleno de energía
18) Derroto al segundo dragón

Tercera serie (Aire-Citrinitas)
19) Puedo ver más allá de lo evidente
20) Las circunstancias externas no me alteran
21) Estoy sereno
22) Soy humilde
23) Respeto a mis semejantes
24) Controlo mis emociones
25) Doy amor
26) Derroto al tercer dragón

Cuarta serie (Fuego-Rubedo)

27) Me sacrifico por mis ideales
28) Estoy comprometido con la Obra
29) Soy fiel a los Maestros
30) Obedezco a mi Maestro Interno
31) Me concentro
32) Controlo mis pensamientos
33) Alcanzo la Paz Profunda

Regreso

34) Derroto al cuarto dragón
35) ¿Quién soy?
36) Yo Soy [Sobre el laberinto]

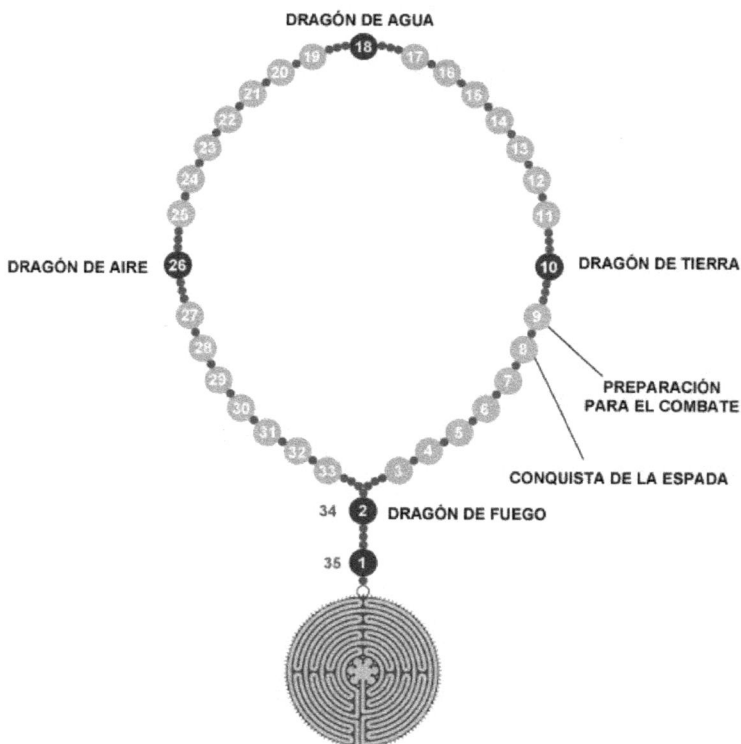

Capítulo X
El Viaje del Héroe

"Héroe es el primero que escucha la voz de la Divinidad y el primero en obedecer la Ley que emana de ella, transformándolo en un protector de la humanidad" ("La Eneida", Virgilio)

En ese capítulo concluye el análisis del viaje simbólico al centro del laberinto: nuestra propia peregrinación heroica hasta la cumbre para cumplir nuestra meta trascendente, quitarnos el velo de la ilusión y DESPERTAR.

Anteriormente señalamos que este proceso de despertar se representa en la tradición iniciática como un desplazamiento "hacia adentro" o "hacia el centro", e implica el traslado desde un punto "A" a un punto "B", es decir:

Desde la oscuridad a la luz
Desde la ignorancia al conocimiento
Desde la periferia al centro
Desde la materia al espíritu
Desde la personalidad a la esencia
Del sueño a la vigilia
Del tener al ser
Desde la mediocridad a la excelencia
Desde la muerte a la inmortalidad
Desde Samsara a Nirvana
Desde la ilusión a la realidad
Desde la mentira a la verdad
Desde el llano a las alturas
De la inconsciencia a la conciencia
De Avidya a Vidya
Del vicio a la virtud

Esta "Via Lucis" está reservada a los valientes, a aquellos que se atreven a ir más allá, abandonando lo viejo para construir algo grandioso, digno y nuevo. Este sendero de superación –que todos tendremos que transitar tarde o temprano– comienza con un primer paso, con una decisión acertada de avanzar hacia lo desconocido encarnando al

Héroe Primordial, blandiendo el hacha de doble filo y exclamando sin vacilación: *"¡Alea Iacta Est!"* ("La suerte está echada").

> *"A partir de cierto punto no hay retorno. Ese es el punto que hay que alcanzar"* (Franz Kafka)

El poeta Henry Longfellow escribió una composición maravillosa titulada "Excelsior" ("Aún más alto") donde describe a un joven animado que escapa de la mediocridad ascendiendo cada vez más alto:

*Las sombras de la noche iban cayendo
cuando un joven gallardo iba subiendo
por un paso difícil la montaña;
en sus manos flameaba una bandera
en la que había esta leyenda extraña:
¡Excelsior!*

*Bajo su frente pálida, sus ojos
como una espada al sol resplandecían,
y esos ojos parece que decían,
cual voz que sale de una trompa de oro
o como el eco de celeste coro:
¡Excelsior!*

*Miró al pasar los vividos reflejos
del encendido hogar de la familia
agrupada y contenta, y á lo lejos
la altísima nevada cordillera;
pero avanzó, clamando en voz entera:
¡Excelsior!*

*«No te aventures, que el peligro es grande,
el anciano le dice con ternura;
ruge la tempestad allá en la altura
y no hallarás el vado del torrente.»
Él responde con voz firme, estridente:
¡Excelsior!
«Aguarda, ven, le dice la doncella:
descansa tu cabeza aquí en mi seno,*

que pronto el cielo quedará sereno.»
Una lágrima él siente en su pupila,
mas otra vez exclama y no vacila:
¡Excelsior!

«Cuidado con las ramas de los pinos
que caen sobre la senda de la cuesta:
la nevada ha borrado los caminos:»
tal fue el último adiós de los pastores.
Una voz desde lo alto les contesta:
¡Excelsior!

Del monte San Bernardo en el convento,
al asomar la luz del nuevo día,
las preces se mezclaban con el viento,
y en la región del águila y las nubes
una voz por los aires repetía:
¡Excelsior!

Los perros de la ermita, entre la nieve
que la cima cubrió de la montaña,
descubren un viajero sepultado
en cuya mano, que la muerte ha helado,
aún se mantiene la leyenda extraña:
¡Excelsior!

A la luz matinal, pálido, yerto,
sin vida, pero bello, allí yacía;
mas no todo con él había muerto,
pues del cielo sereno una armonía
oyóse descender, que así decía:
¡Excelsior!

Atendiendo a este magistral relato, queda en evidencia que el tránsito iniciático es también un choque entre la mediocridad y la excelencia, entre el facilismo, el mínimo esfuerzo y la adaptación a una sociedad desacralizada –por un lado– y la superación, la laboriosidad y la resistencia consciente –por otro.

El camino heroico no es para pusilánimes sino para valientes, para personas de acción, que se construyen a sí mismas mientras que colaboran activamente con la construcción de una sociedad nueva y mejor.

Salir de la mediocridad significa abandonar nuestros hábitos nocivos y aprovechar mejor el tiempo, pero también implica correr el riesgo de equivocarse, desanimarse e incluso experimentar algunos fracasos, sin olvidar que estas adversidades están ahí para ser superadas y seguir avanzando hacia el objetivo final. Alguien dijo una vez: *"Quien lo intenta una vez quizá puede fracasar, pero aquel que no lo intenta ya fracasó".*

"Un fracasado es un hombre que ha cometido un error y que no es capaz de convertirlo en experiencia". (Hubrard)

El viaje del héroe

El ascenso entusiasta hacia la excelencia que puede apreciarse en la composición de Longfellow también se observa en el viaje del héroe, estudiado con detenimiento por el Joseph Campbell a mediados del siglo pasado. Este prestigioso mitólogo, se refirió al Héroe como el "monomito" (el mito único), asegurando que los héroes de todas las culturas se basan en un modelo único e idéntico, un ARQUETIPO.

Por esto, dice Campbell que *"el camino común de la aventura mitológica del héroe es la magnificación de la fórmula representada en los ritos de iniciación: separación-iniciación-retorno, que podrían recibir el nombre de unidad nuclear del monomito",* resumiéndolo de esta manera: *"El héroe inicia su aventura desde el mundo de todos los días hacia una región de prodigios sobrenaturales, se enfrenta con fuerzas fabulosas y gana una victoria decisiva; el héroe regresa de su misteriosa aventura con la fuerza de otorgar dones a sus hermanos".* (1)

Ramiro Calle relaciona al héroe con el guerrero espiritual (en realidad, ambos son caras de una misma moneda) y señala que *"en todo guerrero espiritual residen todos los guerreros del mundo. No hay muchos yoes guerreros, sino un solo Yo. La misma energía, intención, esfuerzo y confianza en el Dharma ilumina la vida de todos los guerreros de todos los infinitos espacios".* (2)

Este modelo de un héroe o "noble viajero" que recorre un periplo desde un punto "A" tenebroso hasta un punto "B" luminoso, pasando por muchas pruebas y desafíos, es de carácter arquetípico, universal y puede encontrarse en todas las épocas y en todas las regiones del planeta, adaptándose a las diversas culturas, pero manteniendo siempre una estructura única.

Según Campbell, el viaje heroico contiene tres etapas principales:

1) Partida
2) Iniciación
3) Retorno

Esta ruta es compartida por todos los héroes clásicos y se repite en las ceremonias iniciáticas tradicionales. En la caverna del relato platónico, por ejemplo, el prisionero salía de las tinieblas (partida) alcanzaba la superficie donde conocía la Verdad (iniciación) y regresaba más tarde a la caverna para revelarles este conocimiento a sus hermanos (retorno). Del mismo modo, en la ceremonia de iniciación masónica, el candidato es aislado primeramente en un gabinete de reflexiones hasta que comienza sus viajes por los elementos (partida), a fin de recibir la luz en un recinto sagrado (iniciación), tras lo cual deberá regresar al mundo profano con una nueva perspectiva y una visión más clara (retorno).

En el esquema de la isla que hemos estudiado en los últimos capítulos, el peregrino comenzaba su viaje en la periferia del laberinto (partida), llegaba hasta el centro tras sortear una serie de pruebas, alcanzando la "Pax Triumphalis" (iniciación) y, por último, regresaba iluminado a la Tierra de las Sombras a fin de ayudar a sus hermanos sumidos en la ignorancia y la ilusión (retorno).

Estas tres instancias básicas del esquema de Campbell resumen toda la odisea heroica, pero a su vez constan de varias sub-etapas (sintetizadas en doce pasos) donde se puede analizar en detalle el carácter universal del mito.

Podemos encontrar innumerables ejemplos del monomito en las tradiciones míticas de la antigüedad (Ulises, Gilgamesh, Simbad, Hércules, Jasón, Teseo, Orfeo, Sigfrido, Parsifal, etc.) y también en tiempos modernos, ya que Hollywood descubrió un "filón"en las concepciones de Campbell, comprobando que la mayoría de las adaptaciones filmográficas del "viaje del héroe" logran una clara identificación del espectador con el protagonista, convirtiéndolas en un rotundo éxito de taquilla.

Siendo así, podemos encontrar una larga galería de héroes de la pantalla grande, a saber: Neo ("Matrix"), Luke Skywalker ("Star Wars"), Frodo Bolsón ("El señor de los anillos", basada en la obra de Tolkien), Buffy cazavampiros, Harry Potter, Jake Sully ("Avatar"), el Rey León, Dorothy ("El mago de Oz") (3), entre otros.

De acuerdo a Christopher Vogler: *"Hollywood ha detectado la utilidad y el jugo que puede extraerse del trabajo de Campbell. Algunos cineastas de la talla de George Lucas y George Miller reconocen su deuda con Campbell, y su influencia puede percibirse en las películas de Steven Spielberg, John Boorman, Francis Ford Coppola y muchos otros.*

De este modo, no es de extrañar que Hollywood haya empezado por adoptar sin reparos las ideas que Campbell exponen en su libro. Sus conceptos constituyen un conjunto de herramientas de gran versatilidad para escritores, productores, directores o diseñadores, que engloba un sólido instrumental que perfectamente se adecua al oficio de la narración de historias". (4)

A continuación realizaremos un resumen de los doce pasos del viaje del héroe, tomando como fuente principal las investigaciones de Joseph Campbell, las notas de Christopher Vogler y otros estudios similares. Cada una de las instancias la ejemplificaremos con pasajes de la cinematografía y la literatura contemporánea, para que el lector pueda identificar las etapas con personajes que le son bien conocidos.

Viaje del Héroe: la Partida

Primera etapa: El mundo ordinario
(Conciencia limitada)

El viaje heroico empieza en el mundo profano, en la cotidianeidad desacralizada, en un "mundo normal" e intrascendente, que es "anormal" para aquellos seres humanos con vocación heroica. Para las gallinas, el cautiverio en un gallinero es "normal" pero para las águilas la vida de prisión resulta insoportable.

En este mundo ordinario y secular, el héroe actúa como un profano más, con una vida superficial sin objetivos trascendentes, viviendo en forma mediocre el día a día, frustrado y resignándose a ser un mero espectador del paso del tiempo. En síntesis: es un héroe "dormido", que desconoce sus poderes innatos.

Una característica interesante de esta vivencia mundana, es que el héroe no solamente ignora su origen sino que, además, generalmente vive con sus tíos o padres adoptivos (Arturo, Luke Skywalker, Hércules, Perceval, Galahad, Dorothy, Supermán, etc.), lo que significa que –si bien vive en el mundo– él no es "de este mundo", es decir que su existencia es una alegoría espiritual o un "drama cósmico". Siendo así, el héroe-niño es un personaje sobrehumano (hijo de padres de noble cuna), que tiene que desarrollar su vida en un escenario humano, actuando fuera de su entorno natural por alguna vicisitud del destino a fin de poder probarse a sí mismo y recuperar su condición original. (véase el cuento clásico del patito feo, por ejemplo)

Esto significa que los auténticos "padres" del héroe no son de naturaleza biológica sino metafísica: el Eterno Femenino y el Eterno Masculino (Yin-Yang, Shiva-Shakti), las dos fuerzas polares que convergen en el centro (punto de origen) para generar una tercera fuerza (el andrógino).

Teniendo en cuenta este origen sobrenatural, se hace necesario que el héroe "despierte", abandone las ilusiones mundanas, desarrolle sus poderes latentes y avance finalmente hacia el centro primordial a fin de descubrir su verdadera identidad. Y, de este modo, la historia se repite: el caballero solar avanza hacia el punto central para encontrarse con su dama y generar una nueva vida.

Segunda etapa: La llamada
(Aumento de conciencia)

El héroe, viviendo en un mundo que le es ajeno pero que ha aceptado como propio, se siente insatisfecho, pero no encuentra como escapar de la carrera de la rata en la que está atrapado y que no le permite avanzar hacia ningún lado.

Inmerso en esta triste realidad, el héroe escucha un "llamado", un "chispazo" que le indica que existe una vida más plena, una realidad trascendente más allá de la gris ilusión de la cotidianeidad.

Todos los seres humanos recibimos en algún momento estos "chispazos de conciencia", que dejan en evidencia la posibilidad de alcanzar estados de conciencia más elevados. Sin embargo, al negarnos a abandonar la seguridad de la vida profana, la mayoría de las veces ignoramos las señales y volvemos a vivir la existencia dormida de siempre, nuestra propia carrera de ratas.

Los chispazos de inspiración consciente suelen aparecer en momentos excepcionales, en situaciones apremiantes, nuevas e inesperadas, momentos de dolor o de felicidad, ante estímulos fuertes e intensos, en lugares energéticos, en situaciones de conexión espiritual, etc.

En esta existencia insatisfactoria, gris y sin sobresaltos, un evento extraordinario lleva al héroe a ver su vida con otros ojos, replanteando su existencia y tratando de encontrar su propósito.

Esta "llamada a la aventura" es una invitación clara a hollar el sendero iniciático y se presenta en la vida de muchas formas: a través de un libro que nos prestan, del comentario o la invitación de un amigo, de una "coincidencia", de una situación particular, etc. El lector puede analizar su propia experiencia… ¿de qué manera supo que había "algo más" que la vida simplona y "normal" que nos ofrece la sociedad contemporánea? Por ejemplo, ¿cómo llegó usted a este momento presente y a la lectura de este libro?

La llamada suele estar ligada a un "heraldo", que muchas veces no es consciente de su papel, por ejemplo el conejo que guía a Alicia al agujero, el robot R2D2 que transmite el mensaje de Leia pidiendo ayuda, la computadora de Neo en "Matrix" donde aparece la inscripción "sigue al conejo blanco", etc.

En "El mago de Oz", la tía de Dorothy sin saberlo actúa como "heraldo" y habla a su sobrina de un lugar especial donde no ocurra nada malo, haciendo reflexionar a ésta y llevándola a cantar una de las mejores composiciones musicales de la historia del cine "Somewhere over the rainbow", donde queda en evidencia la nostalgia de un mundo luminoso más allá de la vida monótona de la granja:

"En algún lugar sobre el arcoiris
subiendo alto
hay una tierra que oí una vez
en una nana

En algún lugar sobre el arcoiris
los cielos son azul
y los sueños que te atreves a soñar
realmente se hacen realidad

Un día le desearé a una estrella
y haré levantar las nubes a mi espalda
Donde los problemas se escurren como gotas de limón
mas allá de la cima de las chimeneas
allí es donde me podrás encontrar"

Tercera etapa: Rechazo de la llamada
(Resistencia a la transformación)

Aunque el héroe sienta un ímpetu interior que lo empuje hacia la aventura, no es fácil para él abandonar inmediatamente el mundo conocido. Luke Skywalker y Dorothy, por ejemplo, se niegan en una primera instancia a dejar a sus tíos, al mismo tiempo que la joven Buffy Summers rechaza convertirse en la "elegida", en la serie "Buffy the Vampire Slayer".

Lamentablemente, la mayoría de las personas (¡y la mayoría de los espiritualistas!) viven en el "loop" llamada-rechazo de la llamada, una y otra vez, como la púa de un viejo disco de vinilo rayado, sin atreverse a DAR EL PASO, sin arriesgarse a cruzar el Rubicón. Al leer libros inspiradores o tener experiencias removedoras, los buscadores se dicen a sí mismos: "¡Ahora sí!", pero al pretender "cambiar sin cambiar" no logran modificar mayormente su vida, resignándose a adoptar un mero "barniz espiritual". Este es el "loop" al que nos referimos: llamada-rechazo de llamada.

No obstante, las indicaciones de los Maestros son muy claras. Cuando un discípulo le dijo a Cristo que antes de seguirlo debía *"enterrar a su padre"*, el Maestro le replicó, diciéndole: *"Sígueme, y deja que los muertos entierren a sus muertos"*. (Mateo 8:22)

La máxima iniciática "¡Atrévete!" (o "Inténtalo", como le escribía en muchas de sus cartas el Maestro Kout-Houmi a Alfred Sinnet) se contrapone a la máxima burguesa, convertida en el leit-motiv de la sociedad de consumo: "Seguridad ante todo".

Nadie que busque "seguridad ante todo" podrá aventurarse demasiado en el sendero, pues éste IMPLICA RIESGOS. Nadie puede matar dragones limitándose a poner "me gusta" en Facebook.

Sin embargo, como la vida hueca y comodona (aún con todo el confort que ofrece el mercado) puede llegar a ser tediosa, el profano trata de engañarse a si mismo, intentando que los placeres y las emociones fuertes lo lleven a la felicidad por un "atajo". Ni el placer ni el confort son malos en sí mismos, pero la absurda creencia que la satisfacción de nuestros deseos puede brindarnos la felicidad nos llevará a un callejón sin salida, pues el deseo nunca puede ser satisfecho plenamente, al mismo tiempo que la mente de deseos siempre encontrará elaboradas excusas para que permanezcamos en la inercia del mundo ordinario.

Para entender este "rechazo" a la llamada, debemos comprender también la naturaleza del miedo, sobre todo de los primeros temores que aparecen en el sendero: miedo al "qué dirán", el miedo a fracasar y el miedo a abandonar la seguridad de la vida "normal" (recordemos uno de los axiomas más limitantes que se conocen: "más vale malo conocido que bueno por conocer").

En el esquema de nuestra isla, el miedo es representado por un caballero negro, que aparece periódicamente para llenarnos la cabeza de dudas: "¿Y si estás errado?", "¿Y si todo esto es mentira?", "¿Para qué te complicas?", tentándonos una y otra vez, e intentando que abandonemos nuestra aventura y que volvamos a la seguridad del rebaño.

Cuarta Etapa: Encuentro con el mentor (Ayuda sobrenatural)

En este momento de duda, el peregrino necesitará ayuda para avanzar hacia el inicio del sendero y este auxilio llega por medio de un mentor, un Maestro (Merlín, Gandalf, Obi-wan Kenobi, Morpheo, Miyagi, etc.), que complementa al héroe a través del vínculo tradicional de Maestro-discípulo, y cumpliendo con el axioma hermético: *"Cuando los oídos del discípulo están preparados para oír, entonces vienen los labios para llenarlos de sabiduría".*

Etimológicamente la palabra "Maestro" proviene del latín "Magister" (Magis=más y Stare=parado) y significa "el que está parado más alto", haciendo referencia a una persona de naturaleza superior.

El Guía conoce minuciosamente el camino que el discípulo va a transitar porque él mismo ya lo ha recorrido. Sabe los desafíos que esperan al héroe y está al tanto de cómo pueden ser sorteados. Como tiene mucha experiencia y conocimiento (muchas veces aparece como un anciano barbado, un hada madrina o una viejecita), entrena con dedicación al joven aspirante y le enseña lo necesario para que éste pueda caminar por sí solo. No obstante, la instrucción nunca puede ser exhaustiva, ya que el mentor espera que el héroe despierte y "recuerde" lo que ya sabe y que tome conciencia de su verdadera naturaleza.

Este punto es importante: todo Maestro "externo" (upa-guru) es válido en la medida que lleve al discípulo al descubrimiento de su verdadero Maestro, que es interno (sat-guru). Por esta razón, el mentor es también un educador, porque no agrega nada nuevo sino que logra que el héroe "saque hacia afuera" lo que ya tiene. Esa es, pues, la concepción primigenia de "educación": educir, "sacar desde adentro".

El Maestro muchas veces porta un elemento sobrenatural o una herramienta mágica, que entrega al aspirante para que lo acompañe en el sendero que va a emprender (un talismán, un anillo, una espada, una varita, etc.). En "Star Wars", Luke recibió una espada de luz que perteneció a su padre y que lo liga a la Orden de Caballeros Jedi. En "El Mago de Oz", Glenda entregó a Dorothy unas zapatillas mágicas que la ayudarán a regresar a su casa, mientras que en las aventuras de Harry Potter la herramienta asombrosa es la varita de saúco, que llegó al joven mago a través de Albus Dumbledore.

En el esquema simbólico que hemos estudiado en los últimos capítulos, el guía fue mostrado como un barquero, un experimentado marino que conoce los peligros del mar y que ayuda al héroe a dejar atrás la Tierra de las Sombras.

En la vida cotidiana el maestro puede ser una persona, pero también puede aparecer en forma de una escuela filosófica, una orden iniciática, una corriente espiritual, etc.

De acuerdo con Joseph Campbell: *"La llamada, de hecho, ha sido el primer anuncio de la aproximación de este sacerdote iniciador. Pero aun a aquellos que han endurecido sus corazones aparentemente, puede venir el guardián sobrenatural"*. (5)

Quinta etapa: El cruce del umbral
(Dar el paso)

El cruce del umbral es un salto metanóico, el traspaso del Rubicón, un paso necesario hacia la transformación. Para el héroe, este umbral marca la división entre el mundo conocido y el mundo desconocido. Con este pasaje hacia lo inexplorado, el caminante se separa de su viejo mundo para introducirse en una nueva realidad que contrasta vívidamente con la anterior, donde rigen otras reglas que la mayoría de las veces son antagónicas a las del mundo profano.

Al atravesar este primer portal, el caminante ignora con deliberadamente la desmotivante recomendación "Non plus ultra" o "Non Terrae Plus Ultra" ("No existe tierra más allá") del mundo secular, que en el pasado advertía a los navegantes para que no se atrevieran a surcar el Océano hacia la "Terra Incógnita". En sus mapas, los cartógrafos dibujaban serpientes y otros monstruos en estas aguas misteriosas, e incluso anotaban cuidadosamente: "hic sunt dracones" ("Aquí hay dragones", véase Globo de Hunt-Lenox, 1503–07) para advertir a los osados que desistieran de su intento.

No obstante, contraviniendo estas advertencias y las palabras de malos consejeros que intentan hacerlo desistir, el héroe decide acudir al llamado y dar el primer paso, aún sabiendo que más allá del umbral encontrará peligrosos obstáculos.

El portal de este mundo especial muchas veces está custodiado por un guardián que intenta mantener alejados a los indignos.

En varias producciones cinematográficas donde se reproduce el "viaje del héroe", el ingreso a este mundo mágico es muy recordado. Por ejemplo, cuando Harry Potter logra traspasar mágicamente el muro de la estación de King's Cross que lo lleva al andén 9 3/4 para abordar el Expreso a Hogwarts, o cuando −en "El mago de Oz"− Dorothy atraviesa una puerta que la lleva de su mundo cotidiano en blanco y negro a una realidad más luminosa (y en Technicolor) en el fantástico mundo de Oz.

Es bien conocido el diálogo del umbral en el film "Matrix" en el cual Morpheo ofrece dos pastillas a Neo:

"Si tomas la pastilla azul fin de la historia. Despertarás en tu cama y creerás lo que quieras creerte. Si tomas la roja, te quedas en el País de las Maravillas y yo te enseñaré hasta dónde llega la madriguera de conejos. Recuerda lo único que te ofrezco es la verdad. Nada más". (6)

Viaje del Héroe: la Iniciación

Sexta etapa: Comienzan las pruebas (Experimentación)

Al traspasar el umbral, el héroe se encuentra con aliados y compañeros de aventuras, que lo acompañan en su búsqueda y lo auxilian en el franqueo de los múltiples obstáculos del recorrido. En ocasiones conforma con ellos una sociedad de camaradas (ejemplo: la Comunidad del anillo, los argonautas, Dorothy y sus compañeros en el sendero amarillo, la Casa Gryffindor, etc.).

En esta nueva realidad, las pruebas no se hacen esperar y aparecen en escena diversos personajes hostiles, los peligrosos antagonistas del héroe en forma de dragones, monstruos, animales poderosos o hechiceros, que serán los encargados de colocar los primeros obstáculos al noble caminante, los cuales son necesarios para que éste pueda foguearse antes de la prueba final.

La mayoría de las veces el héroe no se enfrenta directamente a su principal enemigo, sino que éste envía a algunos de sus súbditos para que intenten entorpecer el avance del aventurero y debilitarlo para el combate final.

Séptima etapa: Acercamiento a la cueva secreta (Preparación para la batalla)

Tras sortear los diversos obstáculos que le colocan sus enemigos, el héroe logra avanzar hacia la guarida del enemigo, hacia un lugar donde claramente está en desventaja: la "boca del lobo" (por ejemplo, Frodo Bolsón y Samsagaz Gamyi en el Monte del Destino). Sin embargo, gracias a su fuerza de voluntad, a su habilidad en el uso de sus herramientas mágicas y a la aplicación práctica de los consejos de su mentor, el valiente peregrino logra abrirse camino hábilmente hasta el sitio preciso donde deberá librarse el combate final.

En esta etapa se multiplican las tentaciones y las contrariedades del camino, representadas en el Tarot con la carta de la Luna, la noche oscura. Es el momento protaónico del Caballero Negro (el miedo), que utiliza todos sus recursos y tretas para que el héroe se desanime, baje los brazos y abandone la lucha.

Si el héroe logra superar estas enormes pruebas mentales, desoyendo las sugerencias del Caballero Negro, podrá finalmente arribar al lugar donde se esconde el elemento central de su búsqueda (el Grial, el vellocino, la dama dormida, etc.).

Este lugar es representado, muchas veces, en la forma de una caverna, un recinto cerrado y tenebroso que funciona como el cuartel general de su principal enemigo. Esta cueva oscura significa que el viaje del héroe nos lleva a lo más profundo de nuestro ser (V.I.T.R.I.O.L.), donde debemos hacer frente a la prueba final, aquella que nos permitirá alcanzar el estado olímpico y lograr la "pax triumphalis".

Este es un excelente momento para reunir fuerzas, trazar un plan de asalto y conocer mejor al enemigo que vamos a enfrentar, detectando sus contradicciones y puntos débiles. Verdaderamente, si no comprendemos la naturaleza de nuestro oponente y sus maniobras, no podremos derrotarlo, por eso es de capital importancia que todos nosotros conozcamos las tretas del Ego y sus estrategias para doblegarnos.

Para la acometida final, el héroe necesitará de todas sus reservas de energía, por lo cual esta instancia deberá ser aprovechada para curar las heridas, prepararse psicológicamente para la prueba, concentrarse en el objetivo final y revisar una vez más las motivaciones del avance.

En "El Señor de los Anillos" este momento está relatado magníficamente por J.R.R. Tolkien, quien nos muestra al héroe Frodo Bolsón acompañado por Sam enfrentado a Ella-Laraña, quien actúa como Guardián de este segundo umbral. Del mismo modo, Luke logra colarse en la "Estrella de la muerte" que funciona como un gigantesco laberinto espacial para llegar hasta su oscuro contrincante, Darth Vader.

Octava etapa: La prueba suprema
(La batalla final)

Al llegar a los dominios sombríos de su gran enemigo, el héroe es consciente de la desventaja que supone combatir en este lugar extraño (la "Estrella de la muerte" en "Star Wars", la morada de la bruja en "El mago de Oz", etc.).

En esta batalla final y decisiva, el héroe suele descubrir una verdad oculta, que lo liga de alguna manera a su enemigo. Por ejemplo, Harry Potter comprueba que su varita está hermanada indisolublemente con la de Voldemort y ambas rehúsan a atacarse entre sí, causando el Priori Incantatem. Luke Skywalker, por su parte, descubre que Darth Vader es su padre y Frodo se coloca el anillo convirtiéndose por unos momentos en un nuevo señor oscuro.

Recordemos que en el centro se resuelven todas las contradicciones a través de la "armonía de los opuestos" o "coincidentia oppositorum", que los antiguos llamaban también "concordia discors", es decir, la unión de lo discorde. En el caduceo del dios Mercurio es una representación clara de esta reunión de los opuestos, ya que muestra a dos serpientes belicosas que dejan a un lado su disputa para reunirse armónicamente en torno a la poderosa vara.

El axioma tradicional "Demon est Deus inversus" ("El demonio es Dios invertido") representa esta idea, al igual que el símbolo del

"Tikkun Olam" presentado por Eliphas Lévi en sus obras. De acuerdo con la Cábala, el Universo está literalmente "quebrado" y necesita ser reparado, por lo cual los judíos enseñan la práctica de la ley religiosa (halajá) y el cumplimiento de los preceptos (mitzvot) para poder "reparar lo quebrado" a través de sus acciones. Esto es "Tikkun Olam" y a través de esta "recta acción" se llega a un mundo nuevo (Olam Habah). (7)

Este concepto de restauración y del regreso a un orden cósmico primordial está hermanado con la idea del propósito de vida (Dharma) que debe ser encontrado por cada uno de los seres humanos, para que la comunidad humana en su conjunto encuentre también su propósito. Esta es otra manera de explicar el tránsito de la oscuridad a la luz, de la anarquía al orden, del caos al cosmos, de la destrucción de lo viejo para la construcción de lo nuevo.

Cuando el héroe logra completar su misión, el universo todo se conmueve y pueden sucederse cambios evidentes en el entorno geográfico (la llegada de la primavera, temblores, etc.). En las aventuras de

la Tierra Media, cuando el hobbit Frodo arroja el anillo en una grieta de la montaña del destino, derrota para siempre a Sauron y causa al mismo tiempo una serie de terremotos, erupciones y catástrofes que destruyen Mordor.

Novena etapa: Recompensa
(Iniciación-iluminación)

En este momento de alegría, en este fabuloso "retorno de la primavera" que llega tras la victoria (magníficamente presentado en el film "La Bella Durmiente" de Walt Disney), el héroe recoge su recompensa, el elixir o el tesoro que motivó su aventura, y el poder de este objeto milagroso disuelve milagrosamente los últimos vestigios del "viejo hombre" para que nazca inmaculado un "Hombre Nuevo", portador de la antorcha del conomiento sagrado.

El tesoro conquistado simboliza la fuerza transformadora del sol y el héroe es consciente que ese poder no es para él, sino que debe ofrecerlo a la humanidad sufriente, del mismo modo que Prometeo entregó el fuego a los hombres. Siendo así, tras haber alcanzado la cima, el noble viajero planifica el regreso a la Tierra de las Sombras, a fin de compartir altruistamente su logro con los demás.

La recompensa puede tener la forma de una espada flamígera, un bastón de mando, la cabeza de un enemigo (por ejemplo, la testa de la Medusa cercenada por Perseo), el Santo Grial, el vellocino de oro, el tesoro de los Nibelungos, la perla perdida o un simple beso de una dama cautiva.

Viaje del Héroe: el Retorno

Décima etapa: Camino de regreso

Regresar a casa implica recorrer el camino al revés, traspasando en primera instancia un Tercer Umbral (el que lleva al héroe a su hogar) y volviendo a cruzar los sitios donde sus enemigos han sido vencidos. La sangre seca de los dragones y los cadáveres putrefactos de sus oponentes recuerdan al héroe la magnitud de su gesta.

Esta senda de retorno es transitada por un ser transformado, portador de la misma luz que el Héroe Primordial, aquel que descubrió que en el centro del laberinto su doble hacha se había transformado en una antorcha.

Este ser humano renovado, consciente y luminoso, sin velos en sus ojos, es el testimonio viviente de los estados de conciencia superiores, la evidencia viva de una existencia plena más allá de las ilusiones del mundo profano.

Este Hombre Nuevo, heraldo de la Luz, de la Vida y el Amor, debe regresar a su "viejo mundo" y mirarlo a la luz de su nueva vida, con una mirada clara que le permitirá apreciar el mundo más allá de lo evidente.

Undécima etapa: Resurrección

El héroe emerge del mundo sagrado totalmente purificado y sus viejos coterráneos lo reciben con sorpresa, notando que el recién llegado no es la misma persona que abandonó ese mismo lugar algún tiempo antes. En cierta forma, el héroe ha muerto al mundo sagrado para volver a nacer en el mundo profano.

Muchas veces, el héroe regresa a su viejo mundo y comprueba que el tiempo cronológico (Cronos) no ha transcurrido y que su aventura se desarrolló en "otro tiempo" (Kairos), evidenciando que toda aventura espiritual se vincula a un tiempo y un espacio diferentes, ambos de naturaleza sagrada.

Este renacimiento del héroe es el mismo que los peregrinos experimentan al final del Camino de Santiago, cuando queman sus ropas del "hombre viejo" para que –de sus restos aún humeantes– nazca un "Hombre Nuevo". Muchas veces este nuevo nacimiento va acompañado de la adopción de un nuevo nombre, que es diferente al nombre con el que fue bautizado, y que está más en consonancia con la misión que el héroe ha aceptado.

En una escena significativa del Antiguo Testamento, Jacob recibe un "nuevo nombre": *"Cuando Jacob regresó de Padán Aram, Dios se le apareció otra vez y lo bendijo con estas palabras: «Tu nombre es Jacob, pero ya no te llamarás así. De aquí en adelante te llamarás Israel.» Y, en efecto, ese fue el nombre que le puso. (…)*

Jacob erigió una estela de piedra en el lugar donde Dios le había hablado. Vertió sobre ella una libación, y la ungió con aceite, y al lugar donde Dios le había hablado lo llamó Betel [Casa de Dios]". (Génesis 35:9-15)

Un cambio de nombre implica una nueva identidad, una nueva misión con nuevos desafíos. Por esta razón en las órdenes monacales, tanto de Oriente y Occidente, sigue siendo usual la adopción de un nuevo nombre ("nomen mysticum") cuando el candidato es ordenado, al igual que al convertirse al Islam o en algunas ceremonias iniciáticas rosacruces, martinistas, masónicas y hermetistas.

> *"Al que salga vencedor le daré del maná escondido, y le daré también una piedrecita blanca en la que está escrito un nombre nuevo que sólo conoce el que lo recibe"* (Apocalipsis 2:17)

Muchos héroes cinematográficos también experimentan esta muerte y resurrección: en la saga "Matrix", Neo muere trágicamente pero es resucitado poco después por un beso amoroso de Trinity, mientras que, en "El Mago de Oz", Dorothy vuelve a la vida en la granja de Kansas y su tío no tarda en admitir que todos pensaron que estaba muerta.

Duodécima etapa: Maestro de dos mundos
(Una nueva misión)

Al vencer en la batalla final y volver a casa con el elixir, el héroe se convierte en Maestro de dos mundos, dominador tanto del mundo profano como del mundo sagrado. Es, por lo tanto, un iniciado en los misterios menores (Arte Real) y en los Misterios Mayores (Arte Sacerdotal), el portador de las dos llaves de Jano: la de plata y la de oro. También puede concebirse al héroe portando una corona de laurel en su cabeza (símbolo del rey vencedor) y un bastón de mando en su mano (símbolo del hierofante).

A partir de este regreso glorioso, que es la culminación de una formidable gesta heroica, el peregrino vivirá una existencia iluminada al servicio de toda la humanidad, ayudando a todos aquellos que deseen escucharle, para que inicien su propia peregrinación al centro del laberinto. Y de este modo, el ciclo se cierra, pues el Héroe se ha convertido en mentor de un nuevo Héroe que comienza a despertar.

A diferencia de sus vivencias en el mundo ordinario de la primera etapa, el héroe ahora posee CLARIDAD, y por eso logra una reconciliación entre lo interno y lo externo. De este modo, todas las relaciones personales que tenga a partir de este momento (amigos, compañeros, allegados, etc.) estarán iluminadas por la luz de la conciencia.

Como en el mundo profano lo bueno es tomado como malo y lo vicioso como virtuoso, es posible que el héroe sea rechazado por la muchedumbre que no tiene intenciones de despertar de su letargo ni abandonar la carrera de la rata. Este mundo "patas para arriba" nos recuerda a la sociedad distópica de la novela "1984" de George Orwell, donde el gobierno del Ingsoc tenía como lema: *"La guerra es paz, la libertad es esclavitud, la ignorancia es la fuerza"*. (8)

Teniendo en cuenta esta situación de caos, confusión y desintegración, el héroe debe convertirse en "restaurador", en el líder de una revolución redentora hacia la reconstrucción de la sociedad primordial y el restablecimiento del orden perdido: la reparación de lo quebrado: Tikkun Olam.

Joseph Campbell también es de esta idea y señala que el héroe está *"explícitamente comisionado a regresar al mundo con algún elixir para la restauración de la sociedad"* (9), para impulsar una nueva grandeza colectiva.

Notas sobre el camino heroico

"Más importante que conquistar a mil guerreros en mil batallas diferentes es la conquista de uno mismo". (Dhammapada)

El viaje del héroe representa la esperanza de una victoria que obtendra cada uno de los seres humanos tarde o temprano. El monomito anima a todos aquellos que día tras día se esfuerzan por avanzar en el difícil sendero del filo de la navaja y vencer en las batallas cotidianas.

"Conócete a ti mismo", nos dijeron los antiguos, pero los Maestros de Sabiduría complementaron esta recomendación con otra: *"Véncete a ti mismo"*. *"¡Yérguete y pelea, Arjuna!"*, dijo el señor Krishna en el campo de Kurukshetra a su dubitativo discípulo, siendo éste (Arjuna) el héroe timorato que no se decidía a dar el paso.

En realidad, todos nosotros SOMOS ARJUNA. Las dudas y las cavilaciones del antiguo héroe indo, con su carro estacionado entre los dos ejércitos, son las mismas que cada uno de nosotros tiene en el presente.

Solamente aquel que se atreve a superar sus limitaciones puede reclamar su herencia divina o su trono místico, la realeza trascendente que se obtiene en el centro del laberinto. Por esta razón, el Chandogya Upanishad habla de alcanzar la victoria y de convertirse en "svaraj" o "rey de sí mismo" (raj=rey y sva=uno mismo).

Antonio Medrano se refiere a esta instancia y explica que *"el hombre se convierte en rey de sí mismo y rey del mundo; recupera su dignidad de Rey de la Creación. Vuelve a reconquistar la majestad que Adán perdió al ser engañado y derrotado por la serpiente"*. (10)

"El guerrero espiritual se sirve de la cotidianidad, la vida social, las rutinas diarias, las ocupaciones vitales, el trabajo, el ocio, la amistad y el amor para potenciar sus energías y reorientarlas hacia lo Inmenso".

(Ramiro Calle)

El camuflaje

Según Mircea Eliade: *"El cinematógrafo encierra aún esa enorme posibilidad de narrar un mito y de camuflarlo maravillosamente, no sólo en lo profano, sino incluso en cosas casi degradadas o degradantes. El arte del cinematógrafo trabaja tan estupendamente con el símbolo que incluso éste no llega a verse, pero se le presiente enseguida."* (11)

Más allá del cine y de la literatura de nuestra época, es bien sabido que los hermetistas de todos los tiempos escondieron y camuflaron las enseñanzas sagradas en cuentos infantiles, juegos, refranes y otros ingenios que, observados superficialmente, no parecen contener ningún tipo de mensaje, y que –por su presentación inocente– han logrado sobrevivir durante muchas generaciones como "cápsulas espacio-temporales" transportando y conservando en su interior un mensaje filosófico perenne.

Un ejemplo evidente son las cartas del tarot, pero también podemos encontrar evidencias de las doctrinas arcaicas en algunos juegos callejeros como la rayuela, y sobre todo en divertimentos de tablero como el ajedrez, el Go, el juego de la oca, el parchís (ludo), el patolli azteca, etc.

En el juego de la oca, el jugador representa a un peregrino que avanza hacia el jardín de las ocas (última casilla) donde se alcanza la victoria. En este pasatiempo tradicional confluyen elementos celtas, templarios, alquímicos, cristianos, grecorromanos y, más que nada, de la Tradición Unánime heredada de Egipto, Atlántida e Hiperbórea.

La oca es un ave sagrada que camina por la Tierra, nada por el Agua, vuela por el Aire y busca el calor del sol (Fuego). Su color blanco nos indica su pureza y su pata posee la misma forma geométrica de la runa "algiz" que representa el pasaje de la oscuridad a la luz, la peregrinación en sí misma.

Esta pata de tres dedos unidos por una membrana nos recuerda al Triple Logos o la Trinidad. En el camino de Santiago –relacionado directamente al juego de la oca– aparece este símbolo en varios lugares, pero es especialmente interesante el Cristo de Puente de la Reina (Navarra) donde aparece el salvador crucificado en una pata de oca. Vale destacar que existen –al menos– cuatro posturas corporales litúrgicas asociadas al tránsito en el sendero y la runa "algiz" es una de ellas (véase el apéndice de este capítulo).

Numéricamente, la espiral del juego de la oca tiene 63 casillas más una, esto es: 6+3=9, y el nueve un número que nos refiere al fin de un ciclo. Sobre esto, señala Chevalier: *"Por ser el nueve el último de la serie de las cifras, anuncia a la vez un fin y un nuevo comienzo, es decir, una transposición a un nuevo plano. Se encontraría aquí la idea de nuevo nacimiento y germinación, al mismo tiempo que la de la muerte. (…) Expresa el fin de un ciclo, el término de una carrera, el cierre del anillo"*. (12)

Pero el verdadero final del juego está en la casilla 64, el jardín de las ocas. Si realizamos la reducción teosófica, esta casilla nos lleva a la siguiente operación: 6+4=10, o sea 1+0=1 (la unidad escondida en la diversidad). Este es el mismo número que aparece escondido en la aparente dualidad del tablero del ajedrez, en el caupur (antecente histórico del parchís de la India) y de los hexagramas del I Ching. Llegar al jardín de las ocas es retornar a la unidad primordial.

Se cuenta que los constructores medievales o "jars" (protegidos por los Caballeros Templarios) denominaron al camino de Santiago en su faceta iniciática "Camino de las Ocas Salvajes" o de los "jars libres".

"El juego de la Oca es el laberinto popular del Arte Sagrado y compendio de los principales jeroglíficos de la Gran Obra". (Fulcanelli)

IL GIOCO DELL'OCA

TIRA
IL 63 GIOCO

Arriba: Disco de Phaistos. Abajo: El patolli de los pueblos originarios
de Mesoamérica. A la derecha: El juego de la oca tradicional.

Al intentar rastrear los orígenes del enigmático juego de la oca, podemos encontrarnos con un interesante antecedente en la tradición griega: el disco de Phaistos. Este objeto circular de arcilla fue descubierto en el año 1908 en la ruinas del Palacio de Phaistos, en Creta. Posee dos caras grabadas con 30 y 31 casillas, donde aparecen diversos dibujos.

El disco de Phaistos es, evidentemente, un juego de tablero antiguo y se fundamenta en la misma idea que el juego de la oca: avanzar hacia el centro superando diversos obstáculos.

Pero este disco no es el único antecedente de la oca. En Egipto podemos hallar un juego circular llamado "mehen", el cual habría sido heredado de la tradición sapiencial de los atlantes. Una de sus representaciones más antiguas fue hallada en Saqqara, en la tumba de Hesy. La forma del tablero también es espiralada y consiste un recorrido desde la periferia al centro.

En la tradición de la India, este "viaje al centro" o peregrinación lúdica está presente a través del "parchís" o "pachisi", conocido en varios países de Latinoamérica como "ludo". Existen varias versiones de este popular juego de tablero pero en todos los casos se trata de un viaje hacia un punto central donde se alcanza el triunfo, mientras los otros jugadores se convierten en obstáculos y "comen" nuestras fichas para que volvamos a nacer e intentar alcanzar la liberación en el centro del tablero.

Es interesantísima la similitud entre los tableros cruciformes del pachisi indo y el patolli mesoamericano, jugado por los teotihuacanos, los toltecas, los aztecas y los mayas. Como bien señala Federico González: *"El patolli fue prohibido durante la conquista por considerárselo peligroso, idolátrico y pagano, y a los jugadores que eran sorprendidos practicándolo se les quemaban las manos, tal la importancia que el poder cristiano otorgaba a este juego y entretenimiento cosmológico de origen sagrado con el que los indígenas se identificaban"*. (13)

El tema del viaje del héroe es vastísimo y sólo hemos indicado algunos aspectos generales, para que el estudiante pueda mirar con otros ojos las películas de aventuras, los cuentos infantiles, los juegos populares, pero sobre todo que pueda identificarse con el arquetipo del Héroe y que se decida a emprender un viaje de transformación para alcanzar el estado olímpico.

Apéndice: Las posturas litúrgicas

Existen una serie de posturas ceremoniales del cuerpo humano relacionadas con el simbólico avance en el sendero, las cuales aparecen en diferentes instancias litúrgicas de Oriente y Occidente.

En la tradición de la Rosa y la Cruz, el discípulo imita corporalmente al Cristo adoptando la postura de la cruz para que nazca la rosa, atendiendo a la antigua divisa de los rosacruces: "Que la rosa florezca en tu cruz". En los viejos cánticos de la Orden, esto se cantaba en latín: "Ad Rosam per Crucem, Ad Crucem per Rosam" ("A la rosa por la cruz, a la cruz por la rosa").

San Anastasio Sinaíta observó que *"el hombre está hecho a imagen y semejanza de una cruz: Homo ad forman Crucis habet imaginem. El hombre con los brazos abiertos forma la señal de la cruz; para que entendiese el hombre en forma de cruz hecho, que había de ser por la santa cruz redimido".* (14) Esta posición cruciforme marca la ASPIRACIÓN del discípulo por seguir los pasos de su Maestro, o bien para alcanzar la Iniciación.

La postura corporal litúrgica que sigue a la cruz es la estrella, en la cual el candidato debe extender sus extremidades imitando la forma de una estrella de cinco puntas, evidenciando que ha alcanzado la regeneración o la quinta iniciación, pues finalmente ha logrado trasponer la puerta del templo. Esta posición marca la REALIZACIÓN y evidencia la iluminación de la conciencia.

Estas posturas rituales suelen ser precedidas por otras llamadas "de súplica" donde generalmente el candidato coloca ambas manos en el corazón mirando humildemente hacia el suelo o bien realizando el mudra de súplica (anjali) con la mirada al frente.

Un conocido grabado nos muestra las dos posturas anteriormente señaladas: estamos hablando del "hombre de Vitruvio", dibujado por Leonardo Da Vinci hacia 1490 y que —además de contener ciertas claves de la geometría sagrada— nos muestra en una sola imagen el pasaje del aspirantazgo (aspiración) al Adeptado (realización). Entre la aspiración y la realización hay una "tercera postura" que representa el tránsito de la oscuridad a la luz, la peregrinación, simbolizada por la "pata de oca", la Runa Algiz. (15)

Siendo así, tenemos cuatro posturas corporales litúrgicas básicas asociadas al Sendero:

a) Súplica: de pie, con las manos sobre el corazón haciendo el mudra "anjali". (En la Tierra de las Sombras, buscador)

b) Aspiración: de pie, con los brazos en forma de cruz. (Punto de partida de la peregrinación, aspirantazgo)

c) Tránsito: de pie, con los brazos en forma de "V", la runa "algiz". (Realizando la peregrinación. Probacionismo y discipulado)

d) Estrella: Brazos extendidos en forma de "V" y piernas abiertas en forma de "A". (Fin de la peregrinación, victoria en lo alto de la montaña o el centro del laberinto. Adeptado)

En algunas escuelas, la estrella es suplantada por la runa "sieg" (victoria), la cual, según Antonio Medrano: *Es la runa victoriosa y triunfal por excelencia [y] ante todo, es la runa del Sol".* (16)

Súplica   Aspiración   Peregrinación   Realización

TERCERA PARTE

MARCO VIVENCIAL

Capítulo XI
Estrategia y Táctica

"Los espartanos no preguntaban cuántos eran los enemigos sino dónde estaban" (Agis II)

Las cuatro áreas

El noble viajero que dirige sus pasos hacia el centro sagrado es también un combatiente, un guerrero de la luz, y su guerra es la misma que libró Arjuna en el campo de Kurukshetra en pos de la conquista de la ciudad de la Sabiduría, Hastinapura. Por esta razón podemos considerar al Bhagavad Gita no sólo como una monumental obra espiritual sino también como un tratado militar, donde se exponen estrategias, tácticas y técnicas para lograr una sólida victoria ante nuestros enemigos interiores, simbolizados por el ejército kurú.

Teniendo en cuenta esta idea, podremos concebir el combate contra los dragones (es decir, el Ego cuatriforme) como una conflagración de carácter individual, para lo cual debemos recurrir a conceptos y términos del ámbito marcial, los cuales suelen dividirse en cuatro áreas:

a) Área simbólica
b) Área estratégica
c) Área técnica
d) Área táctica

Para auxiliarnos en esta desafiante empresa, recomendamos la utilización de un excelente manual clásico de Oriente titulado "El arte de la guerra", escrito por el filósofo chino Sun Tzu (circa 544 a.C.-496 a.C.), en el cual podremos encontrar la inspiración necesaria para afrontar nuestra propia guerra santa.

Recordemos que desde una perspectiva espiritual, la guerra no debe entenderse como una contienda fratricida y sangrienta sino como la superación de nuestros aspectos negativos, la gloriosa victoria del virtuoso Hombre Nuevo ("neos anthropos") frente al vicioso hombre viejo ("palaios anthropos").

a) Área simbólica

Etimología de la palabra "símbolo": del latín "symbolum" y éste del griego "sim-ballei", aquello que congrega, une, reintegra. Es interesante tener en cuenta que "sim-ballein" (unión) es el contrario de "dia-ballein" (separación), de donde se origina la palabra "dia-bolo" (diablo).

La concepción general del laberinto, el eje del mundo, el héroe, la espada, los dragones y todos los elementos contenidos en la Isla de los Iniciados forman parte de un marco simbólico donde el protagonista es el propio estudiante, que –en primera instancia– deberá identificarse con el arquetipo heroico, para posteriormente encarnar al héroe.

Esta área está vinculada con la noción de "mito" que –para la filosofía iniciática– es diametralmente opuesta a la que tienen los profanos sobre este término (1). Por esta razón, la Isla de los Iniciados puede ser situada "en otro tiempo" y "en otro espacio" que está aquí y ahora con nosotros, pero que es imperceptible para aquellos que no pueden ver más allá de lo evidente.

Si desconocemos el arquetipo heroico no será posible encarnarlo en nuestra vida diaria. De ahí la importancia de conocer en detalle el monomito, no como si fuera una vieja historia, lejana y fantasiosa, sino reconociéndolo en nuestra verdadera naturaleza, esperando el momento propicio para manifestarse.

b) Área estratégica

Etimología de la palabra "estrategia": del griego "strategos", dirigir ejércitos.

La estrategia es un programa que se confecciona analizando una situación específica para alcanzar un objetivo puntual. De acuerdo con Jacquinot de Presle: *"La estrategia es el arte de trazar un plan de campaña y de dirigir un ejército, algunas veces a grandes distancias, sobre los puntos decisivos del teatro de guerra".* (2)

Debemos aclarar que la estrategia no está circunscrita tan sólo al arte bélico, sino que es utilizada en muchos ámbitos del quehacer humano como el deporte, la economía, la política, la diplomacia, etc.

Al trazar nuestra estrategia personal deberíamos poder contestar estas tres preguntas (y anotarlas en nuestra Bitácora):

¿Cuáles son mis fortalezas? (Descripción del héroe, sus aptitudes y sus habilidades)

¿A qué nos enfrentamos? (Descripción del dragón, sus venenos y sus artimañas)

¿En qué condiciones será la batalla? (Descripción del campo de batalla, el entorno donde se desarrollará el combate, los aliados, etc.)

A fin de diseñar una estrategia sólida, podemos trabajar en una primera instancia en la conocida matriz FODA (Fortalezas, Oportunidades, Debilidades y Amenazas, la cual estudiaremos en detalle en "Propósito y Proyecto") para conocer nuestros puntos fuertes y débiles, tratando luego de identificar los múltiples venenos del dragón, a fin de poder contrarrestarlos con los correspondientes antídotos.

Sun Tzu, en "El arte de la guerra" señala que: *Si conoces a los demás y te conoces a ti mismo, ni en cien batallas correrás peligro; si no conoces a los demás, pero te conoces a ti mismo, perderás una batalla y ganarás otra; si no conoces a los demás ni te conoces a ti mismo, correrás peligro en cada batalla*. (3)

A través de una prolija planificación estratégica tendremos un pantallazo general de toda la campaña, el campo de batalla y las posibilidades de usar diferentes tácticas para alcanzar el triunfo.

c) Área técnica

Etimología de la palabra "técnica": del griego "tekhne" (hacer) y se refiere a la destreza y habilidad para ejecutar eficientemente un oficio. Según la Real Academia española, es *"el conjunto de procedimientos y recursos de que se sirve una ciencia o un arte"*.

El área técnica contiene todos los ejercicios y prácticas que debemos realizar para fortalecernos, a fin de poder superar con maestría todos los obstáculos que se nos presenten y alcanzar la meta anhelada.

No es necesario el uso de demasiadas técnicas variopintas y exóticas sino la aplicación de unos pocos ejercicios seleccionados, distinguidos por su eficacia y su carácter removedor. Muchas de las prácticas señaladas como "esotéricas" en las escuelas espirituales de moda no dejan de ser otra cosa que entretenimientos para la mente, fuegos de artificio, trucos psíquicos o placebos que nos retienen en lo fenoménico, impidiéndonos avanzar más allá, dejándonos a mitad de camino y –lo que es peor– haciéndonos creer que ya hemos llegado a nuestro destino.

d) Área táctica

Etimología de la palabra "táctica": del latín "tactica" y éste del griego "taktiké", ordenado.

Mientras que la estrategia nos brinda una visión global del combate con el dragón, la táctica establece las actitudes y movimientos dentro del campo de batalla, calculando cada acción, conociendo los recursos que disponemos para reducir al oponente. Según Cessac y Bulow: *"La táctica es la ciencia de los movimientos que se hacen en presencia y al alcance del enemigo: es la operación mecánica y el complemento de la estrategia"*. (4)

Nuestra táctica personal debe consistir en la aplicación de la estrategia en el día a día, sin perder de vista la planificación general y nuestra meta final. La misma se debe fundamentar en la auto-observación y en una visión más allá de lo evidente. A través de la táctica diaria, podremos enfrentarnos a los imprevistos, a situaciones conflictivas y a diferentes situaciones que suelen presentarse en la vida cotidiana, es decir en nuestro habitual campo de batalla.

Teniendo en cuenta las múltiples situaciones que se nos presentan jornada tras jornada, es importante utilizar la táctica más adecuada para cada situación, sin perder de vista el plan general, recordando en todo momento cuál es nuestro objetivo único.

Este "objetivo único" debemos resumirlo en una sola frase y colocarlo en la primera hoja de nuestra Bitácora como una "Declaración de Misión", tratando de responder: "¿Qué es lo que realmente quiero?", "¿Por qué vivo?", "¿Qué me motiva?" "¿Cómo alcanzaré la felicidad?".

Luego de definido este objetivo único (que más tard, con nuevos elementos, trataremos de definir con más claridad) es necesario subordinar nuestra existencia a él, convirtiéndolo en nuestro "Norte", por lo cual debe estar presente a todo momento:

Al despertarnos
Al trabajar
Al descansar

Al divertirnos
Al estar con la familia
En momentos de pena y de alegría

Stephen Covey le llama a esto *"comenzar con un fin en mente"* y señala que este hábito *"hace posible que nuestra vida tenga razón de ser, pues la creación de una visión de lo que queremos lograr permite que nuestras acciones estén dirigidas a lo que verdaderamente es significativo en nuestras vidas. Después de todo, para un velero sin puerto cualquier viento es bueno"*. (5)

Resumiendo:

Área simbólica: conocimiento del mito del héroe, el esquema de la isla de los iniciados y el avance hacia el centro del laberinto enfrentando a los dragones del camino.

Área estratégica: planificación, conocimiento de nuestras fortalezas y debilidades, identificación del enemigo.

Área táctica: actitudes y movimientos precisos en el campo de batalla, conociendo los recursos que poseemos para alcanzar la victoria.

Área técnica: ejercicios y prácticas necesarios para prepararnos para el combate.

"Si quieres la paz (interna) prepárate para la guerra (interna)"

Los venenos del dragón

"No hay ningún dragón de fuego fuera o aparte de ti que te pueda hacer daño alguno. Es tu propio infierno, tu propio diablo, tu propia bestia, tu propio anticristo, tu propio dragón, que vive en la sangre de tu propio corazón, el que te puede lastimar y dañar. Muere a este yo, a esta naturaleza interna, y entonces habrás vencido a todos los enemigos exteriores. Vive para este yo, y entonces, cuando semejante vida egóica se exteriorice, todo lo que llevas dentro, así como todo lo que hay fuera de ti, no será otra cosa que un mero ver y sentir este infierno, esta serpiente, esta bestia y este dragón de fuego". (William Law)

Para vencer a los poderosos dragones es necesario –en primera instancia– conocerlos, identificarlos con claridad y observarlos con detenimiento, prestando atención a sus estrategias y movimientos.

Los cuatro dragones, recordémoslo una vez más, son:

Basilisco – Tierra – Cuerpo físico
Serpiente escamosa – Agua – Cuerpo vital
Dragón alado – Aire – Cuerpo emocional
Bestia de fuego – Fuego – Mente de deseos

La fuerza de estos cuatro dragones se fundamenta en el DESEQUILIBRIO, la inestabilidad y la confusión. El poder del dragón de Tierra es la inercia, el del Agua es la desarmonía, el del Aire la agitación (excitabilidad) y el del Fuego la dispersión. Estos son los cuatro venenos-raíces de los que provienen los demás venenos que afectan y debilitan a nuestros vehículos.

Los cuatro venenos-raíces y los correspondientes antídotos			
Elemento	Veneno-raíz	Antídoto-raíz	Método
Tierra	Inercia	Recta acción	Entrenamiento etero-físico
Agua	Desarmonía	Armonía	Entrenamiento pránico
Aire	Agitación	Amor consciente	Entrenamiento emocional
Fuego	Dispersión	Concentración	Entrenamiento mental

El guerrero debe comenzar la batalla con un pensamiento en mente: restaurar el equilibrio, brindar estabilidad y orden, mediante la recta acción, la armonía, el amor consciente y la concentración.

La recuperación del equilibrio se alcanza mediante la superación de las pruebas físicas, pránicas, emocionales y mentales que se presentan como lecciones en la Escuela de la Vida, a fin de alcanzar una perfecta salud: física, pránica, emocional y mental.

Los dragones tienen muchas formas de manifestarse y de envenenar nuestros vehículos, contaminándolos y perjudicando nuestro equilibrio. Es importante que identifiquemos cada uno de estos venenos, tomando nota de cómo afectan nuestra salud y trazando una estrategia para contrarrestar sus nocivos efectos.

¿Qué son los venenos del dragón? Simplemente son los MALOS HÁBITOS que contaminan los cuatro niveles de la personalidad, impidiéndonos vivir en plenitud.

En este capítulo realizaremos un resumen a vuelo de pájaro de los cuatro dragones y sus principales venenos, asignando a cada batalla un arma concreta para alcanzar el triunfo, vinculada simbólicamente a las cuatro virtudes cardinales (Templanza, Fortaleza, Prudencia y Justicia).

En palabras de Chevalier: *"Desde el punto de vista espiritual y moral, las armas significan poderes interiores, y las virtudes no son sino funciones equilibradas bajo la supremacía del espíritu"*. (6)

Por esta razón, y como bien dice Ida Rodríguez Prampolini las virtudes *"son las verdaderas armas [del caballero], y las otras, las de acero, son la representación visible de aquellas"*. (7)

Como dijimos antes, la Ascesis Iniciática es también una ascesis guerrera pues se basa en la guerra interna, pero también es una Ascesis Alquímica, ya que su fundamento es el arte de la transmutación, suplantando los malos hábitos (venenos del dragón) por hábitos de excelencia (antídotos).

El Kybalión es muy claro al explicar este trabajo: *"Para destruir una frecuencia indeseable de vibración mental poned en operación el Principio de Polaridad y concentraos sobre el polo opuesto a aquel que deseáis suprimir. Matad lo indeseable cambiando su polaridad"*.

La guerra interna contiene tres partes bien diferenciadas, aunque éstas no son consecutivas sino simultáneas. Por eso, el trabajo iniciático es integral, pues contempla los diferentes aspectos del Ser. Las tres partes de este combate interior son los siguientes:

a) Pequeña guerra: combate con los dos primeros dragones. Se basa en la purificación del cuerpo físico y del cuerpo vital.

b) Gran guerra: combate con el tercer y cuarto dragón. Se fundamenta en la purificación del cuerpo emocional y la mente de deseos.

c) Paz triunfal: construcción del puente y apertura de la puerta del templo, mediante los ejercicios espirituales propiamente dichos, centrados en la oración, la meditación y la lectura de textos sagrados.

Estas tres partes pueden relacionarse con la división tricotomita del ser humano: Soma o Corpus (Cuerpo = físico y vital), Psique o Anima (Alma = emocional y mental inferior) y Pneuma o Spiritus (Alma espiritual o Espíritu = Tríada superior).

Las grandes batallas se libran en el terreno de la Psique o el Alma, donde el control de los pensamientos y las emociones es crucial para hacerse con la victoria final.

TIERRA

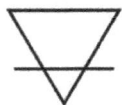

Primera batalla: Basilisco (Cuerpo físico-Tierra)
Objetivo de esta batalla: Purificar el cuerpo físico
Arma: Templanza

"Templanza es virtud que está en medio de dos vicios: un vicio es pecado por exceso, el otro es pecado por defecto. Y por eso, entre demasiado y poco, conviene que esté la templanza en tan conveniente cantidad que sea virtud, pues si no fuese virtud, entre demasiado y poco no habría término medio, y eso no es verdad. Caballero bien acostumbrado debe ser moderado en audacia, y en comer, y en beber, y en hablar, que se conviene con mentir, y en vestir, que ha trabado amistad con vanagloria, y en gastar, y en todas las demás cosas semejantes a éstas. Y sin templanza no podría mantener el honor de la caballería, ni la podría hacer estar en el medio, que es virtud precisamente por no estar en los extremos". (Raimundo Llull: "Libro del Orden de la Caballería")

Los principales venenos del Basilisco que afectan el equilibrio de nuestro cuerpo denso son los siguientes: sedentarismo, sobrepeso, baja capacidad aeróbica, stress, mala alimentación, mala respiración, tabaquismo, abuso del alcohol, drogadicción, gula, pereza, falta de higiene personal, falta de higiene en nuestra casa o lugar de trabajo, enfermedades, ausencia de controles médicos, falta de orden personal, falta de orden en nuestra casa o lugar de trabajo, mal descanso (pocas horas de sueño), tensiones, etc.

Desde un punto de vista práctico, no es posible la separación del cuerpo vital y el cuerpo físico, por lo cual algunos venenos que afectan a uno, también actúan negativamente sobre el otro (ejemplo: stress, mala respiración, problemas de sueño, etc.)

AGUA

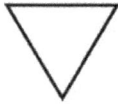

Segunda batalla: Serpiente escamosa (Cuerpo vital-Agua)
Objetivo de esta batalla: Armonizar el cuerpo vital
Arma: Fortaleza

"Fortaleza es virtud que reside en noble corazón contra los siete pecados mortales, que son caminos por los que se va a infernales tormentos que no tienen fin: gula, lujuria, avaricia, acidia, soberbia, envidia, ira. Por eso, caballero que recorre tales caminos no va a la posada donde la nobleza de corazón fija su habitación y residencia". (Raimundo Llull: "Libro del Orden de la Caballería")

Los principales venenos de la serpiente escamosa que afectan el equilibrio de nuestro cuerpo vital son los siguientes: mala respiración, mala alimentación, stress, abuso de drogas, falta de contacto con la Naturaleza, aislamiento de fuentes energéticas telúricas y cósmicas, trabajo excesivo, entorno físico desagradable y oscuro, bloqueo de chakras y deficiente flujo del prana, derroche de energías, entorno social vampírico, baja capacidad aeróbica, etc.

AIRE

Tercera batalla: Dragón alado (Cuerpo emocional-Aire)

Objetivo de esta batalla: Tomar el control de las emociones

Arma: Prudencia

"Prudencia es virtud por la cual el hombre tiene conocimiento del bien y del mal, y por la cual se tiene sabiduría para ser amador del bien y enemigo del mal. Y prudencia es ciencia por la cual se tiene conocimiento de las cosas venideras por las cosas presentes. Y prudencia hay cuando por algunas cautelas y maestrías sabe el hombre esquivar los daños corporales y espirituales. De donde, como los caballeros existen para perseguir y destruir a los malos, y como ningún hombre se expone a tantos peligros como el caballero, ¿qué cosa es más necesaria al caballero que la prudencia?". (Raimundo Llull: "Libro del Orden de la Caballería")

Los principales venenos del dragón alado que afectan el equilibrio de nuestro cuerpo emocional son los siguientes: malhumor, ira, promiscuidad sexual, ludopatía, consumismo, celos, rencor, tendencia al apego a las cosas y a las personas, orgullo, temperamento incontrolable, ansiedad, dependencia de fármacos (para dormir, para sentirse bien, etc.), cesión ante la presión social, etc.

Tal como sucede con la interdependencia del cuerpo vital con respecto al cuerpo físico, lo mismo ocurre con el cuerpo emocional y la mente de deseos, por lo cual debemos considerar que algunos venenos afectan a ambos vehículos.

215

FUEGO

Cuarta batalla: Bestia de fuego (Mente de deseos-Fuego)
Objetivo de esta batalla: Lograr una mente atenta y serena
Arma: Justicia

"Si el hombre no tuviese cuerpo, sería invisible; y si lo fuese, no sería lo que es; de donde, si el caballero estuviese en el oficio de caballería sin justicia, convendría que la justicia no fuese lo que es, o que la caballería fuese otra cosa contraria a aquella cosa que es la caballería. Y como la caballería tiene su principio en la justicia, ¿qué caballero acostumbrado a hacer entuertos e injusticias piensa estar en la orden de caballería? Despojar de caballería es romperle al caballero la correa de la espada por detrás y quitarle la espada, para significar que no debe hacer uso de caballería. De donde, si caballería y justicia convienen entre sí tan fuertemente que caballería no puede existir sin justicia, aquel caballero que se hace a sí mismo injusto y es enemigo de la justicia se despoja a sí mismo de caballería y reniega y descree de la orden de caballería".
(Raimundo Llull: "Libro del Orden de la Caballería")

Los principales venenos de la bestia de fuego que afectan el equilibrio de nuestra mente de deseos son los siguientes: nostalgia, charla interna constante, tendencia a la teoría (construcción de castillos en el aire), tendencia a la fantasía y credulidad, tendencia a las murmuraciones, prejuicio, culpa (atadura al pasado), preocupación (atadura al futuro), automatización y reactividad (contrario a la proactividad), codicia, contaminación mental, falta de concentración, uso de lenguaje soez, egoísmo, apatía, escepticismo, inseguridad, etc.

Cada dragón derrotado nos brinda un don, que no es otra cosa que el control sobre cada uno de los cuatro elementos, una recompensa representada en ocasiones como un tesoro, una llave, una joya, etc. Tras superar a los dragones en el campo de batalla, el guerrero pasará a convertirse en "Maestro de los cuatro elementos" y estará en condiciones de traspasar la Puerta del Templo.

En un lenguaje menos simbólico y más directo, vencer a los dragones significa alcanzar una mejor calidad de vida y una mayor conciencia para sobrevivir en el mundo en decadencia que los antiguos llamaron "Edad de Hierro", alejado de la virtud y de los ideales heroicos, para participar en su re-generación en la forma de un mundo nuevo y mejor, subordinado a lo Bueno, lo Bello, lo Justo y lo Verdadero.

El estudiante puede trabajar en la identificación de los venenos que contaminan los cuatro niveles de su personalidad auxiliándose con los esquemas que aparecen al final del libro.

Capítulo XII
Dominio de la Tierra

"Vuelve sobre ti mismo y mira. Si aún no ves la belleza en tu persona, haz lo que hace el escultor de una estatua que llegará a ser bella: toma una parte, la esculpe, la pule y la limpia hasta que consigue sacar una forma hermosa del mármol. Al igual que él, tú también quita todo lo superfluo, endereza todo lo torcido y limpia todo lo que está oscuro hasta hacerlo brillante, y no ceses de esculpir tu propia estatua hasta que se manifieste en ti el divino resplandor de la virtud y alcances a ver la moderación o templanza asentada sobre un trono sagrado".

(Plotino)

La puerta de acceso al Sancta Sanctorum o Santuario del Ser solamente podrá ser abierta por aquellos que se hayan preparado adecuadamente a lo largo del camino. Esta preparación consiste fundamental-

mente en un ordenamiento de nuestra vida, en una purificación de los vehículos que también se denomina "ALINEACIÓN".

La alineación espiritual está en las antípodas de la alienación mundana. Si prestamos atención a la etimología de ALIENACIÓN, descubriremos que la palabra proviene del latín "alineare" (sacar afuera). El Diccionario de la Real Academia define la alienación: *"Proceso mediante el cual el individuo transforma su conciencia hasta hacerla contradictoria con lo que debía esperarse de su condición"*.

Alinear, por su parte, significa *"colocar tres o más personas o cosas en línea recta"*, ordenándolas de acuerdo a un método, en nuestro caso a través la Ascesis.

La vía materialista-mundana es alienante y ex-céntrica (nos aleja del centro), en un movimiento centrífugo, desde el centro a la periferia, arrastrándonos lejos de lo esencial.

La vía espiritual-iniciática nos alinea a un propósito más alto y es con-céntrica (nos lleva hacia el centro), por lo tanto su movimiento es centrípeto, jalándonos hacia lo profundo.

Por esto, la doctrina iniciática nos invita a ser salamandras, es decir: a vivir en el fuego sin quemarnos, o en palabras de Juan: *"estar en el mundo pero no ser del mundo"* (Juan 17:14).

La alineación es una vía ascendente que nos transporta de las tinieblas a la luz, de la imperfección a la perfección, de la ignorancia a la sabiduría, para alcanzar ese estado de conciencia superior conocido como INICIACIÓN o ILUMINACIÓN.

El cambio

"El hombre no es enteramente él mismo más que superándose"
(Fritjof Schuon)

Para avanzar en el sendero, es imperioso renunciar a ser "reactivos", dejando que las cosas "nos pasen" de acuerdo a los condicionamientos y el entorno, para pasar a ser "proactivos", tomando con firmeza el timón de nuestra vida a fin de que las cosas sucedan. Ser protagonistas y no simples espectadores.

Ser proactivo no es ser "activista", ni hacer muchas cosas a la vez, sino crear nuestro entorno y situaciones a través de una actitud positiva. Los reactivos siempre buscan afuera las causas de sus desgracias o fracasos, echándole la culpa a las circunstancias, al jefe, a otras personas, a sus padres, etc., pensando a cada paso: "Yo sería feliz si…"

Y ese razonamiento falaz de "yo sería feliz si…" tuviera más dinero, ganara la lotería, tuviera una mejor familia, hubiera nacido en otro país, etc., es el ancla que inmoviliza a los comodones que se aferran a un condicional para excusar su infelicidad. Sin embargo, la felicidad no es algo que se alcanza como consecuencia de factores externos sino que es un ESTADO que se logra mediante la armonía y la paz interior. Enrique Rojas corrobora esta idea al señalar que: *"La felicidad, (…) descansa sobre una actitud mental positiva. Es un requisito previo esencial. En una palabra: la felicidad consiste en vivir en armonía y orden con uno mismo. Da pena ver cómo muchos pierden su vida al tenerla vacía, sin contenido, ni ideales. El ideal del sabio es estar de acuerdo con uno mismo. Dicho de otro modo: estar contento interiormente, porque una vida coherente conduce a la felicidad"*. (1)

Para lograr cambios significativos en nuestra vida necesitamos una decisión clara con metas alcanzables, confianza en nosotros mismos y fuerza de voluntad, y al hablar de "metas alcanzables" podemos recordar la oración de Reinhold Niebuhr, que recoge la esencia de la filosofía estoica:

"Dame valor para cambiar lo que pueda cambiarse
Serenidad para aceptar lo que no pueda cambiarse
Y Sabiduría para distinguir lo uno de lo otro".

Hay cosas que podemos cambiar y otras que no. Esto es absolutamente cierto, pero también es verdad que podemos modificar las condiciones de nuestra vida a través de la fuerza de voluntad y la visualización creativa (utilizando la ley de atracción). "Creer es crear" pero si desconfiamos de nuestro poder creativo las posibilidades de cambiar se reducen.

Existe un axioma iniciático que deberíamos tener siempre en mente: "Obtenemos lo que queremos porque queremos LO QUE DEBE SER". Volveremos sobre este punto más adelante.

El ser humano es un Dios en miniatura y como tal está preparado para alcanzar metas grandes, aunque a menudo prefiera conformarse con objetivos cortos y pobretones, en una palabra: mediocres, emulando una sociedad que fomenta las medias tintas, la apatía y la pasividad.

Por este motivo, Rojas explica que *"los perdedores y los triunfadores no se hacen de un día para otro. Los primeros lo consiguen tras muchos años de dejadez, abandono, desidia; los segundos, por el contrario, después de una lucha consigo mismos repleta de empuje, desvelos y repetidas obstinaciones. El que tiene voluntad dispone de sí mismo, porque ha sabido vencerse con el tiempo, superarse"*. (2)

De acuerdo con Raymond Abellio *"únicamente superándose el hombre se sitúa en su propio nivel (y) rechazando la superación se sitúa por debajo del animal"* (3), lo cual significa que en la naturaleza misma del ser humano está la necesidad de superación, de ascenso, lo cual se contrapone a la comodidad burguesa y el confort de los modernos.

> *"Ningún mar en calma hizo experto a un marinero"*. (Anónimo)

Para poder superarnos debemos salir de nuestra zona de confort, es decir superar los límites mentales donde nos hallamos cómodos, seguros y donde nuestras necesidades son satisfechas. Los conformistas, los miedosos, aquellos que no se arriesgan, viven plácidamente en su burbuja confortable ("lo conocido") y no se atreven a salirse de sus límites, convirtiendo esta zona de confort en una zona de estancamiento. Y es así que el mundo está lleno de personas desilusionadas que se han acostumbrado a un estilo de vida decepcionante, con un trabajo insatisfactorio y monótono simplemente porque no se atreven a salirse de su zona de confort.

El método Kaizen del Japón se fundamenta en la aceptación de pequeños riesgos a través de una estrategia consciente para alcanzar objetivos que parecen estar lejanos. Esta salida de la burbuja a través de una planificación clara puede llevarse a cabo a través de la elaboración de un proyecto de vida, un tema que estudiaremos en la obra "Propósito y proyecto":

Cuento: Empuja la vaquita

Había una vez un Maestro de la sabiduría que paseaba por el campo con su discípulo, cuando se encontraron con una humilde casa de madera que estaba habitada por una pareja y sus tres hijos. Todos iban pobremente vestidos, con ropa sucia y rota. Sus pies estaban descalzos y el entorno se notaba de una pobreza extrema.

El Maestro le preguntó al padre de familia cómo hacían para sobrevivir, ya que en aquel paraje no existían industrias ni comercio, ni se veía riqueza por ninguna parte. Con calma, el padre de familia le contestó: "Mire usted, nosotros tenemos una vaquita que nos proporciona varios litros de leche cada día. Una parte la vendemos y con el dinero compramos otras cosas, y la otra parte la usamos para consumo propio. De esta forma sobrevivimos".

El Maestro agradeció la información, se despidió y se fue. Al alejarse le dijo a su discípulo: "busca la vaquita, llévala al precipicio y empújala al barranco". El joven quedó espantado, ya que la vaquita era el único medio de subsistencia de aquella humilde familia. Pero pensó que su Maestro tendría sus razones y, con gran pesar, llevó a la vaquita al precipicio y la empujó. Aquella escena se quedó grabada en su mente durante muchos años.

Al cabo del tiempo, el discípulo, culpabilizado por lo que había hecho, decidió dejar al Maestro, volver a aquel lugar y disculparse con aquella familia a la que había hecho tanto daño. Al acercarse hacia aquel paraje vio que ahora había árboles, una preciosa casa, un automóvil aparcado y muchos niños jugando en un maravilloso jardín. El joven se sintió triste y desesperado al imaginar que aquella humilde familia hubiera tenido que venderlo todo para sobrevivir. Preguntó por la familia que vivía antes en aquel lugar y le contestaron que seguían allí, que no se habían marchado. Entró corriendo en la casa y se dio cuenta de que la habitaba la misma que antes. Entonces, le preguntó al padre de familia qué había pasado y éste, con una amplia sonrisa, le contestó: "Teníamos una vaquita que nos proporcionaba leche y con la que sobrevivíamos. Pero un afortunado día la vaquita se cayó por un precipicio y murió. En ese momento nos vimos obligados a hacer otras cosas, a desarrollar otras habilidades que nunca habíamos imaginado poseer. De esta forma comenzamos a prosperar y nuestra vida cambió".

Todos nosotros tenemos una vaquita que nos proporciona cosas básicas para sobrevivir, pero que nos hace dependientes de la rutina. Todo nuestro mundo se reduce a lo que la vaquita nos proporciona. Descubre cuál es tu vaquita. (4)

Sobre la voluntad

"En verdad nada te detiene. Nada te retiene realmente, puesto que tu voluntad está siempre bajo tu control. La enfermedad puede desafiar a tu cuerpo. ¿Pero acaso eres sólo cuerpo? La cojera puede afectarte las piernas. Pero no eres sólo piernas. Tu voluntad es mayor que tus piernas. Tu voluntad no tiene por qué verse afectada por ningún incidente, a no ser que tú lo permitas. Recuérdalo cada vez que te ocurra algo".

(Epicteto)

El veneno raíz que emponzoña nuestro vehículo etero-físico es la Inercia, la inacción o mejor dicho la acción mal dirigida, ya que –en verdad– siempre estamos haciendo algo, aunque este *"no hacer nada, el cruzarse de brazos, el holgazanear o tirarse a la bartola"*, como señala Antonio Medrano *"es ya una manera de hacer, aunque no sea otra cosa que la del abandono, la inacción, la desidia, la deserción vital, cuando tal perezosa inactividad se impone como estilo de vida y norma de conducta. Es, en este último caso, una manera de hacer que, precisamente por su negativa a hacer, se traduce en un deshacer, en un destruir y desperdiciar la vida; un perderla, que equivale a un morir en vida".* (5)

Como contrapartida a esta inercia, encontramos la recta acción, que consiste en un disciplinamiento y ordenamiento de nuestra cotidianidad, adoptando un estilo de vida coherente con lo que hemos elegido. De esta manera, acondicionando nuestra existencia a nuestros objetivos más altos, encarnando en nuestra vida cotidiana el más alto Ideal, podremos eliminar de raíz el caos, el desorden y la confusión que impiden nuestra felicidad.

La palabra "voluntad" proviene del latín *voluntas* ("querer"), aunque al momento de intentar acotar esta definición inevitablemente aparece otra palabra: "fuerza", lo que significa que más allá de la motivación debe existir energía suficiente para poder lograr las metas planificadas. Esta fuerza de voluntad puede ser entendida como la capacidad de resistir las tentaciones inmediatas a fin de alcanzar los objetivos a largo plazo.

Para que la voluntad se mantenga fuerte es necesaria una motivación constante y cuando ésta no llega desde el exterior, debe ser desarrollada interiormente a través de metas desafiantes y alcanzables, utilizando afirmaciones positivas que nos fortalezcan interiormente y usando constantemente nuestra Bitácora para ir marcando el rumbo.

Una excelente forma de motivarnos y fortalecer la voluntad es usar la imaginación y proyectarnos mentalmente cinco años hacia el mañana contemplando los objetivos que nos planteamos. Por ejemplo, si somos extremadamente sedentarios y nuestro objetivo es realizar ejercicio físico regular, deberíamos poder imaginarnos a nosotros mismos en el futuro y ver qué consecuencias traería la consecución de las metas planteadas o –por el contrario– qué sucedería si se perpetúan nuestros malos hábitos.

Todo plan de entrenamiento físico y espiritual se basa en la mejora continua, en dar pequeños pasos en la vida diaria que –sumados– nos llevarán a cambios sustanciales. Esta idea es manejada por el camino del Kaizen japonés que citamos anteriormente y que supone *"dar pasos pequeños para lograr una mejora continua"*, un concepto resumido en la máxima: *"¡Hoy mejor que ayer, mañana mejor que hoy!"*.

Los dos impulsores de nuestras acciones son la voluntad y el deseo, y queda claro que en una sociedad de gratificación inmediata como la nuestra (¡todo tiene que ser "ya"!), la voluntad ha sido relegada y sustituida por el deseo. Sin embargo, si analizamos la vida de los seres humanos más encumbrados de la historia encontraremos tres atributos clave: determinación, constancia y fuerza de voluntad.

Es conocida la historia de Thomas Alba Edison que, al inventar la lamparita, realizó 1.000 intentos antes de hacerla funcionar con éxito. Al ser consultado por un periodista acerca de sus fracasos, Edison respondió: *"No hubo fracasos, hubo ensayos. Ahora conocemos 999 formas de no confeccionar una lamparita"*.

Enrique Rojas diferencia el "desear" del "querer" y considera que *"desear y querer son dos pretensiones, una que navega pilotada por los sentimientos, mientras que la segunda es guiada por la voluntad.*

Desear es apetecer algo que se ve, pero que depende de las sensaciones del exterior. Aquí lo que se pretende suele ser periférico, complementario al proyecto, y por otra parte, la conducta que pone en marcha decae con rapidez, una vez que se ha satisfecho ese anhelo. Hay unos mecanismos que se disparan con más o menos inmediatez. Aquí podríamos exponer como un ejemplo clarificador todo el tema de los instintos o las tendencias básicas: el hambre, la sexualidad, la sed, etc.

Querer es verse motivado a hacer algo anteponiendo la voluntad, pues sabemos que eso nos da plenitud, nos mejora, eleva la conducta hacia planos superiores. Toda la conducta motivada implica elección. Voluntad es elegir, y elegir, renunciar. Trae consigo un comportamiento más lejano, que necesita sacrificar lo cercano y apostar por aquello que ilusiona, pero que está aún en la lejanía. Este proceso complica las cosas, porque requiere ya un cierto grado de madurez. La respuesta se mantiene por el apoyo de una voluntad templada en una lucha firme y duradera. (…)

En la práctica, el desear y el querer aparecen mezclados; pero en la teoría es bueno separarlos, para saber en qué terreno estamos. Cuando queremos nos movemos o sentimos atraídos a preferir lo mejor. Y si la meta tiene grandeza, nos lleva poco a poco a una posición desde la cual vamos a ir siendo más dueños de nosotros mismos: pasamos de lo pasajero y lo temporal a lo imperecedero e intemporal". (6)

También es importante establecer una distinción entre el "deseo" y el "deseo purificado", según estudiaremos más adelante.

Los elementos permanentes

En un capítulo anterior nombramos los principales venenos del Basilisco (malos hábitos) que afectan a nuestro cuerpo etero-físico, indicando que los mismos debían ser contrarrestados con los correspondientes antídotos (hábitos de excelencia) a fin de mantener un vehículo físico en las mejores condiciones.

Todos los antídotos deben ser considerados dentro de nuestro esquema (y anotados en nuestra Bitácora) como ELEMENTOS PERMANENTES, es decir hábitos saludables que debemos incorporar a nuestra vida para alcanzar los objetivos de superación que nos hemos propuesto.

A fin de trazar una adecuada estrategia para alcanzar la victoria, pasaremos a describir brevemente los principales elementos permanentes. Nuestra intención no es agotar este tema sino dar una serie de recomendaciones generales a vuelo de pájaro, para que el estudiante pueda comenzar su propia búsqueda de información.

1) Orden e higiene personal y del entorno

Contrarresta la acción de los venenos de la falta de orden y de higiene, a nivel personal y del entorno.

El desorden es el comienzo de la desarmonía, tanto a nivel externo como interno, físico o metafísico. Por esta razón, se hace necesario ordenarnos mentalmente y, para lograr esto, es importante arreglar nuestro entorno físico, ya que un ambiente caótico provoca confusión y desarmonía interna. En este concepto se fundamentan las enseñanzas tradicionales del Feng shui, una disciplina china que considera a la energía como fuente de vitalidad, relaciones saludables y paz interior. Aunque el Feng shui está empapado de una serie de costumbres y tradiciones propias de China, es posible pasar por encima de ellas para detectar una serie de verdades fundamentales decoradas por un velo oriental.

Según este conocimiento ancestral, el desorden físico produce bloqueos mentales y espirituales que pueden deshacerse a través del orden, trayendo equilibrio y armonía a nuestra vida. Los taoístas afirman que: *"El desorden tiene un efecto de estancamiento inmediato y drástico sobre el chi. Lugares que han estado desordenados y polvorientos durante décadas son casi tan energéticamente perjudiciales como una ciénaga fétida. (…) El feng shui hace énfasis en la importancia de depurar el desorden porque el efecto es inmediatamente liberador. (…) Es prácticamente imposible que un lugar desordenado sea un lugar limpio, y para el feng shui, la limpieza es fundamental. Si está intentando aprovechar su potencial al máximo, una casa sucia actúa directa y fuertemente en contra suyo"*. (7)

Para poder armonizar nuestro entorno, es imprescindible desprenderse de todos aquellos objetos inútiles y que simplemente siguen a nuestro lado por apego, tratando de determinar por qué conservamos tanta cantidad de trastos, ropa que ya no usamos, herramientas inservibles, medicamentos vencidos, libros, revistas y papeles. La norma a seguir es romper, reciclar, tirar, regalar, donar, modificando nuestro entorno para convertirlo en un lugar armónico a fin de mejorar nuestra calidad de vida.

Denise Linn propone una frase para determinar si vale la pena conservar un objeto: *"Utilízalo, ámalo o tíralo"*. (8)

La higiene personal también es importante para evitar enfermedades y sentirnos bien. Al hablar de higiene, no hablamos solamente de nuestra limpieza física (cabello, oído, nariz, ojos, boca, dientes, pies, piel, etc.) y nuestra indumentaria (ropa, zapatos) sino también de nuestra higiene postural, en especial las posiciones que adopta nuestra columna vertebral al dormir, trabajar o desplazarnos.

No es lógico que una persona que hable de una sabiduría trascendente y que pretenda aplicarla a su vida, se presente desaseado, desprolijo, desorganizado, maloliente, sea impuntual o esté mal vestido. Es necesario entender que "así como es adentro es afuera" y si pretendemos que nuestro interior esté en armonía debemos trabajar también la presencia exterior, la prolijidad y la limpieza.

Responda las siguientes preguntas: "¿Vive en un hogar desordenado y sucio?", "¿Trabaja en un lugar desordenado y sucio?", "¿Guarda trastos, libros, ropa u otros objetos por apego a ellos?", "¿Qué acciones debería realizar para mejorar la situación en su casa y en su trabajo?".

2) Actividad física

Contrarresta la acción de los venenos del sedentarismo, el sobrepeso, la baja capacidad aeróbica, la pereza, mal descanso y el stress.

La inercia nos lleva al sedentarismo y la inactividad física, y las comodidades modernas nos empujan hacia la pasividad, a convertirnos en meros espectadores, con consecuencias nefastas para nuestra salud.

Para contrarrestar los efectos de este poderoso veneno –que causa miles de muertes al año, aún más que el tabaquismo– es necesaria la práctica semanal de al menos 150 minutos de ejercicio moderado. Existe un modelo gráfico conocido como la "pirámide de la actividad física" que nos muestra la necesidad de una actividad física regular para gozar de una buena salud física y mejor calidad de vida. (ver página siguiente)

Consecuencias de la inactividad física

a) Aumento de peso debido a un desequilibrio entre el ingreso y el gasto de calorías. Obesidad.

b) Menor capacidad aeróbica, problemas de respiración (menor capacidad pulmonar y oxigenación).

c) Mayor riesgo en enfermedades cardiovasculares, diabetes, tumores relacionados con las hormonas, etc.

d) Disminución de la elasticidad y movilidad de las articulaciones.

Podemos distinguir dos tipos básicos de ejercicio físico: aeróbico y anaeróbico.

Los ejercicios aeróbicos son de baja o media intensidad, donde el cuerpo físico debe quemar hidratos y grasas para obtener energía, para lo cual necesita oxígeno. Siendo así, estos ejercicios necesitan de la respiración, lo que se evidencia en el baile, la natación, el trekking, el ciclismo, el footing, etc. La actividad aeróbica optimiza la circulación coronaria y ayuda a bajar de peso.

Los ejercicios anaeróbicos son de alta intensidad y poca duración, por ejemplo el levantamiento de pesas y las carreras de velocidad. Esta actividad es excelente para la tonificación muscular y el fortalecimiento del sistema óseo. En el apéndice del libro se incluye un test personal para analizar nuestra capacidad física.

Responda las siguientes preguntas: ¿Cuántas horas a la semana dedica a hacer algún tipo de ejercicio?, ¿Considera suficiente la cantidad de horas dedicada a realizar ejercicios físicos?

3) Dieta balanceada y consciente

Contrarresta la acción de los venenos del sobrepeso, la gula y la mala alimentación.

Una dieta balanceada significa proporcionar el alimento adecuado a nuestro organismo (tanto en la cantidad como en el tipo de nutrientes) a fin de lograr fortaleza física y armonía vital.

Para alcanzar una dieta balanceada, se deben consumir alimentos variados, por lo cual —y como punto de partida— es importante echar un vistazo a la conocida pirámide alimenticia, que es una herramienta válida para determinar las cantidades y tipos de alimentos que necesita nuestro organismo.

El gráfico adjunto debe leerse de abajo hacia arriba, tomando nota de los alimentos que están en la base de la pirámide como aquellos que se deben consumir en mayor cantidad y a diario. El ascenso hacia la punta de la pirámide indica una disminución en la ingesta y de manera ocasional.

Teniendo en cuenta esta pirámide, ¿cuál será la dieta indicada para nosotros? Al no ser éste un libro de nutrición, sería imprudente por nuestra parte dar recomendaciones alimenticias generales, ya que lo que para unos es medicina, para otros puede ser veneno. Siendo así, si el lector desea trabajar conscientemente en esta área, le aconsejamos que consulte a un especialista que le ayude a elegir los mejores alimentos, para poder optimizar su plan nutricional.

Una pregunta que surge a la hora de hablar de alimentación es la conveniencia o no de una dieta vegetariana, ya que muchas personas consideran que el vegetarianismo es una condición indispensable para el desarrollo espiritual. ¿Es esto así? Si prestamos atención a los grandes Maestros de la humanidad, descubriremos que no todos eran vegetarianos. Ni Buddha, ni Cristo, ni Mahoma, ni Lao-tsé adoptaron una dieta vegetariana mientras que otros instructores sí lo hicieron (Krishna, Mahavira, etc.). Siendo así, no es posible concluir que el vegetarianismo sea una condición *sine qua non* para transitar el sendero.

Cada uno de nosotros debería evaluar, sin presiones externas, cuál es la dieta más conveniente, determinando las necesidades de nuestro organismo y tomando conciencia de todas las consecuencias que tienen nuestras decisiones, a nivel personal y global, sin perder de vista el impacto ambiental y el trato poco ético que reciben los animales en las factorías comerciales.

SEDENTARIO

SALUDABLE

MENOS
T.V. - P.C.

ALGO
(2 a 3 veces por semana)
Yoga — Flexiones
Taichi — Caminata lenta
Estiramientos — Baile
Golf — Jardinería

MUCHO
(3 a 5 veces por semana)
EJERCICIO AERÓBICO — RECREACIÓN
Caminata rápida — Fútbol
Ciclismo — Basquetbol
Natación — Tenis
Trotar — Trekking
Classes de aeróricos — Artes marciales

A DIARIO
(Acumular 30 minutos de actividad física en la cotidianidad)
Caminar — Subir y bajar escaleras
Usar menos el coche — Pasear en bicicleta
Sacar a pasear al perro — Tareas domésticas activas

Los grupos de alimentos que deben tenerse en cuenta a la hora de organizar nuestra dieta son los siguientes:

Lácteos (leche y sus derivados)
Leche, queso y yogur

Carnes (carne y sustitutos de la carne)
Carne: pollo, pescado, carne de res, cerdo, cordero
Huevos
Leguminosas: frijoles (porotos, judías) y arvejas (guisantes)
Nueces y semillas
Grupo de verduras y frutas
Frutas
Verduras

Granos (panes y cereales)
Panes integrales
Panes enriquecidos
Arroz
Pasta

El cambio de dieta es, más que nada, una modificación de hábitos, ya que solamente desterrando algunos malos hábitos para siempre podremos tener una alimentación saludable. Esta es la única solución válida a largo plazo, y no las dietas mágicas que se fundamentan meramente en lo estético (adelgazar) más que en la salud.

Al final del libro se incluye un test de masa corporal para que el estudiante pueda determinar su peso en relación al tamaño de su cuerpo.

Responda las siguientes preguntas: ¿Considera equilibrada y saludable su dieta?, ¿Qué debería hacer para mejorar su alimentación? ¿Qué cosas debería incluir y qué cosas debería eliminar?

4) Relajación

Contrarresta la acción de los venenos del stress, las tensiones y el mal descanso.

En trabajos anteriores hemos enseñado que la relajación es una técnica elemental y básica, aunque cuando hablamos de ésta como un antídoto nos referimos no solamente a esta práctica en concreto sino a la adopción de un estilo de vida distendido, logrando desarrollar el llamado "reflejo de relajación", mediante el cual el cuerpo se logra armonizar en forma casi instantánea gracias a un pensamiento, afirmación u orden mental.

Por eso es importante prestar atención a las posturas corporales que adoptamos a lo largo del día, especialmente en nuestro trabajo y en las horas de sueño, aprendiendo e incorporando diversas técnicas de masajes que nos ayuden a disminuir las tensiones corporales. Ejercicios con movimientos suaves, usuales en el Tai-chi y Chi-kung son una excelente ayuda para que el cuerpo vibre armónicamente y no se convierta en una molestia para nuestros trabajos internos. Es importante dedicar periódicamente un espacio para el automasaje, el masaje en pareja o bien la atención de un profesional.

Ejercicio: Sentencias para la relajación

Interrumpa sus tareas usuales, haciendo una pausa. Respire en forma completa por tres veces y luego pronuncie órdenes a su cuerpo, parte por parte, preferentemente en voz alta: pies relax, piernas relax, glúteos relax, etc. Complete el recorrido y vaya probando reducir la cantidad de sentencias hasta alcanzar una orden única que diga: "relax", relajando todo el cuerpo al mismo tiempo.

5) Descanso adecuado

Contrarresta la acción de los venenos de las tensiones, la pereza y el mal descanso.

Para poder realizar nuestras actividades cotidianas de manera óptima y concentrarnos adecuadamente, es de capital importancia no perder de vista nuestros ciclos biológicos, respetando al máximo los horarios naturales a fin de tener un reparador sueño nocturno. La vigilia forzada o la habituación a la vida nocturna trastorna progresivamente nuestra mente y nos arrastra a comportamientos anormales como mayor irritabilidad, lentitud de los reflejos e inestabilidad emocional.

Descansar no significa simplemente entrar en inactividad, sino que para alcanzar un descanso óptimo debemos tener condiciones ambientales adecuadas, a fin de poder relajarnos plácidamente y liberarnos de la ansiedad. La calidad de las horas de sueño diurno, en lugares ruidosos o en vehículos en movimiento es muy inferior a aquellas que se disfrutan en las horas de la noche, en lugares tranquilos y en una cama confortable.

El ser humano posee una naturaleza diurna y si desea ordenar su vida a los ritmos cósmicos debe tratar de acatarlos al máximo, y esto implica adecuar en la medida de lo posible la vigilia a las horas de luz y el sueño a las horas de oscuridad. Este ritmo natural de sueño-vigilia es llamado "circadiano" porque se repite aproximadamente cada 24 horas (del latín, Circa=Cerca y Diem=Día), está vinculado a la rotación del planeta Tierra y se regula por un "reloj biológico". Este reloj interno se ajusta al entorno por la influencia de sincronizadores externos, siendo el principal de todos el ciclo de luz-oscuridad. Cuando lo descuidamos, este reloj descontrolado altera negativamente otros ritmos corporales, como la presión sanguínea, el ritmo respiratorio, el ritmo cardíaco y la temperatura corporal.

Las personas noctámbulas, con malos hábitos de sueño, es decir que se acuestan muy tarde y que se levantan hacia el mediodía, pueden mejorar la calidad del sueño y su vitalidad si van ajustando poco a poco sus horarios hasta alcanzar las horas naturales para el descanso.

Pero, ¿cuántas horas son necesarias para descansar adecuadamente? Según los estudios cronobiológicos, los adultos jóvenes deberían dormir aproximadamente la tercera parte del día, es decir ocho horas, lo que se ajusta a la conocida regla del ocho: 8-8-8: ocho horas para dormir, ocho horas para trabajar y ocho horas para el hogar.

Esta regla se atribuye a un carpintero neozelandés llamado Samuel Parnell (1810-1890) y se popularizó en el seno de los movimientos obreros del siglo XIX, que la utilizaron para forzar una legislación laboral que contemplara ocho horas de trabajo, en un momento histórico donde era usual que los obreros trabajaran de 12 a 15 horas diarias.

Un ciclo completo de sueño consta de dos fases básicas relacionadas al "sueño con movimiento de ojos" o REM "rapid eye movements".

La primera fase del sueño se denomina "NO REM" (sueño sincronizado o lento) y tiene cuatro etapas:

a) Adormecimiento, transición entre la vigilia y el sueño. Dura unos minutos, 5% del total del sueño.

b) Sueño ligero, donde disminuyen el ritmo cardíaco y el respiratorio, 50% del total del sueño.

c) Pasaje al sueño profundo, etapa de transición de unos 2 ó 3 minutos.

d) Sueño profundo, 20% del total del sueño.

La segunda fase es la "REM" (sueño desincronizado o paradójico), en la cual el cerebro está muy activo, pudiéndose notar los movimientos rápidos de los ojos. En este momento se produce naturalmente el desdoblamiento astral, es decir que nuestro vehículo emocional en conjunto con nuestro vehículo mental se separan del cuerpo físico y vital, que continúan en reposo su proceso de regeneración.

En la etapa "REM" es donde se producen los sueños y es llama da "sueño paradójico" porque, si bien la persona alcanza su máxima relajación, es relativamente fácil despertarla.

Estas tres etapas se repiten, a lo largo de la noche, tres o cinco veces.

Responda las siguientes preguntas: ¿A qué hora se va a dormir?, ¿A qué hora se despierta por las mañanas?, ¿Cuántas horas duerme por la noche?, ¿Necesita fármacos para conciliar el sueño?, ¿Considera que su descanso diario es suficiente?

6) Respiración consciente

Contrarresta la acción de los venenos del stress y la mala respiración.

De todos nuestros procesos fisiológicos, tal vez el más importante sea el respiratorio, pues si dejáramos de hacerlo moriríamos a los pocos minutos. En cierta forma, toda nuestra vida es una cadena continua de inhalaciones y exhalaciones, una renovación constante de energía orgánica, iniciada al nacer y concluida al momento de la muerte.

Al hablar de respiración consciente estamos refiriéndonos a tomar conciencia sobre el proceso respiratorio, su importancia, y más que nada sobre la calidad del aire que están recibiendo continuamente nuestros pulmones, las malas posturas corporales y las alteraciones emocionales que afectan negativamente el proceso y repercuten en nuestra salud. Normalmente no somos conscientes del aire que pasa por nuestras narinas y nos limitamos a respirar involuntariamente, casi como un acto reflejo, sabiendo que el cuerpo físico automáticamente se encargará del proceso. Solamente cuando estamos resfriados nos preocupamos verdaderamente por la respiración. Sin embargo, al hacernos conscientes de la respiración podemos canalizar el flujo pránico y aprovechar al máximo los beneficios del aire que ingresa a nuestro organismo.

Existe un proceso respiratorio exotérico y comprobable con los instrumentos científicos, y otro esotérico vinculado a la energía pránica. El primero se relaciona con el intercambio de gases con el exterior, a través de la inhalación de oxígeno y la exhalación de dióxido de carbono, con el correspondiente transporte del oxígeno a las células del cuerpo a través de la corriente sanguínea. El segundo proceso (esotérico) es invisible, vinculado al flujo del prana a través de los conductos sutiles conocidos como "nadis" y no puede ser estudiado por la ciencia profana debido a las limitaciones de sus herramientas de medición.

Al hablar anteriormente de la relajación, señalábamos la importancia de llevar una vida relajada y distendida, pero toda persona que haya realizado ejercicios de relajación conoce la importancia de controlar la respiración para alcanzar estados profundos de paz interior. Y para poder controlar la respiración el primer paso es observarla.

En "El Castillo Interior" fueron enseñadas diversas técnicas de respiración, de las cuales la más importante en relación al cuerpo eterofísico es la respiración completa, la cual recomendamos practicar a diario:

Ejercicio: Respiración completa

Acuéstese en la postura de "savasana" (cadáver), con la columna relajada y completamente recta, con los ojos cerrados. Inhale profundamente, sin forzar su organismo y proceda de esta manera: llene primero la parte inferior de los pulmones, sintiendo como su abdomen se hincha. Luego llene la parte media y alta de sus pulmones, notando como la caja torácica se expande.

Retenga un momento y luego proceda a exhalar. Vacíe primero el aire de la zona superior (tórax) y luego la inferior (abdomen). Esta forma de respirar permite que los pulmones sean vaciados completamente, liberando el aire que se deposita en las zonas inferiores y que está totalmente viciado.

La práctica de la respiración completa debe ser armónica y debe realizarse fluidamente, no como si fueran momentos separados sino parte de un mismo proceso.

7) Reducción y eliminación de adicciones y malos hábitos

Contrarresta la acción de los venenos del abuso del alcohol, el tabaquismo y otras drogas.

La medicina contemporánea ha dado pasos gigantescos en el conocimiento de la parte densa de nuestro cuerpo físico, ya que ésta –al ser visible– puede medirse, pesarse y observarse sin problema. Por esta razón, la ciencia moderna no ha tenido problemas en comprobar objetivamente los efectos nocivos que causan el tabaco, el alcohol o las drogas en nuestro organismo, recordándonos a cada momento los riesgos de fumar, de beber en exceso o de drogarse, ya que sus efectos son evidentes desde una perspectiva netamente materialista.

Debido a las campañas que llevan adelante la OMS y las instituciones de estatales de salud, todos conocemos la acción perjudicial de estos venenos. Sin embargo, por más publicidad que tengan en su contra, los malos hábitos se niegan a desaparecer, ya que cuentan con la ayuda incondicional de nuestro vehículo emocional y de nuestra mente de deseos. De todas formas, si deseamos purificar y limpiar nuestro vehículo físico para alcanzar la plenitud, es necesario tomar conciencia que cada mal hábito es una carga nociva que frena el proceso de alineación de los cuatro vehículos del cuaternario.

Para erradicar estos malos hábitos, la primera herramienta que debemos utilizar es la auto-observación, al mismo tiempo que debemos fortalecer nuestra voluntad y ayudarnos con la Bitácora. Toda conducta que se repite frecuentemente termina por convertirse en un hábito, y en este sentido podemos comprender que los hábitos negativos se apoderaron de nosotros mediante la repetición y, entonces, podrán ser contrarrestados con otros hábitos (positivos) también a través de la repetición. En otras palabras, la mejor forma de erradicar una conducta errada (acción desviada) es sustituirla por una conducta adecuada (recta acción).

Todo el mundo puede modificar sus hábitos pero no todos lo hacen porque muchísimas veces hay un deseo inconsciente de "cambiar sin cambiar", es decir que se busca un cambio "milagroso y radical" del comportamiento pero sin que éste implique esfuerzo, disciplina ni riesgos. Recordemos una vez más la efectiva estrategia del Kaizen japonés: dar pequeños pasos para una mejora continua, teniendo en cuenta la máxima: *"¡Hoy mejor que ayer, mañana mejor que hoy!"*.

El proceso para eliminar los malos hábitos que afectan a nuestro cuerpo físico es el siguiente: identificación, observación, visualización, reducción, sustitución y eliminación.

a) Identificación: Reconocer el mal hábito que nos afecta.

b) Observación: Identificar cómo, cuándo y por qué nos vemos inclinados a tener ese mal hábito. También es necesario descubrir en qué entornos se manifiesta, con qué individuos y cuáles son los disparadores. Generalmente hay lugares, personas o actividades concretas que nos empujan inconscientemente a determinadas conductas negativas.

c) Visualización: Practicar la visualización, recurriendo a afirmaciones positivas y a imaginarnos a nosotros mismos libres de los malos hábitos. En esta etapa también se traza una estrategia, debidamente anotada en la Bitácora.

d) Reducción y sustitución: Se puede reducir el consumo del tabaco, el alcohol o alimentos-basura, a través de su sustitución por otros que no sean perjudiciales. Es esperable que el mal hábito se niegue a desaparecer, para lo cual es importante ser pacientes, fortalecer la voluntad, y tener siempre en mente los objetivos propuestos. Las caídas deben considerarse como lecciones en nuestro proceso de aprendizaje y no como fracasos. El entrenamiento pránico que analizaremos en el próximo capítulo también puede ser un aliado para abandonar los malos hábitos.

e) Eliminación: Al final, la reducción y la sustitución nos llevará a una erradicación final del mal hábito.

Para cultivar hábitos de excelencia contamos con el poder de la mente, recordando que somos un microcomos a imagen y semejanza del Macrocosmos, y como tales tenemos también la misma fuerza creadora. Por lo tanto, al tomar conciencia de ella podemos modelar nuestra vida a través de la visualización creativa. Nosotros mismos hemos sido los arquitectos de nuestro presente y asimismo estamos construyendo en este preciso momento nuestro futuro. Si no estamos satisfechos con nuestros hábitos debemos analizarlos con detenimiento, hacer los ajustes necesarios y VISUALIZAR CREATIVAMENTE hábitos más acordes con el ser humano que queremos ser.

Recordemos la sentencia del Kybalión: *"Para destruir una frecuencia indeseable de vibración mental poned en operación el Principio de Polaridad y concentraos sobre el polo opuesto a aquel que deseáis suprimir. Matad lo indeseable cambiando su polaridad"* (9). Esta es la piedra basal de la alquimia espiritual y de la guerra interior.

> *"Cuida tus pensamientos, porque se convertirán en tus palabras. Cuida tus palabras, porque se convertirán en tus actos. Cuida tus actos, porque convertirán en tus hábitos. Cuida tus hábitos, porque se convertirán en tu destino".* (Mahatma Gandhi)

El cuerpo etero-físico es, en verdad, la punta de un enorme iceberg, la porción visible de algo más grande. Por eso, podemos decir que nuestro vehículo denso es un cuerpo donde se manifiestan las consecuencias de la acción ponzoñosa de venenos que actúan en otros vehículos antes que en el físico. Si fuéramos completamente estrictos, podríamos identificar solamente dos elementos relacionados directamente con el cuerpo denso: la orden y la higiene. Todos los otros venenos responden, en mayor o menor medida, a fuerzas causales provenientes de otros planos. Sin embargo, en relación con el esquema de Ascesis que venimos desarrollando, es mejor que algunos venenos se trabajen estratégicamente en este plano.

Responda las siguientes preguntas:

¿Qué malos hábitos detecta que puedan perjudicar a su cuerpo físico?

¿Realmente está dispuesto a erradicarlos de su vida? Trace una estrategia en su Bitácora.

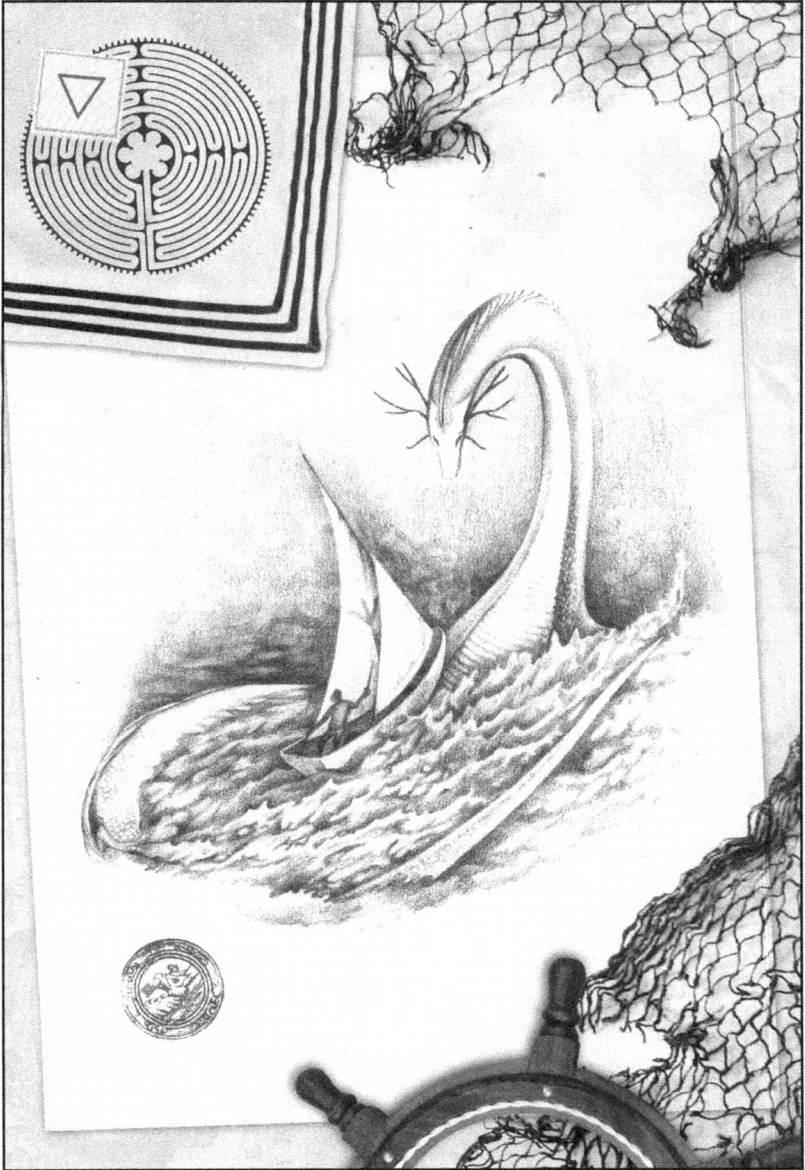

Capítulo XIII
Dominio del Agua

El trabajo con el cuerpo pránico está íntimamente vinculado a la purificación del cuerpo físico, por lo cual no es posible separar uno del otro.

Nuestro organismo se abastece de prana o energía vital principalmente a través de la respiración, el alimento, la bebida y las radiaciones solares, influyendo también en su flujo armónico el descanso, la relajación, el sueño y las impresiones mentales. Si logramos optimizar estas fuentes de energía, dispondremos de mayor vitalidad.

De acuerdo a las enseñanzas atemporales, el Prana tiene dos elementos fundamentales que el ser humano incorpora a su organismo: un elemento positivo (mediante la respiración) y un elemento negativo (mediante los alimentos y líquidos).

Dicho de otro modo, los elementos negativos de prana provienen de la Madre Tierra (son terrestres) mientras que los elementos positivos provienen del Padre Cielo (son celestes). Las palabras "negativo" y "positivo" no deben ser equiparadas a "malo" y "bueno" sino que denotan dos energías complementarias y necesarias para el equilibrio.

Cuando existe una perfecta armonización de la energía positiva y negativa, el ser humano obtiene salud y bienestar. Los elementos positivos y negativos se juntan –desde un punto de vista fisiológico– en la sangre.

Captación de prana

Elemento positivo (Padre Cielo)	Elemento negativo (Madre Tierra)
Respiración	Alimentación y bebida
Radiaciones cósmicas, principalmente solares.	Captación de energías telúricas y otras relacionadas con el reino vegetal y el reino mineral.

Alabanza al Prana (Vedas)

¡Alabado sea el Aliento de la Vida!
Él domina en este mundo,
señor de todas las cosas
y fundamento de todo.

Cuando el Aliento de la Vida la extensa tierra
con lluvia riega,
los rebaños exultan:
"Tendremos abundancia", dicen.

¡Alabado seas, oh Aliento, cuando llegas,
y alabado seas cuando te vas!
Cuando te elevas
y cuando permaneces tranquilo, ¡alabado seas tú!

El Aliento de la Vida abraza con cuidado todos los seres
como un padre a su hijo;

señor de todas las cosas,
las que respiran y las que no respiran.

Un hombre inspira, expira,
dentro de sí.
Animado por ti,
sale una vez más a la luz.

Viento poderoso te llaman, ¡oh brisa!
El futuro y el pasado existen en él.
En el Aliento de la Vida todas cosas se fundamentan.

De todo lo que ha nacido él es el Señor,
de todo lo que se mueve.
Inagotable, constante;
que mis plegarias hagan que el Aliento me ayude.
Despierto, él vela a los durmientes.
No cae exhausto.
Nunca nadie ha oído
que él duerma entre los durmientes.

Aliento de la Vida, no te olvides de mí.
En realidad, tú eres "yo".
¡Como el Embrión de las Aguas
te ciño a mí para poder vivir! (2)

Los elementos permanentes

La energía pránica circula por todo nuestro cuerpo, bañando en su recorrido a todos los órganos y tejidos, pero la vorágine cotidiana, la vida sedentaria y las tensiones a las que nos vemos expuestos, muchas veces provocan un estancamiento de la misma, llevándonos a un desequilibrio interno que es altamente nocivo para nuestro estado de salud.

En nuestro trabajo con el cuerpo vital, podemos diferenciar tres elementos permanentes que deben ser considerados para poder purificarlo y contrarrestar la influencia de los venenos del dragón del Agua o serpiente escamosa:

1) Trabajo energético
2) Ahorro y control de la energía
3) Vida al aire libre

1) Trabajo energético

Contrarresta la acción de siguientes los venenos: bloqueo de chakras y deficiente flujo de prana.

Existen múltiples disciplinas y ejercicios que pueden ayudar a que el prana fluya en armonía por nuestro vehículo energético, logrando una correcta conducción de las energías sutiles por los canales del cuerpo vital. Algunas de las prácticas recomendadas para un adecuado desarrollo del cuerpo pránico son las siguientes:

a) Ejercicios respiratorios
b) Vocalización de mantrams
c) Entrenamiento pránico: práctica periódica de disciplinas que ayuden al equilibrio energético, a saber: hatha yoga, taichi, chikung, artes marciales, danza, etc., que incluyen varios movimientos corporales vinculados a la respiración (posturas dinámicas).

a) Ejercicios respiratorios

Al ser un vehículo de naturaleza energética, el cuerpo vital tiene dos polos, al igual que un imán. Visto de frente, la sección superior desde el diafragma es positiva y la inferior es negativa, así como es positiva la derecha y negativa la izquierda.

El equilibrio de la energía interna puede lograrse a través de los ejercicios de respiración positiva, negativa y neutra, ya que existe una íntima relación entre el flujo pránico a través de los nadis y la respiración.

Respiración positiva: se efectúa inspirando profundamente por la nariz, reteniendo el aire inspirado en los pulmones tanto tiempo como sea posible sin experimentar molestia y espirando el aire profundamente por la nariz. De este modo, la respiración sostenida tiene tres tiempos: inhalación, retención con los pulmones llenos y exhalación (y se repite el proceso).

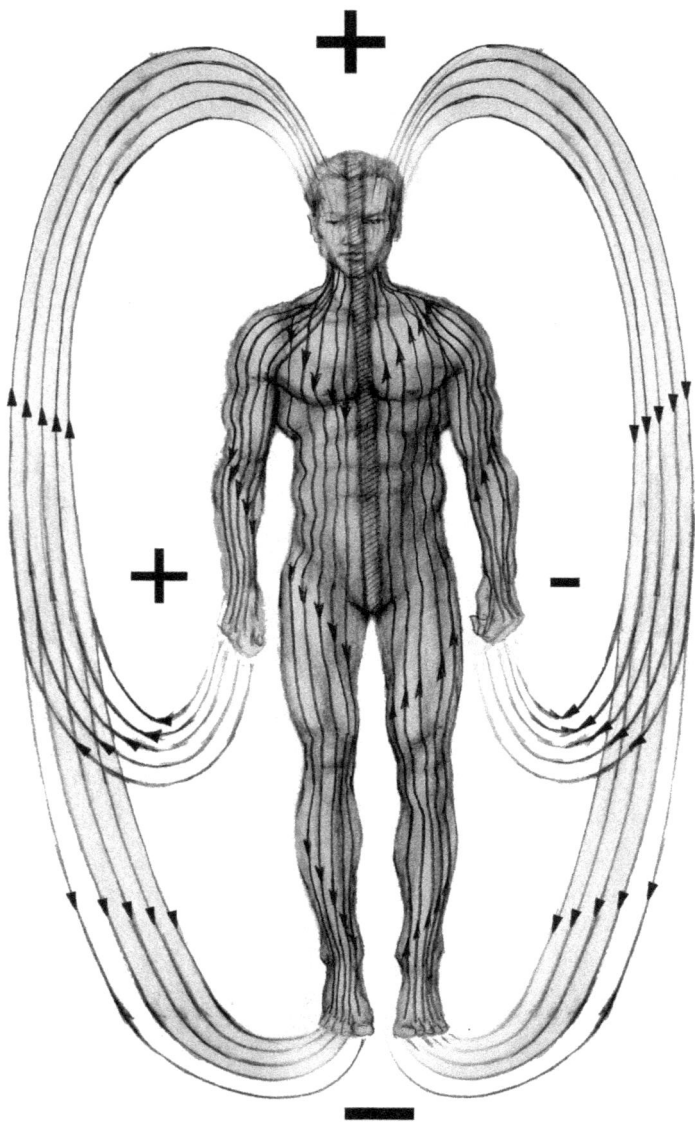

Respiración negativa o de vacío: se realiza inhalando por la nariz, exhalando completamente también por la nariz y manteniendo los pulmones vacíos por el tiempo máximo posible sin experimentar molestias. Esta respiración también cuenta con tres tiempos: inhalación, exhalación y retención con los pulmones vacíos. (y se repite el proceso)

Respiración neutra: consiste en inspirar y espirar profundamente por la nariz, volver a inspirar y espirar de nuevo profundamente por la nariz, continuando así, sin ninguna interrupción entre las respiraciones. Este ejercicio es complementario a los anteriores.

En la mañana, podemos hacer un ciclo de respiraciones de estos tres tipos a fin de equilibrar las energías internas, empezando con tres respiraciones negativas, luego tres positivas y finalmente tres neutras.

El otro ejercicio respiratorio de capital importancia para lograr el equilibrio energético es la respiración alternada, conocida en Oriente como "nadi sodhana", que significa "purificación de los canales internos". (Véase "El Castillo Interior")

Con estas dos técnicas respiratorias fundamentales podremos trabajar directamente con los nadis y no tendremos que recurrir a otras prácticas que podrían perjudican la integridad de nuestro cuerpo vital.

b) Vocalización de mantrams

En un trabajo anterior enseñamos a vocalizar los tres sonidos-raíces, es decir RA, MA y OM dejando constancia que en algunas escuelas de Yoga se utilizan siete bija-mantrams o sonidos-semilla para armonizar los siete chakras de la columna vertebral (estos son: LAM-VAM-RAM-YAM-HAM-AUM). Un mantram de la tradición rosacruz, que combina eficazmente a los sonidos de RA, MA y OM es "AUM-RA-MA-OM", que puede ser considerado un auténtico canto esotérico.

En varias escuelas occidentales también se utilizan diferentes sonidos para el equilibrio interno, en especial pronunciando las cinco vocales, a saber:

Chakra	Ubicación	Sonido vocal	Color
Muladhara	Genito-urinario	O	Rojo
Swadisthana	Raíz de genitales	U	Rojo brillante
Manipura	Plexo solar	A	Azulado
Anahata	Corazón	E	Escarlata
Vishudda	Garganta	I	Púrpura
Ajna	Entrecejo	M	Blanco
Sahasrara	Coronilla	Silencio	Violáceo

Este ejercicio de vocalización se puede realizar de dos formas: una estática (vocalizando 7 veces cada vocal en el chakra asignado) y una dinámica (vocalizando 7 veces O-U-A-E-I-M de corrido, comenzando la visualización en Muladhara y finalizando silenciosamente en Sahasrara).

Los novatos vocalizarán los sonidos concentrándose en los chakras, pero los practicantes más experimentados deberán combinar el sonido con el color correspondiente y visualizando el movimiento giratorio del chakra. Recordemos que los chakras deben girar en el sentido de las manecillas del reloj (sentido dextrógiro) como si éste estuviera clavado en nuestro cuerpo. Una buena idea es repetir este mismo ejercicio varias veces agregándole elementos en cada una de ellas: primero vocalizando y concentrándose en el lugar, en una segunda instancia agregar lo del color y en una tercera el giro hacia la derecha.

Recordemos: aunque los chakras vistos de frente nos recuerden a "discos" o "ruedas" desde una perspectiva tridimensional son como remolinos. Podemos imaginar a cada uno de ellos como un embudo.

Una forma sencilla de detectar la ubicación aproximada de nuestros chakras es mediante el uso de la antigua medida de la palma de nuestra mano, conocida popularmente como "cuarta".

Colocando el dedo pulgar en la coronilla (chakra sahasrara) podemos detectar que el dedo meñique llega al entrecejo, donde se ubica el chakra ajna. Si repetimos la operación seis veces hasta la zona intermedia entre nuestros organos genitales y el ano, podremos tener una idea bastante aproximada sobre la ubicación de nuestros centros sutiles.

> *"Cada letra tiene su significado oculto y su razón de ser. (...) Las vocales, sobre todo, contienen las potencias más ocultas y formidables".*
> (Helena Blavatsky en "La Doctrina Secreta")

c) Entrenamiento pránico

El entrenamiento pránico se fundamenta en la práctica periódica de disciplinas que ayuden al equilibrio energético, a saber: hatha yoga, taichi, chikung, artes marciales, danza, etc., que incluyen varios movimientos corporales vinculados a la respiración (posturas dinámicas).

Existen muchas formas de armonizar nuestro cuerpo vital, permitiendo el correcto recorrido del prana por los nadis. En este punto es importante diferenciar la educación física de la educación pránica. Van Lysenbeth señala, con razón, que: *"La gimnasia constituye un gasto de prana, en tanto que los asanas acumulan y regulan el flujo de prana en el cuerpo humano"* (3). La diferencia fundamental entre el entrenamiento físico y el pránico está dada en el control consciente de la respiración, ya que el hatha-yoga, el tai-chi u otras disciplinas tradicionales nos ayudan a dirigir el prana (chi) conscientemente a través del pensamiento.

Los ejercicios físicos practicados generalmente son de naturaleza dinámica, actuando casi exclusivamente a nivel muscular y sin involucrar mayormente las energías internas ni la concentración. En cuanto a las danzas o las artes marciales su eficacia en relación al control pránico

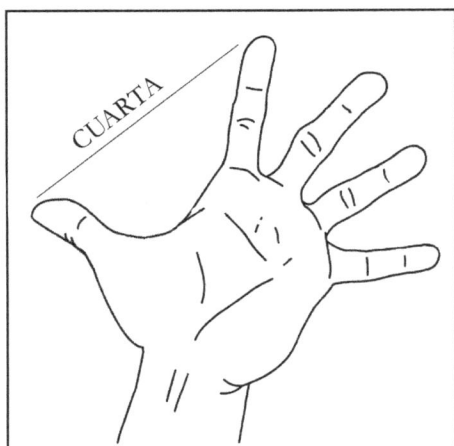

estará dada en su ejecución consciente o bajo la supervisión de un docente que comprenda el aspecto interno del trabajo.

Al concluir una actividad de entrenamiento pránico, el participante normalmente se sentirá revitalizado y lleno energía, frente a las actividades meramente físicas que suelen ser fatigosas. Sin embargo, un trabajo integral no debería descuidar ni la educación física ni la pránica.

A fin de entrenar eficazmente el cuerpo pránico, los estudiantes pueden practicar periódicamente alguna de las disciplinas sugeridas o bien ceñirse a una rutina elemental de entrenamiento pránico, como la que ha sido incluida en el apéndice de este libro.

2) Ahorro y control de la energía

Contrarresta la acción de siguientes los venenos: bloqueo de chakras y deficiente flujo de prana.

El trabajo energético nos capacita para la recepción y la canalización del prana, pero es necesario dejar de derrochar esa energía, ya que de nada vale hacer una labor prolija en nuestro interior si esa misma energía es malgastada y despilfarrada por un trabajo deficiente de los otros vehículos.

Los seres humanos que saben almacenar el prana conscientemente poseen exteriormente una gran vitalidad y fuerza interior, pudiendo utilizar muchas veces esa energía positiva para la sanación pránica.

El ahorro del prana casi siempre está vinculado al control de venenos que afectan otros vehículos, lo que significa que la pérdida de energía es más que nada una consecuencia de un estilo de vida insalubre.

Como vemos, el trabajo con el cuerpo físico y el cuerpo vital depende en gran medida de la labor en nuestros vehículos emocional y mental. Por eso hemos dividido nuestro trabajo en una "pequeña guerra" (Tierra-Agua) y una "gran guerra" (Aire-Fuego), donde se suceden los combates más feroces.

Algunos de los venenos que actúan en otros vehículos e "indirectamente" atacan la estabilidad de nuestro vehículo vital, alterando los procesos internos, son los siguientes:

a) Mal descanso.

b) Respiración deficiente.

c) Mala alimentación.

d) Sedentarismo.

e) Stress, prisas y tensiones inútiles.

f) Mal aprovechamiento del tiempo.

g) Mal humor, actitud negativa.

h) Ansiedad.

i) Depresión.

j) Fantasías o divagaciones mentales (vivir en el futuro) y nostalgia, remordimientos o sentimientos de culpa (vivir en el pasado).

k) Promiscuidad.

l) Nostalgia.

m) Discusiones vanas, chismerío, atención a trivialidades.

n) Descontrol emocional.

o) Falta de contacto con fuentes de energía natural. Vida urbanita.

La pérdida de energía originada en estas múltiples causas nos lleva al agotamiento, que es la puerta de entrada de enfermedades que –como hemos dicho anteriormente– siempre se manifiestan primero en los cuerpos sutiles. No es casual que la mayor parte de éstas se manifiesten acompañadas del cansancio y la debilidad.

En ocasiones se señala al vehículo vital como "cuerpo de salud" y en su manifestación áurica como "aura de salud".

La verdadera curación consiste en restablecer en el ser humano algo que ha perdido. En la medida que se logre restablecer el orden interno, trabajando eficazmente sobre los diferentes venenos que actúan en los diferentes cuerpos, el hombre podrá empezar a sentir un bienestar interior que será acompañado de la desaparición de los síntomas y los dolores.

No obstante, siempre es importante destacar que el ser humano está subordinado a ciclos vitales que deben cumplirse y que todo lo que nace y crece en algún momento debe morir. Esto también es natural y debemos aceptarlo. Las causas de las enfermedades muchas veces son evidentes y se pueden detectar con cierta facilidad, pero en otras ocasiones el origen es invisible y misterioso, e incluso puede estar ligado a factores kármicos que escapan a nuestra comprensión.

3) Vida al aire libre

Encerrados en nuestras ciudades de concreto y asfalto, muchas veces olvidamos la importancia de establecer un contacto directo con la Madre Naturaleza. Preguntémonos: ¿Cuándo fue la última vez que caminamos descalzos por el césped? ¿Cuándo fue la última vez que nos hicimos un espacio para mirar las estrellas y la luna? ¿Cuándo fue la última vez que estuvimos en un bosque o un monte sin escuchar voces ni ruidos de motores? ¿Cuándo fue la última vez que caminamos bajo la lluvia sin paraguas?

El intrépido John Muir decía sin rodeos: *"Aléjate silenciosamente en cualquier dirección y paladea la libertad del montañista. Escala las montañas y escúchalas, pues tienen para tí buenas nuevas. La paz de la Naturaleza te inundará como la luz del sol inunda los árboles. Los vientos cargarán sobre ti su propia frescura y las tormentas sus energías. Entretanto, los problemas irán desprendiéndose de ti y cayendo como las hojas en el otoño"*.

Alguien aseveró en una ocasión que *"todo el mundo quiere volver a la naturaleza, pero nadie quiere hacerlo a pie"*. Y así es: nos hemos acostumbrado a alejarnos de la Naturaleza y adaptar nuestra vida a los ritmos artificiales marcados por una sociedad ciertamente insalubre.

Una forma sencilla para aprovechar el prana presente en los entornos naturales es realizando ejercicios con los árboles, pues estos son una excelente fuente de energía vital que es revitalizadora y a la vez curativa.

El químico Marcel Vogel constató que *"las plantas (...) irradian fuerzas energéticas benéficas para el hombre. ¡Podemos sentir esas fuerzas! (...) Los indios americanos eran perfectamente conscientes de estas facultades. Cuando les hacía falta, iban a los bosques. Con los brazos abiertos, apoyaban la espalda contra un pino para volver a llenarse de su poder"*. (4)

Ejercicio: Recepción del prana arbóreo

Teniendo en cuenta que los árboles expulsan prana que no utilizan y que es posible acceder a esa energía benéfica sintonizándonos conscientemente con ellos, varias culturas han usado ejercicios básicos para recibir y canalizar este prana arbóreo.

En todos los casos es necesaria una relajación inicial y una sintonización con el árbol que hemos elegido, mediante una contemplación consciente, en un estado de completa receptividad, dejando que el campo áurico del árbol nos penetre.

Existen, al menos, tres métodos diferentes para la captación del prana arbóreo:

a) Método indígena: apoyando la espalda completamente contra el tronco del árbol y sintiendo como el prana se filtra en el cuerpo.

b) Método oriental: adoptado en la India por el teósofo Henry Steel Olcott. Consiste en acostarse frente al árbol, con las piernas levantadas en diagonal y apoyando las plantas de los pies en el tronco. (5)

c) Método de las manos: sentados frente al árbol y colocando las palmas de las manos paralelas al tronco del árbol, a escasos centímetros de éste.

Algunas personas prefieren abrazar el árbol. No importa el método, lo importante es experimentar la validez práctica de las afirmaciones que se hacen en este capítulo y determinar cuál es el mejor método para nosotros. Todas estas técnicas de absorción son altamente positivas y especialmente recomendables para las personas estresadas o nerviosas.

"Si un individuo trata de moverse en una dirección distinta a la dirección en que se mueve la Naturaleza, ese individuo puede estar seguro de que, tarde o temprano, quedará aplastado por la enorme presión de la fuerza contraria. Por lo tanto, el único camino para poder alcanzar la felicidad es fundir la propia naturaleza con la Gran Madre Naturaleza y seguir la dirección en la que ella se mueve". (Mohini Chatterji)

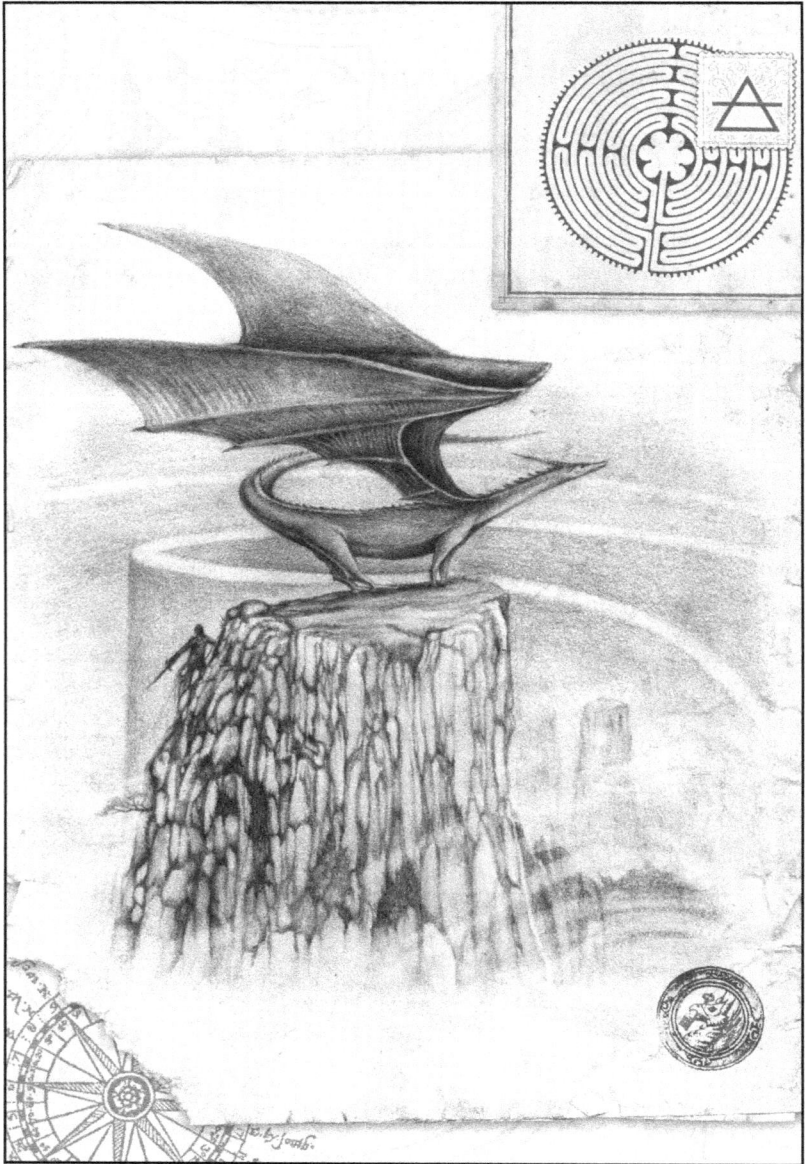

Capítulo XIV
Dominio del Aire

El trabajo de purificación del cuerpo emocional o astral depende en gran medida del manejo eficaz de una herramienta que muchas veces se deja de lado y que es imprescindible para aquellos que desean alinear sus vehículos: la auto-observación.

Sin embargo, para que la auto-observación sea verdaderamente de provecho debemos conocer al detalle el proceso emocional "mecánico", tal como fue explicado en "El Castillo Interior".

El ser humano recibe impresiones del exterior, las cuales son captadas a través de sus cinco sentidos y éstas —a su vez— son convertidas en sensaciones por el cuerpo emocional en un proceso conocido como "sensación". Estos sentidos imperfectos actúan como una interfaz entre el observador interno que reconocemos como el "yo" (el cual

hemos estudiado antes) y el entorno. Pero los sentidos no solamente "captan" sino que también filtran información o —mejor dicho— no nos dejan ver la realidad tal como es.

Las impresiones no se limitan a estímulo externos sino que también pueden proceder de nuestro interior, pues los recuerdos pueden generar reacciones emocionales diversas, de tristeza o de alegría. Teniendo en cuenta esto, debemos incorporar a nuestro esquema a la memoria, que es quien, atendiendo a experiencias previas y en un proceso conocido como "percepción", clasifica los estímulos como:

a) Agradables (atracción)

b) Desagradables (repulsión)

c) Neutros (indiferencia).

Estas tres variantes pueden ser llamadas "emociones-raíces" o "proto-emociones". Por lo tanto, el esquema inicial del proceso emocional puede ser representado de la siguiente manera:

Ante un estímulo existe una respuesta, una reacción que es doble:

a) Fisiológica e involuntaria (temblor, sudor, rubor, modificación de la respiración o el tono de voz, dilatación de las pupilas, modificación del ritmo cardíaco, secreciones glandulares, etc.)

b) Conductual: manifestación de la conducta que muchas veces puede ser controlable y que depende en gran medida del entorno cultural y el aprendizaje (expresiones faciales, acciones concretas, gestos, modales, etc.).

Cuando existe un vínculo personal en el proceso emocional, es decir que la emoción surge como consecuencia de otro ser vivo (excluyendo entonces objetos inanimados, eventos o situaciones particulares) (1), podemos encontrar seis emociones básicas, que Bhagavan Das llama "las seis emociones humanas capitales". Esta clasificación establece que cuando las emociones-raíces se dirigen hacia un individuo que se reconoce como superior, inferior, o igual, asumen formas diferentes. Vale la pena destacar que la calificación de "superior" o "inferior" depende de muchos factores. Un maestro espiritual puede ser visto por nosotros como "superior", del mismo modo que un criminal que nos apunta con un arma, mediante la cual nos sentimos en inferioridad de condiciones. Uno se vincula a la atracción (reverencia) y el otro a la repulsión (terror).

Siguiendo esta idea, podemos encontrar seis emociones humanas capitales, siempre en función de un contacto entre seres animados:

a) Atracción + superioridad del otro con respecto a mí: reverencia
b) Atracción + igualdad del otro con respecto a mí: afecto-amor.
c) Atracción + inferioridad del otro con respecto a mí: benevolencia.
d) Repulsión + superioridad del otro con respecto a mí: temor.
e) Repulsión + igualdad del otro con respecto a mí: ira.
f) Repulsión + inferioridad del otro con respecto a mí: menosprecio.

Incluso dentro de estas categorías pueden apreciarse diferentes grados de intensidad (2). Fuera de esta categorización de Das, es posible hablar de una séptima categoría que es la "catarsis", asociada a la risa y el llanto.

Las emociones que surgen ante los eventos y las cosas inanimadas muchas veces están supeditadas a este doble razonamiento: si escapan de nuestro control y nos crean incertidumbre (repulsión) o si son controlables y nos brindan seguridad (atracción).

En este proceso emocional mecánico y automático, se producen emociones "manifestadas" y que la psicología trata de clasificar: la alegría, la tristeza, la ira, el miedo, la sorpresa, el asco, etc., las cuales se vinculan en todos los casos con las proto-emociones que hemos establecido (atracción, repulsión, indiferencia).

Goleman considera que *"en este terreno no hay respuestas claras y el debate científico sobre la clasificación de las emociones aún se halla sobre el tapete".* (3)

Las emociones son de corta duración, pero siempre dejan huellas en nosotros, las cuales son de dos tipos:

a) Sentimientos
b) Estados de ánimo

a) Los sentimientos son una consecuencia de las emociones. Al hablar de sentimientos nos referimos a la integración de diversas informaciones emocionales previas, mediante las cuales se generan vínculos afectivos. La duración de estos sentimientos se vincula a emociones de "atracción" o "repulsión" y a la acción de la memoria.

La repetición de ciertas emociones (o bien su intensidad) genera sentimientos, por ejemplo amor, odio, confianza, desconfianza, e incluso las seis categorías de Das podrian ser consideradas como una buena clasificación de los sentimientos.

Los sentimientos se nutren de las emociones y de acciones concretas que los perpetúen. Si esta ratificación no existe, el sentimiento puede desaparecer, como cuando en una pareja decide separarse porque "el amor se ha esfumado".

b) Los estados de ánimo también provienen de las emociones, es decir que se pueden considerar una consecuencia de éstas, llevándonos a apreciar el mundo subjetivamente de acuerdo a experiencias previas. Dicho de otro modo, una persona que experimenta una serie de situaciones tristes fácilmente caerá en un estado anímico negativo, que la llevará a observar la realidad desde una óptica alterada durante horas o días.

Las personas propensas a algún estado de ánimo en particular (depresión, alegría, calma, preocupación, melancolía, abatimiento, decepción, buen humor, mal humor, euforia, culpabilidad, etc.) suelen salir del mismo mediante nuevas impresiones externas, aunque otro estímulo o evento puede volver a activarlo.

Los estados de ánimo pueden ser positivos o negativos. Los primeros nos llevan a la armonía y los segundos a la desarmonía.

Robert E. Thayer se refiere a los estados de ánimos como sentimientos de fondo que subsisten en el tiempo y asegura que: *"Nuestros estados de ánimo son importantes por distintas razones. Por ejemplo, cuando estamos de buen humor, nos resulta más fácil llevar a cabo una tarea desagradable; es como si dicho estado de ánimo pudiera mejorar nuestra actitud. De hecho, si nuestro estado de ánimo es positivo, incluso podemos llegar a soportar una interacción social desagradable. Por su parte, si estamos de mal humor, podemos llegar a considerar aburrida y poco interesante una actividad que normalmente nos resulta muy agradable y con la que casi siempre disfrutamos mucho. Cuando nuestro estado de ánimo es bajo, incluso los acontecimientos más positivos pueden carecer de interés.*

Si pensamos en nuestros estados de ánimo como factores que enfatizan el significado de las cosas, aumentando y reduciendo el placer de nuestras vidas, podremos llegar a comprender lo importantes que son para nosotros. En este sentido, nuestros estados de ánimo son más importantes que nuestras actividades diarias, el dinero, el status e incluso nuestras relaciones personales, ya que estas cosas normalmente las vivimos filtradas a través de los estados de ánimo. Por distintos motivos, nuestros estados de ánimo están en el corazón de nuestra existencia". (4)

Christophe André dice que *"nuestros estados de ánimo siempre están ahí, como un ruido de fondo"* (5), y justamente en eso radica la importancia de la auto-observación. Detenernos por un momento y observarnos en perspectiva: ¿qué estado de ánimo tengo y cómo está influyendo lo que estoy haciendo? ¿cómo se originó? Si éste es negativo, ¿cómo me afecta y cómo puedo salir de él?

Hasta aquí hemos mostrado al proceso emocional como algo mecánico, pero al incorporar la auto-observación aparece un elemento de vital importancia para el trabajo de autoconocimiento, ya que el individuo pasa a convertirse en sujeto y objeto, es decir que observa y es observado. Por lo tanto, protagoniza los eventos pero al mismo tiempo logra distanciarse de los mismos para observarlos. Esta tarea detectivesca de rastreo interno suele ser removedora y definitivamente útil para aquellos que desean conocerse a sí mismos.

Con la auto-observación, ya podemos empezar a hablar de un proceso "consciente", donde el individuo deja de ser REACTIVO (respondiendo automáticamente a los acontecimientos) y pasa a ser PROACTIVO, tomando las riendas.

En el proceso mecánico, la percepción está determinada por los estímulos recibidos por los cinco sentidos y por la acción de la memoria, pero al incorporar la auto-observación es posible concebir una percepción EXTRA-SENSORIAL, es decir por encima de lo sensorial.

El vehículo que nos proporciona esa nueva fuente de información no pertenece al cuaternario inferior sino a la Tríada Superior: es Buddhi, el cuerpo intuicional.

Esta lucidez perceptiva no es otra cosa que INTUICIÓN, un verdadero "sexto sentido" que nos permite percibir sucesos, energías o vibraciones que están más allá de lo evidente. Al captar la esencia última de los eventos cotidianos, la emoción puede purificarse, pues el individuo empieza a interpretar la vida como una escuela, los eventos como lecciones y a concebirse a sí mismo como un estudiante. En este contexto, el placer y el dolor se entienden como necesarios y como vehículos de conciencia. Por eso insistimos en que el discípulo debe colocarse por encima del placer y del dolor, llegando a ubicar finalmente su eje existencial por fuera de esta dicotomía y supeditándolo a lo Bello, lo Bueno, lo Justo y lo Verdadero.

La comprensión del proceso emocional, tanto a nivel mecánico como consciente forma parte de nuestro enfoque iniciático de la Psicología, entendida como "el estudio de la psyché" y para nosotros "psyché" es la interacción entre el cuerpo emocional y la mente de deseos, según aparece en el esquema de la siguiente página.

Elementos permanentes

La observación del proceso emocional es determinante a la hora de abordar uno de los elementos permanentes del elemento Aire: el control emocional. De todos modos, también es necesario señalar otras cosas importantes en nuestra labor de eliminación de los venenos del dragón alado:

1) Actitud positiva - Sonrisa interna - Ataraxia
2) Entorno hostil: vampiros, personas tóxicas, ladrones de energía.
3) Trabajo con los chakras astrales - Canto devocional
4) Amor consciente

1) Actitud positiva – Sonrisa interna – Ataraxia

Los sabios adoptan ante la vida una actitud positiva y su estado anímico natural es la ataraxia ("ausencia de turbación"), enseñada por los filósofos estoicos, la cual significa una actitud serena ante los estímulos externos.

La ataraxia no es insensibilidad, ni apatía, ni carencia de emociones sino la comprensión de la vida tal como es, a través de la purificación emocional. Algunos profanos creen que la imperturbabilidad estoica nos lleva a la pasividad, convirtiéndonos en robots fríos y sin sentimientos, cuando la realidad es justamente lo contrario: la ataraxia nos lleva a ser personas más conscientes y sensibles.

En cierta forma, la ataraxia es una impermeabilización a los estímulos exteriores o mejor dicho a las interpretaciones que hace nuestra mente de dichos estímulos. Así como Thayer hablaba del estado de ánimo como aquel "sentimiento de fondo", el discípulo debe intentar alcanzar la imperturbabilidad estoica, mediante el control de sus pasiones y deseos.

Los iniciados se distinguen por su buen humor y optimismo, y siempre están esbozando una sonrisa interna, que es una forma peculiar para referirse a un estado de bienestar interior que nos lleva a interpretar el mundo de una manera positiva.

Ejercicio: la sonrisa interna

El ejercicio de la sonrisa interna es muy sencillo y puede realizarse en todo momento: en casa, en la calle, en el trabajo, etc. Simplemente debemos relajar la cara, empezando por la mandíbula, los ojos, las mejillas, y tratando de "recordar" los músculos faciales que usamos para sonreír. Abrimos ligeramente la boca, pero no necesitamos exteriorizar una sonrisa. Simplemente tratamos de alcanzar mentalmente el estado de bienestar que logramos al sonreír como consecuencia de impresiones externas.

Al realizar esta práctica debemos experimentar esa sonrisa interior,

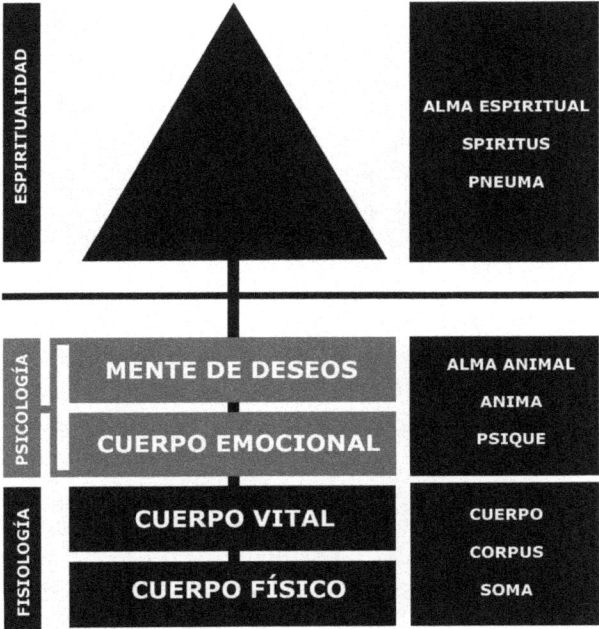

ese gozo existencial que nos ayuda a sobrellevar de una forma más despierta los acontecimientos de la vida.

Experimentemos en un autobús o en otro lugar atestado de gente el ejercicio de la sonrisa interna y podremos apreciar sencillamente como muchas cosas que antes nos parecían indiferentes y hasta desagradables, pueden ser observadas con otra mirada.

La actitud positiva se fundamenta en reconocer siempre las lecciones detrás de los eventos, buscando siempre el lado positivo de las cosas.

> *"El mundo es como un espejo; si usted lo mira con el ceño fruncido, le devuelve la mirada con el ceño fruncido. Sonría, y le devuelve la sonrisa"* (Herbert Samuel)

2) Entorno hostil: vampiros, gente tóxica, ladrones de energía

El cuerpo emocional está íntimamente relacionado con el cuerpo pránico, por lo cual cualquier debilitamiento del mismo influye negativamente en nuestra vitalidad general. Esta pérdida energética tiene muchas causas pero una de las más usuales es el contacto con personas altamente negativas y tóxicas, verdaderos ladrones de energía que en ocasiones reciben el nombre de "vampiros".

¿Qué son los vampiros? Son personas que –de manera consciente o inconsciente– nos manipulan emocionalmente para debilitarnos energéticamente al mismo tiempo que ellos se aprovechan de nuestra energía vital. Si somos buenos observadores, no es difícil detectar a los vampiros, ya que cuando pasamos algún tiempo con ellos nos suelen dejar agotados y débiles.

En la novela "La novena revelación", James Redfield señala que existe una *"tendencia humana a robar energía a otros seres humanos controlándolos, apoderándonos de sus mentes, un delito que cometemos porque a menudo nos sentimos aislados y vacíos de energía. (…) Esta actitud es inconsciente, lo único que sabemos es que nos sentimos débiles y cuando dominamos a otros nos sentimos mejor. No nos damos cuenta de que esa sensación de estar mejor le cuesta caro a la persona a la que robamos energía. La mayoría de la gente va por la vida buscando la atención del otro, y algunos reciben, al menos durante un tiempo el envío voluntario de la energía de algún ser querido".* (6)

Los vampiros energéticos pueden clasificarse en cuatro categorías básicas (lo cual no quiere decir que sean las únicas):

a) El Pobre De Mí (¡ay de mi!): Este vampiro trata de ganar nuestra atención desempeñando el rol de víctima, quejándose a todo momento de sus problemas, sus enfermedades y sus desgracias. Se caracteriza por su rostro preocupado y sus minuciosos relatos de sus penosas experiencias personales, donde trata de demostrar que el mundo está en su contra. Con esta estrategia victimista, el "pobre de mí" manipula nuestra simpatía, creándonos una sensación de culpa.

b) El Distante: Este vampiro se mantiene distante e indiferente, tratando de mantener un aura de misterio en torno a su persona para que le brindemos nuestra atención. Con esta táctica de seducción, el "distante" intenta demostrar a los demás que detrás de una apariencia vulgar hay un ser extremadamente complejo y fascinante.

c) El Interrogador: Este vampiro siempre nos brinda la sensación de que nos está inspeccionando y juzgando. Suele preguntarnos cosas personales y —a veces sin hablar— juzgarnos para que nos sintamos incómodos o inseguros. Cuestiona todo lo que hacemos, suele ser sarcástico e ingenioso y sus críticas son destructivas, logrando hacer tambalear nuestro amor propio.

d) El Intimidador: Este vampiro suele ser amenazador y violento, mostrando permanentemente signos claros de que puede perder el control en cualquier momento, poniendo en peligro nuestra integridad física o haciéndonos pasar un mal momento. Con esta estrategia, el "intimidador" hace que los demás se sientan temerosos y llenos de ansiedad.

Las estrategias vampíricas básicas nos hacen "bajar la guardia" a través de la compasión, la curiosidad, la inseguridad y el miedo. Sin embargo, todas ellas pueden ser fácilmente detectadas si sabemos observar con detenimiento nuestros vínculos personales y sus consecuencias en nuestro estado anímico.

¿Cómo enfrentar a los vampiros y a otras personas problemáticas? Es indispensable que seamos cuidadosos con nuestras relaciones personales y que apartemos de nuestra vida aquellas personas que no están en sintonía con nuestro proyecto de vida. Es verdad que muchas veces no es posible apartarse sin más de ciertas personas negativas, porque éstas pueden ser familiares cercanos, vecinos o compañeros de trabajo,

ATRACCIÓN

REPULSIÓN

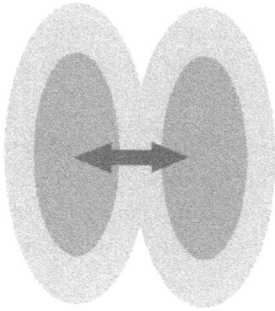 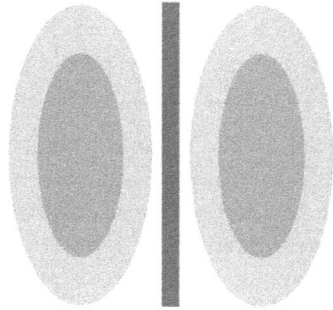

INVASIÓN

CESIÓN

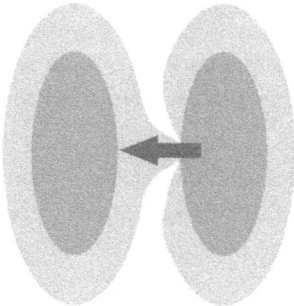 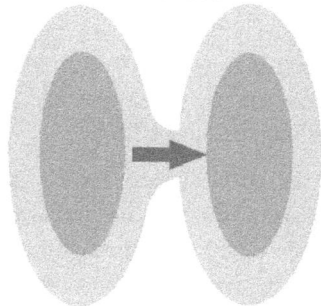

VAMPIRO

CURADOR

INDIFERENCIA

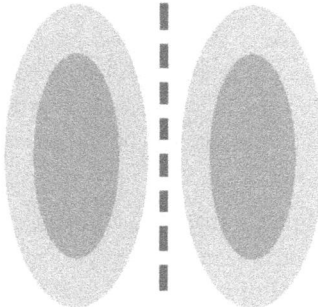

por lo cual se hace necesaria una estrategia de defensa. Pero, ¿cuál es la mejor protección contra los succionadores de energía? Sin duda, nuestra mejor armadura para la contaminación astral y las malas influencias externas es la imperturbabilidad y la práctica de la sonrisa interna.

También es importante no dejarse arrastrar por discusiones que no valen la pena. La mayoría de las veces es un suicidio hablar de temas espirituales en ambientes hostiles (nuestro lugar de trabajo, por ejemplo) frente a personas dormidas que, no solamente no nos entenderán, sino que además nos etiquetarán como "locos" o "fantasiosos". Por eso, siempre es mejor llevar una vida virtuosa donde el vicio no tenga lugar, antes que sermonear a los demás sobre temas trascendentes.

Desde una perspectiva esotérica, el campo aural o huevo áurico actúa como un campo de defensa ante el acoso de los vampiros, ladrones de energía e incluso ataques psíquicos deliberados de personas inescrupulosas. Por eso es importante tomar conciencia de su existencia y utilizar convenientemente este conocimiento.

Al vivir en sociedad y en núcleos urbanos superpoblados, en todo momento interactuamos áuricamente con otras personas y –al no saber cómo protegernos– quedamos totalmente expuestos a la contaminación astral, tanto de las personas tóxicas como de las formas de pensamiento, las larvas astrales, los elementarios, etc.

Existen cinco diferentes tipos de interacción áurica. Estas son las siguientes:

a) Atracción: dos personas se sienten atraídas y sus campos áuricos se conectan armónicamente. (ejemplo: amor, amistad, etc.)

b) Repulsión: dos personas tienen una relación conflictiva y sus campos áuricos se repelen. (ejemplo: odio, rivalidad, etc.)

c) Invasión: una persona invade el campo áurico de otra para apoderarse de su energía. (ejemplo: vampirismo, manipulación, etc.)

d) Cesión: una persona actúa sobre el campo áurico de otra a fin de suministrarle energía. (ejemplo: reiki, curaciones metafísicas, etc.)

e) Indiferencia: dos personas mantienen su independencia, manteniendo una defensa astral mínima. (ejemplo: transeúntes, pasajeros de un autobús, etc.)

De este modo, es posible concebir interacciones áuricas positivas (atracción y cesión), negativas (repulsión e invasión) y neutras (indiferencia).

A continuación explicaremos dos ejercicios prácticos para tomar conciencia de este campo y cómo interactúa con los campos áuricos de otras personas.

Ejercicio 1: Tomar conciencia del campo áurico

Colóquese de pie en un salón grande, preferentemente con pocos muebles y objetos. Mantenga los pies separados a la anchura de los hombros y cierre los ojos. Realice algunas respiraciones profundas y comience a tomar conciencia del cuerpo físico. Vocalice los mantrams raíces: RA-MA-OM, siete veces cada uno y en ese orden. Luego de la vocalización, simplemente haga silencio y trate de imaginar su cuerpo físico en el centro de un huevo luminoso, un campo áurico lleno de armonía y salud. Mueva sus brazos hacia los lados, hacia delante, hacia atrás, delineando con sus manos la estructura de este campo. Marque el límite desplazando armónicamente sus manos hacia delante, atrás, arriba, abajo y a los lados.

Siéntase en el centro de una forma ovoide de colores claros y agradables. Disfrute de esta sensación de bienestar. Puede usar este ejercicio previamente a la rutina de entrenamiento pránico que aparece en el apéndice del libro.

Ejercicio 2: Captación de impresiones metafísicas

Al abordar un autobús, al encontrarse en una feria, en una discoteca o en otra situación de aglomeración de gente, trate de captar las interacciones áuricas con el resto de las personas. Más allá de las apariencias físicas, trate de captar las impresiones sutiles, reconocer el entorno metafísico en donde se está moviendo, así como las energías positivas o negativas de los lugares. Observe todos los detalles y saque sus propias conclusiones, intentando percibir más allá de lo evidente.

Analice también el ambiente laboral en el que se mueve anotando sus conclusiones en su Bitácora: ¿existen personas negativas, tristes y malhumoradoras? ¿Alguna de ella utiliza alguna estrategia de vampirismo emocional? ¿Se deja influir por estas personas? ¿Cómo podría trabajar metafísicamente para mejorar esta situación?

Métodos de defensa

Como dijimos antes, la mejor forma de defenderse de los vampiros energéticos es a través de la actitud positiva y de la práctica de la sonrisa interna. No obstante, también podemos utilizar talismanes de protección o pronunciar afirmaciones, sobre todo cuando vamos a sumergirnos en un ambiente hostil y contaminado.

De acuerdo con Israel Regardie: *"Un talismán es cualquier objeto, sagrado o profano, con o sin apropiadas inscripciones de símbolos (...) consagrado mediante un adecuado ritual mágico o meditación. Entre otras cosas ejerce en quien lo lleva un efecto auto-sugestivo"*, teniendo en cuenta que *"la sugestión evoca únicamente factores psico-espirituales innatos"*. (7) Mientras no sea "cargado" o "consagrado", "el talismán no es más que material muerto e inerte", pues requiere "ser activado por fuerzas de planos más altos" y mediante ciertos ceremoniales se dota a *"una cosa inerte e impotente de movimiento equilibrado en una dirección determinada"*. (8)

En otras palabras, los talismanes actúan como soporte y como potenciadores de nuestros poderes latentes. Su eficacia radica en la fe de su portador, pero no una fe ciega sino una confianza plena que debe surgir del conocimiento oculto. Un antiguo axioma dice que *"el que cree, crea"* y mientras la confianza (que debe ser fe auténtica, no mera credulidad) significa "fortaleza", la duda implica "debilidad".

Los talismanes también sirven de nexo con un egrégor. Cuando usamos determinado símbolo marcante que otras personas también utilizan, éste se convierte en un punto de encuentro y podemos entrar en comunión con un colectivo, con un poder superior.

La "medalla milagrosa" de la tradición católico-romana es concebida verdaderamente como un "escudo de seguridad". El escritor Stefano de Fiores considera que la "milagrosa" puede verse, *"con su forma oval deseada por la misma Virgen, como una reducción a proporciones mínimas del escudo de defensa que usan los soldados"* (9) y sin duda la Divina Madre en la forma de María (madre de Jesús) es un egrégor fortísimo que sirve como soporte y auxilio a los cristianos devotos que le rezan: *"Sed para mí, Virgen Inmaculada, el Escudo y Defensa de todas mis necesidades"*.

Como cuerpo colectivo o Comunidad (común unidad), nuestra Escuela Internacional de Filosofía Iniciática posee dos símbolos con una connotación talismánica: la antorcha con el libro abierto (nuestro escudo) y el trazado del laberinto de Chartres, que usamos en nuestro rosario. En la medida que nos focalicemos en ellos, ayudaremos a hacer crecer el egrégor de nuestra Comunidad.

Las afirmaciones, por su parte, se fundamentan en la "ley de atracción". Ésta ha sido expuesta en "El Kybalión" de esta forma: *"Para cambiar vuestra característica o estado mental, cambiad vuestra vibración"*. (10) Eso significa que las personas con un nivel vibratorio similar se reconocen, se atraen y se juntan. El dicho popular señala con certeza que "dime con quien andas y te diré quien eres", por lo cual nuestras compañías han llegado a nosotros por "causalidad" ya que "como es adentro es afuera".

Si nuestro medio circundante no es satisfactorio, debemos visualizar creativamente un entorno mejor y para ello las afirmaciones positivas constituyen una herramienta poderosísima.

Hay cinco elementos básicos que deben ser tenidos en cuenta a la hora de vocalizar nuestras afirmaciones:

a) Debemos tener confianza en ellas. Deben ser ciertas para nosotros.
b) Deben ser conjugadas en presente. Decir "Yo soy" en vez de "Yo seré".
c) Deben ser en primera persona del singular: "Yo".
d) Deben ser siempre afirmativas. Decir "Yo estoy bien" en lugar de "Yo no estoy mal"
e) Deben tener un efecto emocional y ser pronunciadas de corazón.

Algunas afirmaciones que podemos utilizar para fines de protección y confianza son las siguientes:

• Me rodeo de gente que me aprecia.
• Me siento fuerte y lleno de armonía.
• Amo a mi prójimo como a mí mismo.
• Soy el dueño de mi destino.
• Mi Maestro me acompaña en todo momento.
• Me encuentro relajado y centrado.
• Soy capaz de alcanzar el éxito en todos mis emprendimientos.
• Mi actitud positiva atraerá hacia mí personas serviciales y amigables.
• Me libero de mi pasado.

3) Canto devocional

El bloqueo de los chakras astrales y toda afección del cuerpo emocional repercute negativamente en nuestra energía vital, ya que los chakras astrales y los chakras vitales están interconectados

El canto devocional puede ser un medio de expresión de los sentimientos más profundos y sinceros, un canal para llegar a Dios a través de la armonía. Por eso, San Agustín aseveraba que *"el que canta, ora dos veces"*. A través de melodías monótonas y agradables es posible alcanzar altos niveles de relajación y concentración, alcanzando una paz necesaria para el diálogo con nuestro Maestro Interno.

No obstante, el canto es más que eso, pues está comprobado su impacto en nuestras emociones y en nuestra salud general. Como tal, constituye una herramienta poderosa para desbloquear los chakras del cuerpo pránico a raíz de su vibración sonora y contribuye a armonizar el vehículo astral.

Todas las corrientes esotéricas y místicas priorizan el canto como una práctica altamente beneficiosa para todos los vehículos.

Omraam Mikhael Aivanhov hablaba de este carácter integral del canto, al decir: *"¡Qué poder tiene el canto cuando se realiza en las adecuadas condiciones! No tan sólo condiciones materiales, técnicas, sino psíquicas y espirituales en las cuales tomen parte el alma, el corazón, el espíritu. Entonces sentimos que la atmósfera es atravesada por corrientes y seres luminosos, ya que esta armonía vivificadora los atrae"*. (11)

El canto está asociado a la respiración abdominal, la cual –bien aprovechada– puede convertirse en un efectivo masaje de los órganos internos, además de ayudar en el correcto flujo pránico.

La mejor forma de descubrir los múltiples beneficios del canto es… ¡cantando! Por eso, al final del libro hemos incluido la letra de algunos cantos devocionales, que utilizamos regularmente en nuestros grupos. Una característica distintiva de los cantos devocionales es su repetición, y en este sentido no se prioriza en letras demasiado elaboradas sino en composiciones cortas y reiterativas, que actúan como verdaderos cantos mántricos para el trabajo interior y no para exhibiciones ante otras personas.

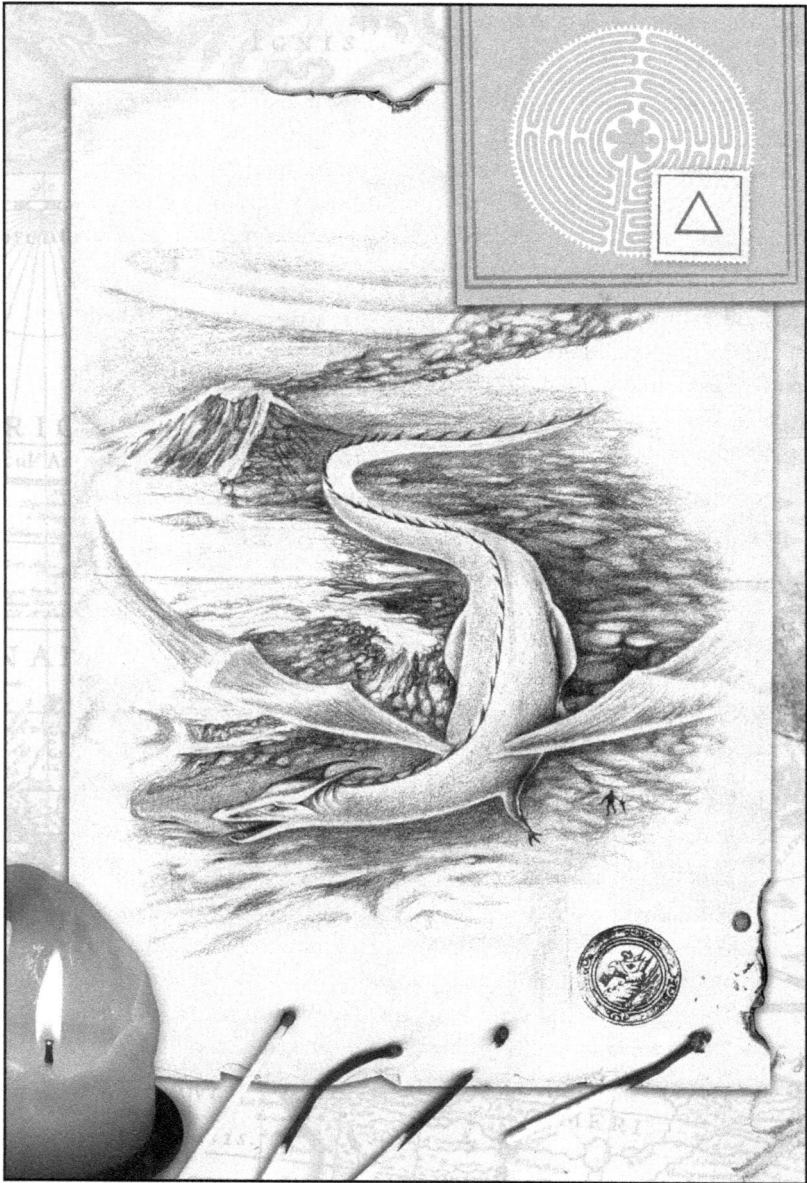

Capítulo XV
Dominio del Fuego

Nuestro principal objetivo en relación al elemento Fuego es el logro de una MENTE ATENTA Y SERENA, a fin de alcanzar una máxima atención AQUÍ Y AHORA y una profunda paz mental. Esto propiciará una visión más consciente del mundo que nos rodea y nos permitirá establecer un contacto efectivo con nuestro Maestro Interior.

Como hemos señalado en otros trabajos, las dos vías de comunicación tradicionales con este Maestro Interior son la Oración y la Meditación, y la eficacia de éstas depende en gran medida de una absoluta quietud mental y del control de los pensamientos intrusos.

El primer paso para alcanzar una mente atenta y serena es la auto-observación. A través de ella podremos reconocer el desorden mental al que estamos sometidos y contemplar objetivamente el continuo par-

loteo interno. De este modo, lograremos examinar el carácter errático de nuestros pensamientos, que actúan anárquicamente como un enjambre de avispas enfurecidas, zumbando incensantemente en el centro de nuestra cabeza.

Reconociendo esta dispersión mental que no nos permite contemplar la realidad tal cual es, nuestra tarea fundamental será practicar la atención consciente y la concentración, seleccionando cuidadosamente el alimento que recibe nuestra mente, erradicando de nuestra "dieta mental" todos los nutrientes nocivos: la mala prensa, las lecturas frívolas, los programas de la televisión-basura, los chismes, la pornografía, etc., es decir todo aquello que podamos identificar como perjudicial y que fomente la dispersión, alejándonos de una percepción más límpida de la realidad.

Elementos permanentes

Como señalamos antes, la observación objetiva de la charla interna y de los pensamientos intrusos es de capital importancia para un dominio eficaz del elemento Fuego, y ésta está vinculada a otros tres elementos fundamentales para nuestra purificación mental:

1) Discernimiento
2) Momentaneidad y atención consciente
3) Control mental y concentración

1) Discernimiento

"El que no sabe a cuáles cosas atender y de cuáles hacer caso omiso, atiende a lo que no tiene importancia y hace caso omiso de lo esencial"
(Majjima Nikaya)

En la obra espiritual "A los pies del Maestro" se dice que: *"La primera cualidad es el discernimiento. Se denomina así, generalmente, a la facultad de distinguir entre lo real y lo ilusorio, y la cual guía a los hombres para entrar en el Sendero. Pero también es mucho más que esto, y debe practicarse no tan sólo en los comienzos del Sendero, sino en cada una de sus etapas, diariamente, hasta el fin".* (1)

En Oriente, este discernimiento recibe el nombre de "Viveka" y establece una diferencia entre:

- Lo falso y lo verdadero
- Lo aparente y lo real
- La gratificación inmediata y lo que lleva a nuestro objetivo último
- Lo efímero y lo eterno
- El "desear" y el "querer"
- El deseo vulgar y la voluntad (o deseo purificado)

Anteriormente dijimos que *"en nuestra naturaleza inferior el poder estimulante es el deseo, mientras que en la naturaleza superior es la voluntad"* (2), aún sabiendo que –en verdad– la diferencia entre deseo y voluntad es de grado, no de fondo. En palabras del teósofo Taimni: *"El deseo se funde con la voluntad cuando se purifica y se libra de la contaminación del yo personal [...] de suerte que a medida que esta energía se purifica del elemento personal, va alcanzando su condición de voluntad pura y sin mezcla. Lo que degenera a la voluntad en deseo es la escoria del yo personal; cuando se quema esa escoria queda el oro puro de la voluntad"* (3), a lo cual agrega Christmas Humphreys: *"Si los deseos están bien orientados, la voluntad se convierte en una poderosa fuerza benéfica proporcional a su grado de desarrollo, es decir, a la aptitud del individuo para aprovechar las ilimitadas reservas de fuerza que representa el Universo"*. (4)

Por esta razón, la filosofía iniciática diferencia el QUERER del DE-SEAR. El "querer" se vincula etimológicamente a la voluntad (voluntas-atis) y al deseo purificado, mientras que el "desear" está relacionado al deseo a secas, a una gratificación sensorial a corto o mediano plazo.

Enrique Rojas señala que *"desear es apetecer algo que se ve, pero que depende de las sensaciones del exterior"*, mientras que *"querer es verse motivado a hacer algo anteponiendo la voluntad, pues sabemos que eso nos da plenitud, nos mejora, eleva la conducta hacia planos superiores". (…) En la práctica, el desear y el querer aparecen mezclados; pero en la teoría es bueno separarlos, para saber en qué terreno estamos. Cuando queremos nos movemos o sentimos atraídos a preferir lo mejor"*. (5)

Ernest Wood, por su parte, dice que: *"Querer es poner en uso nuestros poderes; y el hombre de voluntad no utiliza los deseos, que no hacen sino malgastar su tiempo y minar su fuerza moral y espiritual"*. (6)

Discernir es hacer que nuestra voluntad logre alinearse con nuestro propósito vital, para determinar exactamente qué es lo que queremos. Cuando logramos clarificar esto, podremos trazar un rumbo definido y diferenciar nuestros deseos purificados (aquellos que nos colocan en armonía con el orden universal y llevan al cumplimiento de nuestro propósito) de nuestros deseos vulgares (aquellos que nos desvían del camino trazado).

Si queremos LO QUE DEBE SER nada podrá detenernos para cumplir nuestro destino. Por eso, un antiguo axioma nos recuerda que: *"lo que queremos se cumple porque queremos lo que debe ser"*. (7)

El problema es que la mayoría de las veces, al no saber lo que verdaderamente queremos, nos limitamos a improvisar, divagando y perdiendo el tiempo mientras la vida se nos escapa como arena entre las manos.

Stephen Covey en su magnífica obra "Los siete hábitos de la gente altamente efectiva" resalta la importancia de "comenzar con un fin en mente", lo cual consiste en *"empezar hoy con la imagen, el cuadro o el paradigma de vida como marco de referencia o criterio para el examen de todas las otras cosas. Cada parte de su vida (la conducta de hoy, la de mañana, la de la semana que viene, la del mes que viene) puede examinarse en el contexto del todo, de lo que realmente a usted le importa más. Teniendo claramente presente ese fin, usted puede asegurarse de que lo que haga cualquier día particular no viole los criterios que ha definido como de importancia suprema, y que cada día contribuya de un modo significativo a la visión que usted tiene de su vida como un todo.*

Empezar con un fin en mente significa comenzar con una clara comprensión de su destino. Significa saber adonde se está yendo, de modo que se pueda comprender mejor dónde se está, y dar siempre los pasos adecuados en la dirección correcta.

Resulta increíblemente fácil caer en la trampa de la actividad, en el ajetreo de la vida, trabajar cada vez más para trepar por la escalera del éxito, y descubrir finalmente que está apoyada en la pared equivocada. Es posible estar atareado —muy atareado— sin ser muy efectivo". (8)

Covey recomienda escribir una "declaración de misión personal" que nos sirva de guía en nuestras decisiones cotidianas. Esta declaración es importante y deberíamos escribirla en la primera página de nuestra Bitácora, para que sea un "norte" a seguir. Volveremos sobre este punto y lo profundizaremos en la obra "Propósito y proyecto".

El místico Eckhart decía: *"La gente debería pensar menos en lo que debe hacer y más en lo que debe ser"* (9). En este sentido, es necesario que la voluntad humana se alinee con la voluntad divina, que reside en nuestro Ser Íntimo (Atma), el cual muchas veces es llamado "voluntad pura". Por esta razón, Eliphas Lévi asevera que *"la voluntad del justo es la misma voluntad de Dios, y es ley de la naturaleza"*. (10)

Al orar el "Padre Nuestro" decimos "hágase tu voluntad", pero es posible personalizar esta plegaria para afirmar: *"quiero hacer tu voluntad"* o —en palabras de Francisco de Asís— *"haz de mí un instrumento"*, un canal eficaz para que la voluntad divina se manifieste en el plano físico.

No obstante, para hacer la voluntad de Dios primero hay que conocerla y para ello, es indispensable convertir nuestra mente turbada en una herramienta sana, serena y lúcida.

Uno de los Salmos del Antiguo Testamento reza: *"Señor, muéstrame tus caminos, y enséñame tus sendas. Guíame en tu verdad y enséñame"* (Salmos 25:4-5). Y esa debería ser nuestra motivación cotidiana: ver más allá de las apariencias, descubrir las lecciones de la vida en los sucesos más triviales y discernir lo falso de lo verdadero.

Una mente clara y atenta podrá descubrir mejor las señales, los "guiños" de Dios a través de las "casualidades" y las recurrencias, pero muchas veces necesitamos de apoyo, y éste puede ser hallado en las ciencias arcanas y los oráculos tradicionales: el tarot, el I-Ching, la astrología, etc., no como una mera adivinación sino como un elemento valioso para reconocer las oportunidades que se nos presentan y aprovechar de mejor modo las lecciones de la Escuela de la Vida.

"Siendo el Deseo el primer escalón de la Voluntad y precedente a sus actividades, es de gran importancia el que se aprenda a estimular o desechar los deseos, según su naturaleza. Deseos que no proporcionan la más alta satisfacción, el cumplimiento del deber y el merecido goce, deben repelerse. Los deseos que nos lleven a lo que es mejor, deben cultivarse. Un deseo se estimula dirigiendo atención e interés al objeto que la causa, empleando la imaginación en todo el proceso".

(W. W. Atkinson)

Unas palabras de H.P. Blavatsky sobre el deseo y la voluntad

"La voluntad es posesión exclusiva del hombre en este nuestro plano de conciencia. Lo divide del bruto en el que sólo está activo el deseo instintivo.

El deseo, en su aplicación más amplia, es la fuerza creativa en el Universo. En este sentido es indistinguible de la Voluntad: pero nosotros los hombres nunca conoceremos el deseo bajo esta forma mientras sólo permanezcamos como hombres. Por consiguiente, la Voluntad y el Deseo son considerados aquí como opuestos.

Es así como la Voluntad es la progenie de lo Divino. del Dios en el hombre, el Deseo es la fuerza motriz de la vida animal.

La mayoría de los hombres viven en y por el deseo, confundiéndolo con la voluntad. Pero aquél que quiera lograr la realización, deberá separar la voluntad del deseo, y hacer de su voluntad el gobernante, ya que el deseo es inestable y, siempre está cambiando mientras que la voluntad es firme y constante.

Tanto la voluntad como el deseo son creadores absolutos. que forman al hombre mismo y, las circunstancias que lo rodean. Pero la voluntad crea inteligentemente –mientras que el deseo ciega e inconscientemente. Por lo tanto, el hombre se hace a sí mismo a la imagen de sus deseos, a menos que se cree a sí mismo a la semejanza de lo Divino. a través de su voluntad, la hija de la luz.

Su tarea es doble: despertar la voluntad. reforzándola por el uso y la conquista, para hacerla regidora absoluta dentro del cuerpo: y en paralelo a esto, purificar el deseo. El conocimiento y la voluntad son las dos herramientas para el logro de esta purificación.". (11)

Ejercicio: Declaración de Misión

Escriba en la primera página de su Bitácora una declaración de misión personal donde se refleje su visión y su objetivo principal en la vida para que sea considerada un "norte" a seguir.

Este objetivo debe comenzar con un verbo en infinitivo: "lograr….", "alcanzar…", etc.

No escriba objetivos tan nebulosos como "ser feliz" o "alcanzar la iluminación", pues son demasiado abstractos y pueden desmotivarlo.

En el caso de la felicidad, es necesario recordar que existe una sutil diferencia entre el "estar feliz" (una instancia pasajera) y el "ser feliz" (un estado de conciencia elevado).

Esta declaración de misión personal es el cimiento sobre el cual construiremos nuestros objetivos y metas más puntuales, sobre los cuales trabajaremos en "Propósito y proyecto".

La visualización creativa

En el tratado hermético del "Kybalión", se dice que: *"El Todo es Mente; el universo es mental"*. Siendo así, el ser humano, al ser un microcomos a imagen y semejanza del Macrocosmos, posee también esa misma fuerza creadora del Todo, y tomando conciencia de ella podrá modelar su vida a través de la visualización mental. Alguien dijo alguna vez que *"el que puede, puede, porque cree que puede"*. Y es verdad: creer es crear.

Si no estamos conformes con nuestro entorno debemos analizarlo detenidamente, hacer los ajustes necesarios y VISUALIZAR CREATIVAMENTE otras circunstancias mejores, siempre usando nuestro discernimiento, diferenciando el "desear" del "querer". Así, y solamente así, obtendremos éxito en la vida, definiendo este "éxito" como: el desarrollo de nuestras potencialidades, así como el logro de habilidades y bienes que nos proporcionen las circunstancias propicias para alcanzar nuestro propósito en la vida. Ciertamente, el éxito está más en consonancia con el "ser" que con el "tener", y puede ser visto más como un camino que como un destino.

Este éxito nunca es casual —siempre tiene una causa— y está supeditado al viejo axioma que señalamos anteriormente y que debería ser un leit-motiv en nuestro trabajo: *"obtenemos lo que queremos porque queremos lo que debe ser"*.

Del mismo modo que un marino debe conocer perfectamente cómo colocar las velas de su embarcación para beneficiarse de los vientos, asimismo los navegantes espirituales deben conocer al dedillo los principios del Universo, las leyes que regulan la existencia humana, para poder beneficiarse de ellas y usarlas inteligentemente.

La visualización creativa es una técnica que se vale de nuestra propia imaginación para la generación de mejores condiciones vitales que nos permitan avanzar a paso firme hacia el cumplimiento de nuestras metas. La misma funciona a través de la llamada "ley de atracción", la cual puede convertirnos en imanes vivientes, atrayendo hacia nosotros lo necesario para cumplir nuestro destino.

Atkinson explica que *"quien permite que su mente more constantemente en pensamientos de fracaso se acerca a las mentes de otra gente «fracasada», y cada una de ellas tenderá a hundir más a las otras. Quien piensa que todo es malo está capacitado para ver mucho mal, y entrará en contacto con otros que parecerán demostrar su teoría. Y quien busque lo bueno en todo y en todo el mundo es probable que atraiga las cosas y las personas que correspondan a esa manera de pensar. Por lo general vemos aquello que buscamos"*. (12)

De ahí la necesidad de adoptar una actitud mental positiva (AMP), practicando la sonrisa interna que vimos en el capítulo anterior.

En la Biblia, el Cristo indica: *"Pedid, y se os dará; buscad, y hallaréis; llamad, y se os abrirá, porque todo aquel que pide, recibe; y el que busca, halla; y al que llama, se le abrirá"*. (Mateo 7:7-8), pero más adelante también se advierte lo siguiente: *"Pedís, pero no recibís, porque pedís mal, para gastar en vuestros deleites"* (Santiago 4:3).

Siendo así, una visualización creativa consciente no puede fundamentarse en una mera satisfacción de deseos vulgares sino en la atracción de las condiciones necesarias para que seamos artífices de lo que "debe ser". Así entendemos uno de los axiomas de Eliphas Lévi: *"Afirmar y querer lo que debe ser, es crear; afirmar y querer lo que no debe ser, es destruir"*. (13)

Los cuatro pasos esenciales de la visualización creativa son los siguientes:

a) Fijar objetivos puntuales, respondiendo a la pregunta: "¿Qué quiero?". Estos objetivos deben ser concretos y estar subordinados a nuestra declaración de misión.

Los mismos deben ser evaluables a corto o mediano plazo, y deben definirse exactamente por escrito en nuestra Bitácora e incluso en otros lugares donde podamos tenerlos presente, por ejemplo debajo de la almohada, en nuestro puesto de trabajo, en el coche, etc.

b) Usar órdenes mentales precisas a modo de "ideas-fuerza" para fortalecer la imagen mental, como: "Aplicaré todo mi poder para....." y "Si Dios lo quiere, está hecho".

c) Crear la imagen mental con la mayor cantidad de detalles posibles y visualizándola en presente como si ya fuera una realidad en el "aquí y ahora", prestando atención a los cinco elementos básicos de las afirmaciones positivas que ya fueron estudiados.

d) Evocar la imagen mental algunas veces en el día, concentrándonos en ella sin que ésta se convierta en una obsesión. Para alcanzar nuestro objetivo, debemos apoyarnos en afirmaciones positivas, erradicando de nuestra mente cualquier duda o falta de confianza.

2) Momentaneidad y atención consciente

Una mente agitada y confusa genera seres humanos agitados, que a su vez producen un mundo agitado y confuso. Por esta razón, el cambio global debe comenzar con la purificación de la mente, transformándola en una herramienta sana, serena y lúcida, formadora de hombres serenos y lúcidos, constructores de un mundo mejor.

Solamente a través de la claridad mental es posible hacer lo correcto de la forma correcta en el momento correcto para que el recto pensamiento se convierta en recta acción, en una exteriorización de lo Bueno, lo Bello, lo Justo y lo Verdadero.

Esta claridad de acción y pensamiento se llama "momentaneidad" y se fundamenta en "vivir el presente" atendiendo a las sentencias latinas "Tempus Fugit" ("El tiempo huye") y "Carpe Diem" ("Aprovecha el día").

Desde una óptica profana, este "Carpe Diem" significa obtener la mayor cantidad de placer posible en todo momento, de acuerdo a la máxima imperante en nuestra sociedad moderna de "pasarla bien" a toda costa. Esta visión hedonista, que considera al placer ("hedone" en griego) como fin supremo de la vida, se puede vincular a la nueva moda del ateísmo militante ("si Dios no existe, todo vale") y a la cultura del "úselo y tírelo", convirtiéndose en un modelo válido para los zombies modernos para los cuales el deseo y su satisfacción inmediata constituyen el eje existencial.

Erich Fromm sintetiza esta visión en un eslógan: *"Nunca dejes para mañana el goce que puedes tener hoy"*, asegurando que *"si no pospongo la satisfacción de mi deseo (...) no habrá que tomar decisiones: nunca me encuentro solo conmigo mismo, pues siempre estoy ocupado, ya sea trabajando o divirtiéndome. No necesito tener conciencia de mí mismo como tal, pues la tarea de consumir me absorbe constantemente. Soy un sistema de deseos y satisfacciones; debo trabajar para poder satisfacer mis deseos, y estos mismos deseos son constantemente estimulados y dirigidos por la maquinaria económica"*. (14)

Las personas egoístas, sin principios espirituales, insensibles, con una concepción material de la vida y sin una motivación superior para vivir, fácilmente llegan a la conclusión de que "todo se compra" pues todo puede "cosificarse" y "comercializarse" y así podemos entender algunos graves problemas de nuestra sociedad como la prostitución infantil, la trata de mujeres, los espectáculos sangrientos con animales, las nuevas formas de esclavitud, etc.

Esta concepción profana de "vivir el ahora" fundamentada en la búsqueda incesante del placer y el confort, está en las antípodas de la visión discipular, donde el "Carpe Diem" significa algo bien distinto. Para los caminantes de la senda del filo de la navaja, el aprovechamiento del presente no es otra cosa que el descubrimiento de nuestro propósito (Dharma), actuando de una manera recta y armónica. Hacer lo que hay que hacer y disfrutar plenamente de la vida como un regalo.

Ciertamente, tanto el placer como el dolor son necesarios y cumplen un rol importante en nuestra vida cotidiana y en nuestra supervivencia física, pero el discípulo debe poder colocarse por encima de la dicotomía placer-dolor, estructurando su existencia en torno a lo Justo, lo Bello, lo Bueno y lo Verdadero.

Esta tendencia humana a desaprovechar el presente, viviendo en el pasado o en el futuro, fue denunciada por los filósofos clásicos, y sobre esto Séneca decía: *"Todo el mundo acelera su vida y se esfuerza por su ansia del futuro, por su hastío del presente. Por el contrario, el que no deja ningún momento sin dedicarlo a su propósito, el que organiza todos sus días como si fueran el último, ni ansía el mañana ni lo teme"*. (15)

Y luego agregaba el monumental filósofo romano: *"¿Se puede mencionar nada más insensato que la decisión de esos hombres que (...) están afanosamente atareados para poder vivir mejor [y] a expensas de la vida construyen su vida? Organizan sus planes para un lejano futuro; ahora bien, la mayor pérdida de vida es la dilación: elimina el día actual, escamotea el presente mientras promete lo por venir. El obstáculo mayor para vivir es la espera, que depende del día de mañana, desperdicia el de hoy. Dispones de lo que está puesto en manos de la suerte,*

278

desechas lo que está en las tuyas. ¿A dónde miras? ¿A dónde te alargas? Todo lo que ha de venir está en entredicho: aprovecha el día". (16)

Hay personas que siempre están haciendo planes para "empezar a vivir" (¡el lunes empiezo!) o que posponen una y otra vez el "cruce del umbral" autoengañándose con mil excusas para no atravesar el Rubicón. Sin embargo, la vida es ahora, no mañana, y es lo que nos está sucediendo ahora mismo. No hay otra vida mejor esperándonos. El presente es el destino al que hemos arribado, la consecuencia de miles de decisiones que hemos tomado, causas misteriosas e hilos etéreos que nos han reunido en concordia con otras personas (17).

Si no estamos conformes con nuestra vida presente, en este mismo presente encontraremos las pistas para comenzar a cambiar. No se puede postergar lo impostergable. Podemos hacer miles de cosas y embarcarnos en decenas de actividades agradables, pero mientras que no hagamos lo que debemos hacer, habremos desperdiciado el tiempo. Planifiquemos, tracemos metas, visualicemos, pero no nos perdamos el ahora.

La atención consciente va de la mano con la momentaneidad, pues al estar más atentos logramos estar más conscientes tanto de nuestro medio circundante como de nuestros procesos internos.

> *"Hoy el mañana no está a tu alcance,*
> *y locura es pensar en el mañana.*
> *Del resto de la vida no sabemos el precio.*
> *¡Lánzate a amar, no pierdas este instante!*
>
> *Amengua tu codicia de este mundo y vive alegre,*
> *corta el vínculo con lo malo y lo bueno del universo.*
> *Atrapa pronto el vino y el bucle de la amada,*
> *que estos días, fugaces, pasarán muy presto.*
>
> *Pasó el ayer, no guardes de él recuerdo.*
> *Por el mañana que no ha llegado no estés inquieto.*
> *No te apoyes en lo no sucedido ni en lo que fue:*
> *sé alegre, que no se lleve tu vida el viento".*
>
> (Omar Jayyam)

3) Control mental y concentración

Según Ernest Wood: *"La concentración es el estrechamiento del campo de la atención en forma y por un tiempo determinados por la voluntad".* (18)

A través de la concentración es posible disciplinar la mente caótica y dispersa, educándola y supeditándola al mando de la conciencia y la voluntad.

Esta práctica no solamente es útil en sí mismo como entrenamiento y dominio de la mente, sino que además es un ejercicio preliminar y necesario para poder orar y meditar sin la afluencia constante de pensamientos intrusos.

La mayoría de las veces confundimos la "concentración" con la "meditación" y decimos a la ligera "voy a meditar", aunque es necesario saber que mientras existan pensamientos intrusos como un escollo a franquear, no es posible hablar de meditación y sí de una fase previa, generalmente vinculada a la concentración.

Toda práctica es valiosa, pero si nuestros ejercicios de concentración consisten simplemente en una minúscula islita de claridad en un embravecido océano de confusión, tal vez deberíamos buscar la mejor forma de llevar esa misma claridad mental al resto de nuestro día. Si deseamos verdaderamente el dominio del pensamiento incontrolado, es necesario que estemos atentos en el aquí y ahora la mayor cantidad de tiempo.

No debería existir una dicotomía entre "momentos de práctica" y "resto del día" sino que todo el día –las 24 horas– deberían ser "momentos de práctica", convirtiendo la vida misma en una vivencia espiritual.

Es posible practicar la concentración en todas las situaciones, aún en las tareas más triviales como lavar los platos, ordenar la habitación, fregar los pisos, cortar el césped, cocinar, etc. La próxima vez que hagamos una de estas tareas, tratemos de verlas no como una obligación ni como algo aburrido sino como una oportunidad de concentración, una ocasión de aprovechar el aquí y el ahora. Y luego que descubramos la veracidad de estas afirmaciones, podremos llevar esa atención consciente a las demás actividades de la vida.

Cuento: Cuando como, como

Un discípulo se acercó a su maestro y le preguntó: "¿Cómo te entrenas tú para alcanzar la sabiduría?"

Y el venerado anciano le respondió: "Cuando como, como; y cuando duermo, duermo".

– Pero eso es lo que hace todo el mundo –le replicó su alumno, a lo cual el maestro dijo a su vez:

– Ciertamente no es así. La mayor parte de los hombres al comer piensa en decenas de cosas diferentes y al dormir sueña con otras cosas. Yo, querido discípulo, cuando como, como; y cuando duermo, duermo.

Ejercicios de concentración y control

Señalaremos a continuación algunos ejercicios de concentración básicos que serán de utilidad para el estudiante:

a) Tratak: esta importante práctica consiste en fijar la atención en un punto, en una varilla de incienso ardiendo o en la llama de una vela.

b) Otras opciones de tratak: también es un excelente ejercicio seguir con la mirada la manecilla de un reloj de pared mientras gira o bien colocar un palillo en un recipiente con agua y observarlo mientras flota en el agua.

En todos los casos, es indispensable mantener a raya a los pensamientos intrusos. Sobre esto, Mouni Sadhu recomienda que nos digamos a nosotros mismos: *"Aparte de estos quince o treinta minutos que deseo dedicar a la concentración, tengo todo el resto del día para pensar. No hay razón para que obedezca a los pensamientos errantes, engendrados y elaborados por mi mente rebelde. (…) Nada provechoso puede proceder de pensar durante el tiempo dedicado a los ejercicios. Por ello, he resuelto de manera firme, aquí y ahora, que: no estoy interesado en cualquier pensamiento o sentimiento durante este período en el que estoy tratando de concentrar mi mente. Soy completamente indiferente a cuanto pueda ocurrir. Todo pensamiento intruso es un enemigo y yo simplemente NO ESTOY INTERESADO EN ÉL. Poseo el poder interior de ignorar todo lo que trate de penetrar, o se produzca en mi mente, mientras me encuentro aquí, en este momento".* (19)

c) Control del lenguaje soez: una buena forma de estar atentos es controlando nuestra forma de expresarnos, poniendo límite a las palabras vulgares y al sarcasmo, evitando el lenguaje soez, agresivo, sexista, superficial y racista, pues todo esto contamina nuestra mente y enturbia nuestro pensamiento. Cuando hablamos de purificación, no solamente nos referimos a la pureza del pensamiento y de las acciones, sino también de las palabras.

No hay palabras "malas" ni hay palabras "buenas", sino meramente palabras, pero su intencionalidad y su significado las convierte en vocablos groseros o elegantes. La debacle a nivel educativo de las últimas décadas vino de la mano con una degradación del lenguaje, en consonancia con la permisividad y el relativismo reinantes que nos tratan de convencer que *no existe ninguna verdad absoluta, universal, válida y necesaria para todos los seres humanos* (20). Según este razonamiento (que busca consolidarse a nivel global) todo está permitido, todo vale, por lo tanto todo control y disciplina se traduce como una "represión".

Dentro de este panorama de evidente retroceso cultural, es posible observar países donde las malas palabras y el lenguaje discriminativo han pasado a ser la norma, no la excepción, usándose habitualmente en el habla coloquial. También en esto, los espiritualistas debemos remar contra la corriente, empezando nosotros a hablar mejor y aplicando un autocontrol de "tolerancia cero", teniendo en cuenta la máxima EXCELSIOR, esto es: pensar mejor, actuar mejor, hablar mejor.

d) Mandalas

Una forma excelente de concentrarnos y de trabajar introspectivamente con los símbolos primordiales del círculo y el centro es a través del diseño y la pintura de mandalas (en sánscrito "círculos").

El círculo, como bien sabemos, es una figura geométrica perfecta, que tradicionalmente ha representado a la divinidad. Toda emanación divina tiene su punto de origen en el centro del círculo y se desplaza hacia la periferia, por lo cual todo camino espiritual de "regreso a casa" traza un recorrido desde la circunferencia al centro, del mismo modo que el héroe debe atravesar los intrincados pasillos del laberinto para alcanzar la paz triunfal en el punto central del mismo.

El mandala es una figura que sirve como puerta a otra realidad, y para abrir esa puerta es necesario usar una llave: la concentración, que etimológicamente significa "unir en el centro" ("con", reunir y "centrum", punta del compás).

En cierta forma, el mandala "atrapa" al pensamiento dentro de un círculo, en un espacio finito que es posible con-sagrar (volver sagrado) a través de la concentración, y a través de ésta llegar a vivenciar "otro tiempo", un tiempo sagrado. Entonces: concibiendo al mandala como un círculo contenedor del pensamiento, un espacio sacralizado, podemos asegurar que la práctica consciente de dibujar y colorear mandalas puede convertirse en una verdadera experiencia ritual.

Cada vez que pintamos un mandala conscientemente (no mecánicamente) podemos experimentar un "regreso al centro", disfrutando de un ejercicio que sirve para concentrarnos, serenarnos, reencontrarnos con nosotros mismos y encontrar el punto de origen.

En todos los casos, lo primero que debemos hacer al pintar un mandala es "cerrar el círculo", pintando primero los detalles de la circunferencia y avanzando paulatinamente hacia el centro. En todo momento la concentración debe estar en la punta del lápiz o el pincel mientras se pinta la imagen hacia el punto central. Por último, podremos usar el mandala terminado para nuestra propia práctica de tratak.

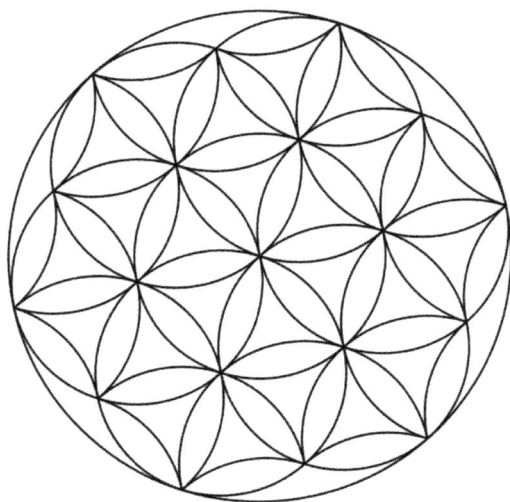

Mandala "semilla de la vida"

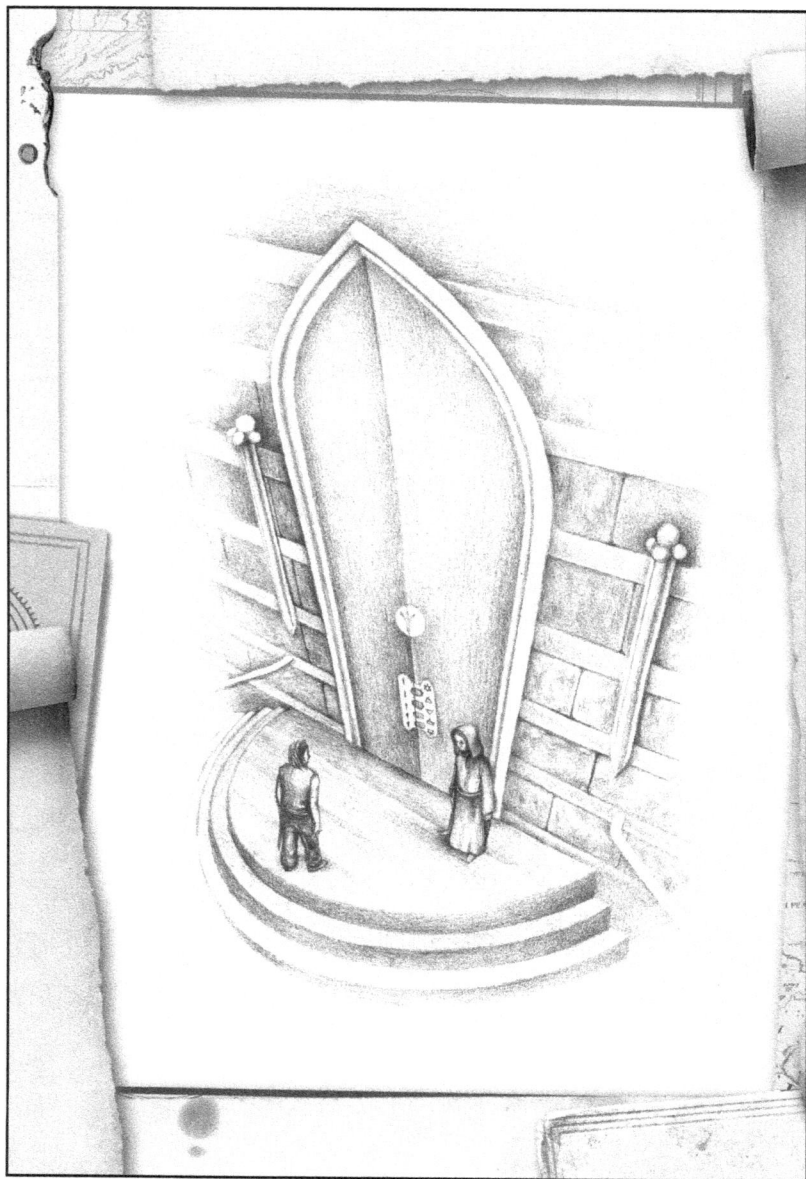

Capítulo XVI
Dominio del Éter

Tras haber vencido a los cuatro dragones, el noble viajero que ha caminado sin descanso desde la oscuridad a la luz, finalmente se encuentra frente a la Puerta del Templo. Detrás de ella está oculto el secreto del Ser, el elixir de la reintegración.

Este último trabajo, que complementa y completa los cuatro anteriores, está vinculado con la quintaesencia o el quinto elemento (Éter).

En esta instancia final la labor de Ascesis está dedicada al establecimiento de un nexo con la divinidad que mora en nuestro interior: la construcción simbólica de un puente. Este enlace se construye eficazmente a través de las dos vías de conexión que hemos explicado anteriormente: la meditación y la oración.

En Atma es posible reconocer la porción espiritual presente en el centro de nuestro Ser y también sabemos que esta chispa divina –también llamada "Voluntad pura" – se vale de dos vehículos auxiliares: Manas (Mente superior) y Buddhi (cuerpo intuicional).

Manas se relaciona al pensamiento abstracto y a la capacidad de comprender las lecciones de la vida más allá de lo evidente y de los

estímulos sensoriales. Por eso no es posible desligarla de la intuición y en ocasiones se habla de Buddhi-Manas como una unidad, como un equipo indisoluble al servicio de la Voluntad más alta.

Cuando el pensamiento se liga al deseo (kama), su vehículo de expresión es la mente de deseos (kama-manas) pero cuando este pensamiento responde al Alma espiritual y a la voluntad pura, corresponde a Manas. Al estar fuertemente vinculados a lo emocional y sensible, los razonamientos de la mente de deseos están supeditados al corto plazo, a las emociones que surgen en relación a acontecimientos puntuales. Manas, por el contrario, puede contemplar ese mismo evento en perspectiva, como una lección de la escuela de la vida y a la existencia misma como una totalidad.

La mente de deseos es necesaria para la personalidad. Su motivación es el deseo y está subordinada a lo externo, permitiéndonos sobrevivir en el plano físico.

Por su parte, Manas (en conjunto con Buddhi) es fundamental para la comprensión trascendente de la vida desde una perspectiva integral, siendo su motor la voluntad pura y los procesos internos.

Para poder entender mejor la constitución del hombre, anteriormente llamamos "Alma espiritual" a la Tríada Manas-Buddhi-Atma, pero si queremos ser más precisos con los conceptos (y a esta altura de las enseñanzas es necesario hilar un poco más fino) debemos decir que el Alma espiritual en verdad es Atma, la cual posee dos vehículos de manifestación para expresar la voluntad pura: Buddhi y Manas, que mantienen una relación simbiótica. La reunión de estos tres vehículos constituye la "Tríada superior" inmortal y reencarnante.

La importancia de Manas y Buddhi radica en su cooperación en el refinamiento del canal de contacto entre la personalidad y el Alma espiritual, brindándonos una comprensión más allá de lo sensible y quitándonos las telarañas de los ojos. En el capítulo anterior hablábamos de la importancia de concentrar la mente de deseos a fin de alcanzar el silencio necesario para escuchar la voz del Maestro Interno. Con la mente inferior logrando este mutismo y la dupla Manas-Buddhi apreciando el mundo tal cual es, el canal de comunicación con el Maestro Interno (Dios en nosotros) queda libre y purificado.

La Ascesis de los cuatro elementos ha sido presentada en diversos grados o fases para su entendimiento, pero en todo momento es una ascesis integral y simultánea, una labor necesaria para poder alcanzar la comunión, esa común unión que los peregrinos logran en el centro del laberinto.

Trabajo con Buddhi y Manas

El desarrollo de Buddhi-Manas se realiza durante muchas encarnaciones, a través de diversas experiencias y en circunstancias diferentes, por lo cual no es posible que en pocas semanas o en pocos años logremos lo que no hemos conseguido en múltiples existencias. Por esto, el primer punto a tener en cuenta a la hora de entrenar estos dos vehículos del Alma Espiritual es la PACIENCIA, la necesidad de ser constantes y estar plenamente convencidos que la victoria final está asegurada, aunque ésta deba alcanzarse a través del sacrificio y el esfuerzo. No hay atajos hacia la autorrealización. En todo caso, una vez más encontraremos inspiración en el Kaizen y su sentencia: *"Hoy mejor que ayer, mañana mejor que hoy"*. Sin prisa pero sin pausa.

Manas se vincula al pensamiento abstracto, así que todas las actividades que promuevan este tipo de pensamiento también nos estarán ayudando en el entrenamiento y desarrollo de la mente superior. En cierta forma el pensamiento abstracto –en oposición al pensamiento concreto, propio de la mente de deseos– nos sirve para poder observar la vida humana como un todo integrado y no simplemente como la sumatoria de eventos separados e independientes. Mediante la abstracción podemos entender la esencia de las cosas, su sentido último.

Esta visión global se puede apreciar en el ajedrez. En este juego, los mejores ajedrecistas son aquellos que pueden contemplar la partida como un todo y no en las jugadas puntuales, teniendo en mente las múltiples opciones que se van presentando y observando con atención a las jugadas del oponente. Esto se vincula a la táctica y la estrategia que vimos en un capítulo anterior, pues mientras la táctica nos ayuda en las acciones concretas, y por lo tanto es potestad de la mente de deseos, la estrategia nos brinda una visión global tanto en el ajedrez como en la vida. De acuerdo con esto, ambas funciones de la mente son necesarias para el desarrollo armónico del Ser.

Para el entrenamiento de Manas es posible recurrir a las matemáticas y también a la práctica de juegos de mesa que nos exijan la utilización del pensamiento abstracto como el ajedrez y el go japonés.

El entrenamiento de Buddhi, por su parte, se fundamenta en una técnica en la que ya hemos insistido: la auto-observación. Aminorando el paso y viviendo el presente, prestando atención a las coincidencias y las sincronicidades de la vida cotidiana, es posible lograr una total comprensión que lleve a la plena conciencia. Al apreciar en perspectiva cada acontecimiento y vivencia, podremos reconocer en ellos las lecciones que necesitamos para nuestra superación y todos nuestros días serán enriquecidos.

Para auxiliarnos en esta ardua tarea podemos recurrir a herramientas oraculares como el Tarot, el I Ching o las Runas a fin de entrar en sintonía con los sucesos diarios que los profanos insisten en llamar "casualidades", cuando en realidad constituyen la piedra basal para el despertar de la conciencia.

Como bien señala Antonio Blay: *"Si yo me quedo en estado receptivo, atento, despierto, centrado, con un interés decidido hacia algo, la intuición descenderá hacia mi mente, y yo descubriré que me vienen visiones nuevas, perspectivas diferentes sobre aquel asunto. Es la intuición que desciende, y los datos que nos aporta siempre son ciertos. Esta es una de las ventajas de la intuición, la cual siempre tiene razón, siempre nos ofrece la verdad. Pero en cambio tiene el inconveniente de que siempre es fragmentada, porque al bajar se adapta, se adecua a la estructura mental que encuentra, con sus condicionamientos previos"*. (1)

La creación artística consciente, y la canalización de la belleza más pura, es otra forma de desarrollar Buddhi, potenciando nuestra naturaleza intuicional. Siendo así, los artistas también pueden desenvolver la intuición mediante la pintura, la escultura, la música, el canto, el teatro, la danza, la poesía, etc.

Los ejercicios espirituales

A lo largo de este camino hemos presentado una Ascesis preliminar y más tarde una Ascesis integral de cuatro fases (Nigredo, Albedo, Citrinitas, Rubedo) vinculada con los cuatro elementos y con los cuatro vehículos de la personalidad. La conclusión de este trabajo es la labor espiritual propiamente dicha, los ejercicios espirituales que nos permiten establecer un vínculo con nuestro Ser Interno y acceder al Sancta Sanctorum.

Esta culminación del trabajo ascético no es una etapa separada, ya que engloba a las otras y las complementa. La quintaesencia es, en cierto modo, la raíz y la esencia de los otros cuatro elementos.

Los ejercicios espirituales están supeditados a las dos vías de conexión con el Ser Interno y las que nos hemos referido antes: la Oración y la Meditación, es decir las dos caras de una misma moneda, presentes en todas las tradiciones espirituales, tanto de Oriente como de Occidente.

Estas dos vías se complementan con una tercera vía auxiliar: el estudio de las obras sagradas y la lectura consciente de textos edificantes. Por esta razón, podemos decir que:

Dios nos habla mediante la MEDITACIÓN
Dios nos escucha mediante la ORACIÓN
Dios nos escribe mediante sus TEXTOS SAGRADOS

La oración

La verdadera oración no es una súplica para pedir favores de un dios antropomórfico sino una comunión con el Ser, y para lograr este vínculo íntimo es necesario que la mente de deseos esté en perfecto silencio, sin intervención alguna de los pensamientos intrusos. Orar significa dejar que hable el corazón, con su propio lenguaje cordial, a fin de abrirnos el paso hacia el centro del Ser.

William Law recomendaba: *"No pidas un libro de oraciones; pregunta más bien a tu corazón qué es lo que siente, cómo se conmueve, qué necesita, qué desea, qué es lo que cambiaría. (…) La oración es el lenguaje natural del corazón".* (2)

La oración más profunda no se realiza para satisfacer los deseos de nuestra personalidad sino para que se plasme la Voluntad divina, para que nos convirtamos en instrumentos de Dios en la Tierra, para que se cumpla la Ley.

Un ermitaño anónimo, en un maravilloso "Pequeño tratado de oración contemplativa" nos dice que *"antes de orar debes de comprender que detrás de todos tus deseos de objetos o de situaciones del mundo, solo hay un deseo: la Paz Profunda. Y ese deseo último que tanto anhelas y que proyectas en los objetos y situaciones del mundo solo lo puedes obtener en la interioridad".* (3)

Es posible establecer cinco grados de oración:

a) Oración de primer grado o súplica: es aquella plegaria vulgar donde el orador pide a un dios (que sitúa "afuera y arriba") algo para sí mismo o para otros, para lograr salud, dinero o amor, generalmente tratando de establecer un trueque, un cambio de favores.

b) Oración de segundo grado o afirmativa: es una sustitución consciente de la súplica corriente por una oración donde entre en juego nuestro poder creador. Se fundamenta en la afirmación y en la ley de atracción. Mientras que una súplica vulgar podría enunciarse de este modo: "Por favor, Dios, ayúdame a conseguir dinero", la oración afirmativa diría: *"La presencia de Dios está en mí y él provee todo lo que necesito cuando lo necesito, y estoy abierto y receptivo a mi bien".* (4)

La oración afirmativa se basa en la vida como una escuela y nos asegura que, en todo momento, estamos siendo guiados a nuestro bien mayor. De esta forma, es posible lograr que sea lo que debe ser.

c) Oración de tercer grado o agradecimiento: es aquella plegaria donde el orador se limita a agradecer las bendiciones recibidas, el amor de sus seres queridos, la oportunidad de hollar el sendero y también las pruebas que le permite crecer. Una oración de este tipo aparece en Juan 11:41-42, cuando Jesús dice: *"Padre, te doy gracias porque me has escuchado. Ya sabía yo que siempre me escuchas".*

d) Oración de cuarto grado o textual: es aquel texto escrito perteneciente a una tradición religiosa o mística, que se recita como oración y que nos ayuda a sentirnos parte de una comunidad o eslabón de una cadena mística, generando las condiciones propicias para algún acontecimiento de carácter espiritual. Algunos ejemplos de este tipo de oración son el Padre Nuestro, la Gran Invocación, la Oración de San Francisco, el Ave María, el Salve Regina, etc.

e) Oración de quinto grado o íntima: es aquella donde el orador deja que hable su corazón, con franqueza y amor hacia la divinidad, provocando un contacto directo con la Fuente.

Quizás al principio la oración nos parezca una práctica monótona, aburrida y desalentadora, pero mediante la paciencia, la voluntad y la constancia la oración verbal se podrá convertir en una herramienta eficaz para tornar nuestra propia vida en una oración contemplativa. Por eso, es posible aseverar que la oración íntima es una actitud de apertura y de entrega, verdaderamente transformadora de la conciencia, hasta llegar a un punto en que la oración no será verbalizada sino vivida. El practicante ya no practicará la oración sino que "será" la oración.

En esta sintonía, Max Heindel decía que: *"A fin de obtener resultados, debemos vivir de tal modo que toda nuestra vida se convierta en una oración, en una aspiración. (…) No son las palabras que pronunciamos en momento de oración las que cuentan, sino la vida que nos lleva a la oración. ¿De qué sirve rogar por la paz en la Tierra el domingo si durante toda la semana nos dedicamos a fabricar balas?"*. (5)

Una práctica sencilla relacionada con este punto consiste en comenzar y terminar el día con una oración con la que nos identifiquemos, con una afirmación edificante o con esta sentencia: *"Estoy en la presencia de Dios y Dios está presente en mí"*. Esto marca un comienzo y un final, a modo de paréntesis, convirtiendo toda la jornada en un ritual, creando las condiciones mentales propicias para que el día esté lleno de inspiración y bendiciones.

"Orar es la experiencia más maravillosa que podemos tener. Diferente a los murmullos diarios de la mayoría de la humanidad que tratan con repeticiones vanas de ganar la atención de Dios, la plegaria es el éxtasis de la unión espiritual, que ocurre en la tranquilidad profunda y silenciosa de la conciencia". (Neville Goddard)

Cuento: La oración del campesino

Un pobre campesino que regresaba del mercado a altas horas de la noche descubrió de pronto que no llevaba consigo su libro de oraciones. Se hallaba en medio del bosque y se le había salido una rueda de su carreta, y el pobre hombre estaba muy afligido pensando que aquel día no iba a poder recitar sus oraciones.

Entonces se le ocurrió orar del siguiente modo: "He cometido una verdadera estupidez, Señor: he salido de casa esta mañana sin mi libro de oraciones, y tengo tan poca memoria que no soy capaz de recitar sin él una sola oración. De manera que voy a hacer una cosa: voy a recitar cinco veces el alfabeto muy despacio, y tú, que conoces todas las oraciones, puedes juntar las letras y formar esas oraciones que yo soy incapaz de recordar".

Y el Señor dijo a sus ángeles: "De todas la oraciones que he escuchado hoy, ésta ha sido, sin duda alguna, la mejor, porque ha brotado de un corazón sencillo y sincero".

Oración de protección (James Dillet Freeman)

La luz de Dios me rodea;

el amor de Dios me envuelve;

el poder de Dios me protege;

la presencia de Dios vela por mí.

¡Dondequiera que estoy, está Dios!

La meditación

La meditación se confunde muchas veces con la concentración, pero en verdad para que exista una verdadera meditación no deberían manifestarse pensamientos intrusos. No hay interferencias, sólo silencio y comprensión. Siendo así, debemos entender a la concentración como un paso preliminar e indispensable para disciplinar la mente de deseos, y que sirve para generar las condiciones propicias tanto para la oración como para la meditación.

La práctica asidua de la meditación nos otorga paz, armonía y unidad, brindándonos la oportunidad de escuchar con atención la "voz del silencio", las instrucciones certeras del Maestro Interno, que mora en el centro de nuestro Ser.

De acuerdo con Ramiro Calle: *"La meditación es morir al ego por unos minutos para nacer al yo real. Dejamos por unos minutos el mundo fuera de nosotros, porque por ello no se va a parar, y nos desconectamos de nuestras actividades, tensiones y afanes, para remansarnos como las aguas límpidas de un lago y sentir la energía de nosotros mismos, nuestra pacífica subjetividad".* (6)

Existen diversos métodos de meditación y cada corriente tradicional posee uno propio o adaptado de uno anterior. Para alcanzar el éxito en esta disciplina, el practicante no debería cambiar de método periódicamente sino que debería mantenerse firme y constante en uno con el que se sienta plenamente identificado.

Podemos diferenciar, en términos generales, dos clases de meditación: una "con semilla" y otra "sin semilla", también llamadas "pequeña meditación" y "gran meditación", siendo la "semilla" o "simiente" el tema de la meditación.

La meditación con semilla actúa como enlace con la concentración y se fundamenta en la elección de un "pensamiento-simiente", un punto de anclaje para la conciencia. Esta "semilla" es el tema sobre el que se debe fijar nuestro pensamiento al meditar y esa semilla brota cuando la comprensión proviene de lo más íntimo de nuestro ser, no de la mente de deseos.

Cuando el practicante ya ha logrado dominar esta "pequeña meditación", puede pasar a la "gran meditación". Sobre esta meditación ("sin semilla") no puede escribirse demasiado, ya que implica la contemplación o escucha directa de esa "voz del silencio" a la que se han referido los místicos de Oriente y Occidente. En esta meditación superior no existe ningún punto de anclaje, ningún tema ni objetivo ni subjetivo.

Algunos pensamientos-simientes para la meditación (7)

Vive en lo Eterno.
Renuncia a tu vida, si deseas vivir.
Tú eres Buda.
La luz está dentro de ti. Deja que la luz brille.
Para el iluminado, todos los lugares son el mismo.
La causa del morir es el nacer.
Hazte lo que eres.
La vida es un puente; crúzalo, mas no construyas en él ninguna casa.
Felices son aquellos que ponen en línea sus deseos con su deber.
El amor es el cumplimiento de la ley.
Dios me dirige, me guía y camina a mi lado.
La paz emana de mi interior.
La paz de Dios mora en la quietud de mi corazón.
La paz mundial comienza con una conciencia de unidad.

Aunque consideremos a la oración y a la meditación como dos vías distintas y separadas, ambas nos sumergen en un estado de conciencia que es necesario trasladar a la vida diaria, para mantener una conexión constante con la divinidad que mora en nuestro corazón. A eso se le llama "presencia divina" y a ella se refería el Hermano Lawrence de la Resurrección (Nicolas Herman) al decir: *"Para mí el tiempo de actividad no es diferente del tiempo de oración. El bullicio y las presiones de la vida diaria no me hacen perder el sentido de la presencia de Dios ni la paz y tranquilidad que él me da".* (8)

En relación a esto, Antonio Blay aconseja: *"Debemos acostumbrarnos a mantener este estado interior mientras se están haciendo las cosas cotidianas; aunque se borre, ya se volverá a recuperar cuando llegue la hora del nuevo aislamiento, o a la mañana siguiente cuando hagamos la media hora de práctica. Al cabo de unos días de hacer esto, no muchos, se notará que los efectos de este trabajo se alargan durante todo el día y que ya en ningún momento se actúa o reacciona como antes. Se comprobará que uno está distraído, pero de repente aparece el recuerdo del estado interior y, automáticamente, se produce el gesto de situarse en él".* (9)

Las lecturas sagradas y afirmaciones edificantes

La literatura sagrada actúa en nuestra Alma espiritual por "impregnación", como un estímulo a seguir el sendero iniciático aún en las condiciones más adversas y en una sociedad que ciertamente es hostil a toda trascendencia.

Los textos espirituales son un alimento para el Alma, pero también deben considerarse una excelente forma de trabajar directamente con Manas, la Mente superior, para que pueda "comprender" y trascender la inmediatez.

A través de la lectura consciente podemos lograr un perfecto entendimiento del mensaje universal de los Maestros de la Tradición y vibrar en sintonía con los Hermanos de nuestra Comunidad espiritual.

Hay muchos textos que pueden servir para esta finalidad, desde los Libros Sagrados: "La Biblia", "El Corán", "El Bhagavad Gita", "El Dhammapada", etc., hasta otras obras espirituales: "Imitación de Cristo", "La nube del no-Saber", "La Filocalia", "El espíritu de la oración", "La voz del silencio", "A los pies del Maestro", etc. También pueden ser fuentes de inspiración las poesías místicas como las de Rumi, Omar Khayyam, etc., y las biografías de los grandes Maestros e instructores de la humanidad.

Otras composiciones cortas de interés son las "afirmaciones edificantes", entre las que se destacan las producidas por Unity desde 1889 y que *"ofrecen apoyo e inspiración a las personas para ayudarlas a vivir más saludable y prósperamente"*. (10)

Estas afirmaciones edificantes —como su nombre lo indica— nos sirven para "edificar", es decir que contribuyen a crear mejores condiciones en nuestra vida mediante la aplicación consciente de la ley de atracción.

Tres afirmaciones edificantes (11)

Confianza

Por tener fe en Dios, tengo fe en mí mismo. Poseo todas las herramientas que necesito para lograr mis sueños, porque Dios en mí es un Espíritu de toda sabiduría, todo conocimiento, y que puede lograrlo todo. Gracias al poder de Dios, puedo superar cualquier apariencia de escasez o limitación.

Si siento que necesito más paciencia, perseverancia y comprensión, o si deseo convertirme en una persona más amorosa, el Espíritu divino me revela lo que debo hacer para crecer espiritualmente y tener éxito. Al orar, Dios me ofrece las respuestas, y avanzo con confianza en pos de mi meta. Al mantener mi mente y corazón abiertos a la inspiración y la guía, mi fe en Dios y en mí se profundiza.

Belleza

Soy una hermosa creación de Dios, con un espíritu bello y que vive en un mundo hermoso. Cuando afirmo estas palabras, me veo como soy verdaderamente —un ser espiritual, lleno de la vida renovadora de Dios. Mi cuerpo es un templo sagrado; mi mente es una herramienta poderosa; mi corazón es un canal abierto.

Doy gracias por la belleza del mundo a mi alrededor. Desde el átomo más pequeño hasta la cordillera más grande —sé que la belleza ha sido creada de manera divina, así como lo he sido yo. Cuando recuerdo la Verdad de quien soy, siento el espíritu de Dios en mí. Soy una persona creativa y confiada, que logra todo lo que se propone. Soy la persona única y hermosa que debo ser.

Prosperidad

Mi vida está llena de prosperidad ilimitada. La belleza de la Tierra, el amor de mis familiares y amigos, las oportunidades ante mí, y hasta las lecciones que aprendo todos los días, aseguran mi prosperidad.

La prosperidad es mucho más que posesiones materiales; es también un estado mental. Es la comprensión de que las bendiciones de Dios llenan mi vida. Me siento próspero cada vez que disfruto la belleza de un amanecer o siento que una oleada de energía divina fluye en mente y cuerpo. Me siento próspero cada vez que tengo nuevas ideas y experimento mayor bienestar y confianza. Me siento próspero al orar y reconocer que soy un ser espiritual. ¡Soy maravillosamente próspero!

Universalismo, eclecticismo y compromiso

La filosofía iniciática es universalista y ecléctica. Esto quiere decir que reconoce que muchos senderos tradicionales llevan al mismo destino trascendente y que de todos ellos podemos rescatar cosas buenas para nuestro desarrollo. Sin embargo, no es posible recorrer todos los caminos ni practicar todas las técnicas espirituales. Tampoco podemos hacer una selección de prácticas "a la carta" como si estuviéramos en un supermercado. En un momento del sendero, es necesario que el noble viajero elija un Maestro o una Tradición con la que sienta afinidad, en consonancia con las enseñanzas universales.

Es necesario aclarar esto: las técnicas de purificación de los cuatro vehículos del cuaternario aparecen de una u otra forma en todas las tradiciones y las técnicas de desarrollo no son tan diferentes. No obstante, ante la Puerta del Templo es necesario concentrarse en un modelo a seguir, con un maestro de la Tradición digno de ser imitado: Cristo, Buddha, Krishna, Mahoma u otro. En la India, esta figura divina recibe el nombre de Ishta-deva, que significa la adoración del Dios único a través de un arquetipo inspirador, de un ejemplo a imitar. La comunión amorosa con este personaje, la personalidad pasa a ser una con el arquetipo sagrado, y esto permite alcanzar la Paz Profunda.

Intentar seguir todos los caminos con la excusa del universalismo o del eclecticismo solo nos puede llevar a la confusión y a la dispersión. Quien desea practicarlo todo, no practica nada. Elegir a un Maestro no significa desmerecer a los demás ni negar su validez, sino adoptar un estilo de vida coherente con un modelo en concreto para despertar al Maestro verdadero, el sat-guru, el guía que reside en nuestro corazón.

Así podemos hablar del Cristo Interno, del Buddha interno, etc., sin que esto esté vinculado necesariamente con personajes históricos de carne y hueso, sino con la vivencia íntima y profunda de la figura del Maestro mítico.

Imitar al Maestro es comprender a fondo la enseñanza y lograr que nuestro corazón vibre en sintonía con esa figura trascendente. En ocasiones hemos hablado de "cristificación" y de "buddhificación" (aunque estos términos sean barbarismos lingüísticos), lo cual significa el nacimiento del Maestro espiritual en el centro del corazón.

Yo Soy

La pregunta constante, que aparece una y otra vez a lo largo de todo el camino espiritual al tratar de comprender la naturaleza última del Ser es esta: "¿Quién soy?"

El profano considera absurda esta pregunta porque cree saber quién es, aunque al intentar responderla no consigue hacerlo con exactitud.

El espiritualista es posible que responda "Yo soy", pero esta respuesta suele ser una conclusión teórica, no vivencial. En la aceptación de nuestra ignorancia, la mejor respuesta a esta pregunta es la misma que se pronuncia al recitar el rosario: "soy un noble caminante", siendo conscientes de nuestra peregrinación de la ignorancia a la sabiduría, de la luz a las tinieblas, de la periferia al centro.

Esa misma peregrinación por la "Via Lucis", con sus pruebas, dificuldades, alegrías y triunfos es la que nos hará comprender íntimamente el gran secreto de la vida para que, en algún momento, estemos preparados para responder con el corazón: "Yo soy".

En el entendimiento de esta pregunta ("¿Quién soy?") y en esta respuesta ("Yo soy") se resume todo el tránsito de la oscuridad a la luz, la gran aventura de la existencia.

Hazte lo que eres.

Epílogo
Unas palabras finales

Seguramente muchos considerarán que la diversidad de temas abordados en este volumen lo convierten en un "cambalache" o en un revoltijo sin pies ni cabeza. No obstante, el lector suspicaz habrá notado que el objetivo primordial de la obra es brindar una síntesis lo más ordenada posible de los conocimientos iniciáticos desde una perspectiva vivencial y un intento sincero de "reunir lo disperso", dejando constancia que muchos temas que parecen antagónicos finalmente terminan estando relacionados.

La labor de síntesis obliga a no profundizar, por lo cual es necesario que el lector no se conforme con la mera aceptación de lo expuesto sino que "Laberintos y Dragones" es una invitación a INVESTIGAR, y sobre todo: EXPERIMENTAR.

Si todo lo expuesto no puede llevarse a la práctica, es decir a la vivencia aquí y ahora, en nuestra vida cotidiana, de nada sirve.

El estudiante sincero debe convertir el Ideal Iniciático en carne y sangre, convirtiéndose en un agente de transformación, un portador de la antorcha para iluminar un mundo nuevo y mejor, donde se manifiesten en su esplendor lo Bueno, lo Bello, lo Justo y lo Verdadero.

¡Que así sea!

LUZ - VIDA - AMOR

Apéndice A

Esquema de entrenamiento integral
(ejercicios y elementos permanentes)

1) ASCESIS PRELIMINAR (primera fase)

a) Uso de Bitácora
b) Postura corporal
c) Relajación
d) Concentración
e) Vocalización de tres sonidos raíces
f) Respiración
g) Auto-observación

2) ASCESIS (segunda fase)

Elemento Tierra
a) Orden e higiene personal y del entorno
b) Actividad física
c) Dieta balanceada y consciente
d) Reflejo de relajación
e) Descanso adecuado
f) Respiración consciente
g) Reducción y eliminación de malos hábitos

Elemento Agua
a) Ahorro y control del prana
b) Entrenamiento pránico
c) Vida al aire libre - recepción de prana arbóreo
d) Vocalización de sonidos raíces (RA-MA-OM) y OUAEIM

Elemento Aire
a) Actitud positiva - Sonrisa interna
b) Defensa astral
3) Canto devocional
4) Amor consciente y control de las emociones

Elemento Fuego

a) Discernimiento
b) Momentaneidad y atención consciente
c) Control mental y concentración
d) Visualización y visualización creativa
e) Uso de mandalas

3) EJERCICIOS CONCIENCIALES (tercera fase)

a) Desarrollo del pensamiento abstracto
b) Uso de herramientas oraculares
c) Auto-observación, pregunta "¿quién soy?". Despertadores.
d) Lectura de textos sagrados y afirmaciones edificantes
e) Arte consciente

4) EJERCICIOS ESPIRITUALES (cuarta fase)

a) Oración
b) Meditación con semilla
c) Meditación sin semilla

Elementos simbólicos y ritualísticos

a) Construcción de un Santuario
b) Las posturas litúrgicas
c) Recorrido de laberintos
d) El rosario iniciático de 33 cuentas
e) Uso de incienso de rosa musgosa
f) Uso del Tarot

Elementos comunitarios

a) Trabajo con el egrégor
b) Danzas circulares, canto devocional y prácticas de arte grupal
d) Servicio consciente
e) Círculos de silencio
f) Festejos solsticiales y ceremonias.

El trabajo ascético se complementa con el "Proyecto de vida" y la búsqueda del Propósito, que es tema de otro volumen de esta colección.

Apéndice B

Entrenamiento pránico

POSTURA INICIAL

* Rodillas levemente flexionadas.
* Pies paralelos y separados a la altura de los hombros, bien apoyados en el piso.
* Columna recta.
* Vista al frente.
* Silencio interior y postura de súplica (mudra anjali)
* Vocalice los sonidos RA-MA-OM x 3 veces visualizando cada uno en la zona corporal correspondiente.

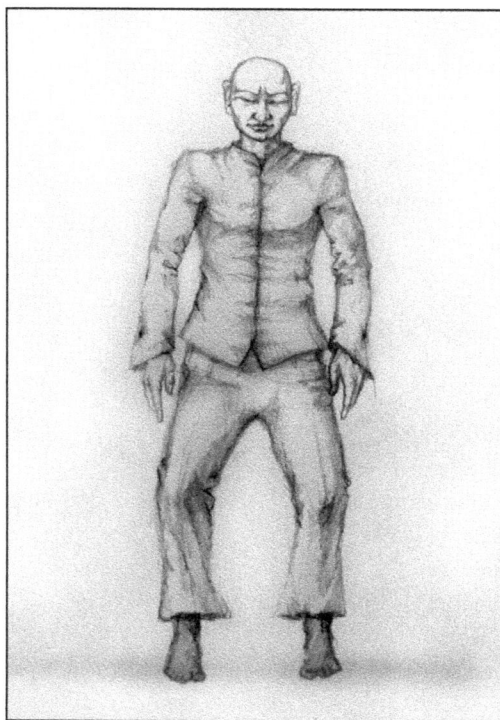

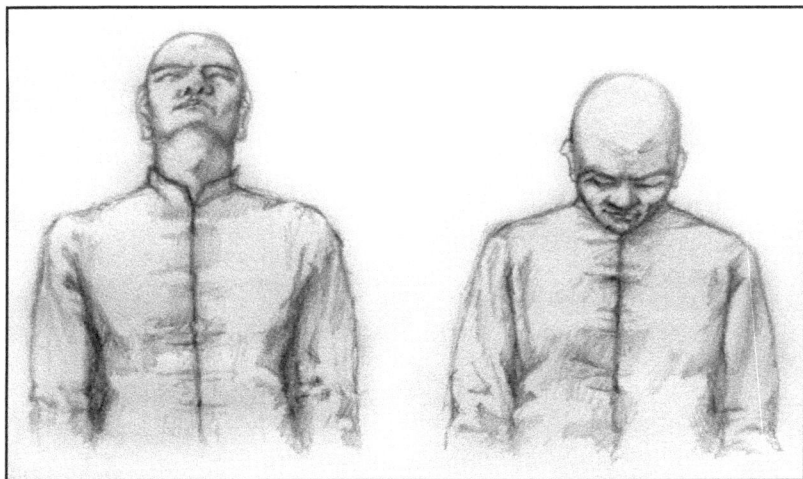

* Cierre los ojos.
* Respiración completa por 7 veces.
* Cabeza hacia atrás y hacia adelante 4 veces.
* Cabeza hacia un lado y hacia el otro 4 veces.
* Apoye la oreja en un hombro y luego en el otro. Repetir 4 veces de cada lado.

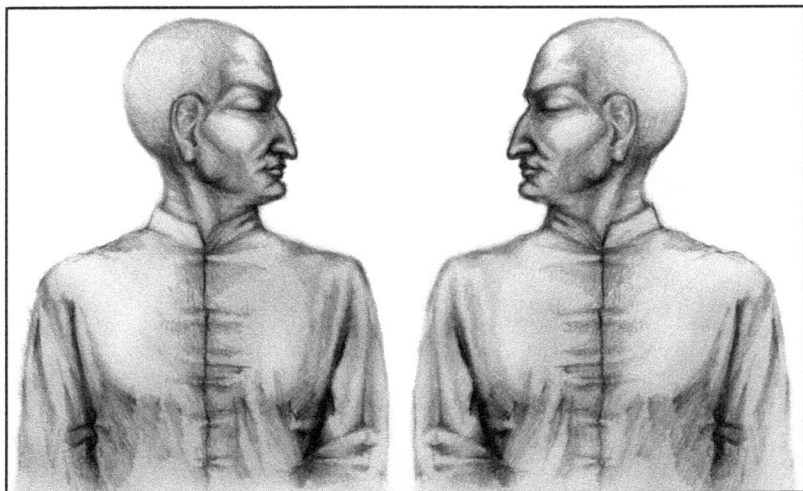

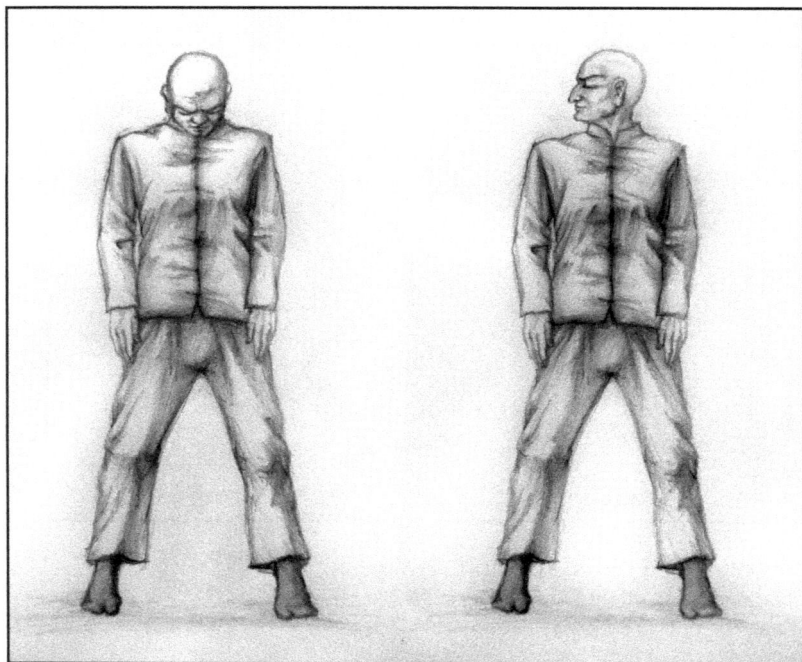

* Gire el cuello lentamente y completamente hacia un lado varias vueltas y después hacia el otro lado. Cuando gire desde la nuca hacia la barbilla, exhale. Cuando gire hacia atrás, inhale.
* Levante sus hombros y suéltelos. Acompañe el movimiento con la respiración, inspirando al levantar y exhalando al soltar.

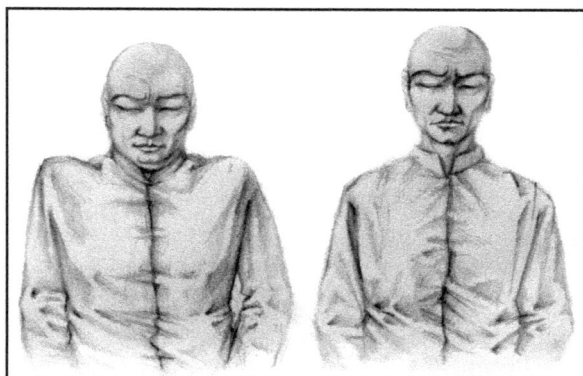

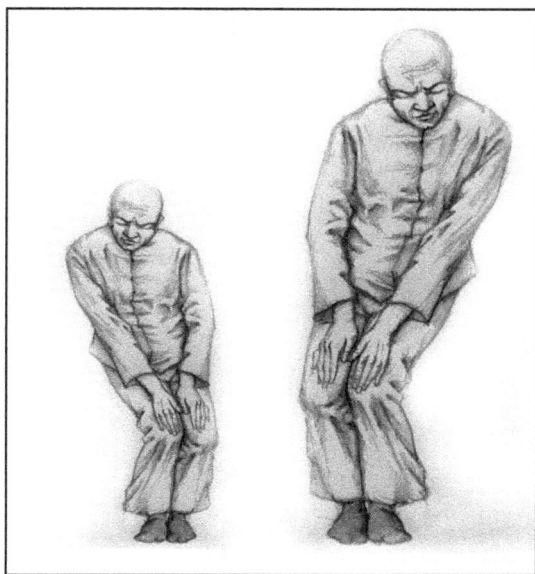

* Inclínese levemente y coloque las palmas de sus manos sobre sus rodillas.
* Gire hacia un lado 7 veces y luego hacia el otro lado.
* Gire su cintura hacia un lado 7 veces y luego hacia el otro lado.

* Balancee su cuerpo girando los brazos hacia un lado y hacia el otro, apoyándose en la respiración, y sintiendo el efecto relajante en su espalda.

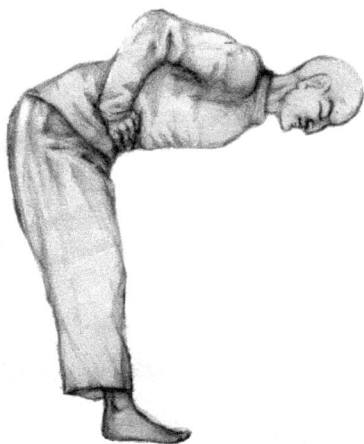

* Inclínese hacia atrás lo máximo que pueda, apoyando las manos en la parte baja de la espalda.

* Repita el movimiento hacia adelante.

* Vuelva hacia atrás y repita la serie 4 veces.

* Inclínese hacia un lado y coloque la palma sobre su pierna desplazándola hacia abajo lo máximo que pueda. La otra mano permanece vertical apuntando al cielo. Repita la serie 4 veces.

* Inhale y exhale, colocando las manos como en la imagen.
* Cuando están frente a los hombros, las manos tienen los dedos apuntando hacia abajo, pero cuando comienzan a descender, se colocan con las palmas hacia adelante y los dedos hacia arriba.
* Al llegar frente a la cintura, las manos suben nuevamente con los dedos hacia abajo (como en la imagen)
* El movimiento debe ser fluido y armónico. Repita 10 veces.

* Coloque un pie adelante y el otro unos pasos atrás en escuadra.

* Al avanzar, sus manos se mueven hacia adelante exhalando y al volver deberá inhalar. El movimiento es como "empujar".

* Continúe el movimiento hacia adelante y hacia atrás, exhalando e inhalando. Repita 10 veces.

* Abra y cierre los brazos como si se tratara de un acordeón. Al abrirlos inhale y al cerrarlos, exhale.

* Al cerrar los brazos, las manos llegan hasta el pecho y se colocan paralelas (sin tocarse). Luego vuelva a llevarlas a los costados, abriendo los brazos. Repita 10 veces la serie.

Página siguiente:

* Coloque las manos con las palmas hacia arriba y las colocamos cerca del abdomen.

* Con una inspiración profunda, súbalas hasta la altura del ombligo y bájelas con la espiración a su posición original.

* Repita la operación, pero esta vez la inhalación lleva las manos hacia arriba hasta el pecho, bajando nuevamente con las palmas hacia abajo.

* La tercera vez las manos suben hasta el cuello y al descender, con las palmas hacia abajo, llegan hasta la cintura y siguen el giro hacia arriba de la cabeza, donde se concluye con las palmas en el mudra anjali sobre la coronilla.

Apéndice C
Desarrollo físico

Ejercicio físico: test personal

A fin de analizar nuestra capacidad física y conocer exactamente dónde estamos parados, existen varios test de evaluación que serán de utilidad al lector.

a) Test de Burpee

El test de Burpee es un buen indicador de nuestra capacidad aeróbica y consiste en cuatro movimientos:

a) Nos colocamos en cuclillas con las manos colocadas sobre el suelo.

b) Extendemos ambas piernas hacia atrás y al mismo tiempo hacemos una flexión de codo.

c) Regresamos a la posición inicial.

d) Realizamos un salto vertical.

La resistencia cardiovascular se mide respecto a la cantidad de repeticiones de este ejercicio que se puedan realizar:

Repeticiones	Estado
0-30	Deficiente
31-40	Normal
41-50	Bueno
51-60	Muy bueno
+60	Excelente

b) Test de resistencia muscular

En la primera parte de este ejercicio, vamos realizar flexoextensiones de brazos, colocándonos boca abajo con los brazos estirados y las manos abiertas a lo ancho de los hombros. El peso debe descansar sobre las rodillas en las mujeres y en la punta de los pies en los hombres, subiendo y bajando el peso del cuerpo bien derecho, sin apoyar ninguna parte del mismo en el suelo. Repetir el procedimiento todas las veces que se pueda.

	20 a 30 años	31 a 40 años	41 a 50 años	51 a 60 años
Bueno	Más de 30 (m) y más de 35 (h)	Más de 25 (m) y más de 30 (h)	Más de 20 (m) y más de 25 (h)	Más de 15 (m) y más de 10 (h)
Regular	20-29 (m) y 25-34 (h)	15-24 (m) y 20-29 (h)	10-19 (m) y 15-24 (h)	5-9 (m) y 8-14 (h)
Malo	Menos de 20 (m) y menos de 25 (h)	Menos de 15 (m) y menos de 20 (h)	Menos de 10 (m) y menos de 15 (h)	Menos de 5 (m) y menos de 10 (h)

h= hombres   m=mujeres

En la segunda parte del ejercicio, realizaremos abdominales, para lo cual debemos estar sentados, con las manos a la nuca y las piernas en flexión.

	20-40 años	+40 años	+ 60 años
Bueno	60 o más	50 o más	30 o más
Regular	40-59	30-49	20-29
Malo	Menos de 40	Menos de 30	Menos de 20

c) Test de flexibilidad

Colóquese en el suelo con un centímetro entre sus piernas, separando los pies y haciendo coincidir el número 50 con sus talones. Coloque una mano sobre la otra y sin forzar, exhale lentamente y trate de llegar lo más lejos posible, midiendo el resultado final. Repita varias veces y anote el mejor resultado.

	20-45 años	+45 años	+60 años
Bueno	65 cm. o más (h) y 70 cm. o más (m)	60 cm. o más (h) y 65 cm. o más (m)	55 cm. o más (h) y 60 cm. o más (m)
Regular	55-64 cm. (h) y 60-69 cm. (m)	50-59 cm. (h) y 55-64 cm. (m)	45-54 cm. (h) y 50-59 cm. (m)
Malo	Menos de 54 cm. (h) y menos de 59 cm. (m)	Menos de 49 cm. (h) y menos de 54 cm. (m)	Menos de 44 cm. (h) y menos de 49 cm. (m)

d) Test de índice de masa corporal (IMC)

El IMC es un número que determina aproximadamente, partiendo de la estatura y el peso, el rango más saludable de masa que debería tener una persona.

$$IMC = \frac{peso(kg)}{altura^2(m)}$$

Índice de masa corporal (IMC) normales

Edad	Mujeres	Hombres
19-24	19-24	19-24
25-34	20-25	20-25
34-44	21-26	20-25
44-54	22-27	20-25
55-64	23-28	20-25
+65	24-29	20-25

Apéndice D
Trabajo con el egrégor de la Obra

"Egrégor" es un punto focal en donde las mentes se reúnen espiritualmente en torno a un ideal común, para irradiar de manera conjunta pensamientos que afecten de manera positiva a quienes participan y a sus entornos.

Pronunciación en voz alta: Pido respetuosamente a los Maestros de la Tradición Primordial, su autorización y su compañía en este trabajo espiritual, para entrar en contacto con dignidad y respeto con nuestro sagrado egrégor, en PAZ, ALEGRIA Y AMOR. . . ¡Que así sea!

Ejercicio: Imagina que estás de pie frente a la puerta de un enorme templo de piedra con una gran puerta de madera. [pausa] En sus muros exteriores, puedes reconocer imágenes de diversas tradiciones de Oriente y Occidente. [pausa] Mientras observas los detalles del lugar, la vieja puerta se abre y ante ti aparece un guardián ataviado de una túnica blanca con capucha. [pausa] El guardián te entrega una antorcha encendida y te invita a pasar a un templo interior en forma octogonal con una cúpula en lo alto. Cuando estás adentro te encuentras con otros muchos Fratres y Sorores de la Obra formados en círculo, cada uno sosteniendo una antorcha, iluminando todos los rincones del recinto sagrado. [pausa] Observas a algunos de estos Hermanos, reconociéndolos, y los ves sonrientes y felices. [pausa]

En el centro del círculo se encuentra una mesa circular donde puedes apreciar un libro muy viejo, abierto, donde se distinguen en las dos páginas abiertas los símbolos usados por nuestra Obra: la estrella de seis puntas a la izquierda y el OM a la derecha. [pausa] En este momento de alegría y reunión fraternal, el Guardián te pide que levantes tu antorcha con la mano derecha hacia arriba y hacia delante y que avances hacia el centro con los otros Hermanos, formando una bóveda flamígera sobre el libro sagrado, cada uno sosteniendo hacia delante su propia antorcha y formando una enorme pira. [pausa]

Imagina como esa gran antorcha única de flama dorada creada por todos los Hermanos irradia energía luminosa a todos los puntos cardinales de la Tierra, llegando a todos aquellos que forman parte de la Obra. [pausa]

Si la observas con detenimiento, notarás que en las orillas de las llamas se pueden apreciar colores verdes y azules en diferentes intensidades y que en el centro de la misma se puede observar un penacho de color blanco amarillento. Observas como la llama de nuestra antorcha crece y crece con el aporte de todos los Hermanos de la Obra… [pausa]

Si tienes algún pensamiento de culpa o de perdón, es momento de liberarlo, y de aligerar tu corazón…. El fuego místico todo lo libera. La alquimia sagrada todo lo transmuta… [pausa]

Enviarás ahora pensamientos de AMOR a todos los trabajadores de la Obra, coordinadores, facilitadores, guías, escribas, centinelas, que residen en diferentes partes del mundo y que comparten contigo los mismos ideales. Asimismo envía tus mejores vibraciones a todas las personas que trabajan con nosotros en la restauración de la sociedad primordial. [pausa]

Envía también pensamientos de AMOR a todos tus familiares, amigos y conocidos para que se iluminen y encuentren en su camino las sagradas enseñanzas, para que las conozcan y se integren junto a nosotros a esta labor de construcción de un mundo nuevo y mejor… y a TODOS LOS BUSCADORES que todavía no nos encuentran… [pausa]

Ahora es momento de que agradezcas íntimamente los beneficios y las bendiciones recibidas. [pausa]

En conjunto agradecerás este trabajo diciendo mentalmente. *"Agradezco a Dios y a los Maestros, las bendiciones recibidas en este lugar, que son fuente de inspiración en el trabajo que estamos realizando"*

¡¡¡QUE ASI SEA!!!

Apéndice E
Apuntando Alto

En esta obra titulada "Laberintos y Dragones" no podía dejar de lado a los jóvenes Kairos, quienes trabajan en la ciudad de Pereira (Colombia) para gestar una juventud consciente y en acción.

En mi última visita a Colombia, encomendé la portada del libro a Diana Londoño Salinas, quien ha sabido captar el sentido último de esta obra en una maravillosa imagen. También pedí a Natalia Osorio, de 15 años, que escribiera unas líneas sobre el tema central de "Laberintos y Dragones", para conocer su visión de todo lo que hemos repasado en este libro. Sus palabras las incluyo a continuación:

Pruebas en el Sendero

Tu mente es como una botella que se llena constantemente con lo que desees que en ella habite. Por eso, es esencial recodar que tus pensamientos influirán día a día en lo que te suceda y que el negativismo puede llegar a nublar tu camino. Así mismo sucede con aquellos caminantes que son dominados por sus mediocres miedos y deciden devolverse sin siquiera haber dado un paso más, por el simple hecho de creer que no serán capaces, ya que su mente los enfrasca en sus limitaciones ahogándolos en sus oscuridades.

Cuando un guerrero decide despojarse toma como ejemplo la naturaleza del árbol que se libera de su energía muerta, permitiendo el cambio y renovándose de vida.

De igual forma tú que estás emprendiendo este viaje deberás dar paso a nuevas vestiduras que te permitan abandonar esos pensamientos oxidados e inundados de vicios y comodidades para seguir labrando la semilla de luz y vida que se levantará ante un cielo de estrellas que guían tu renacer, tal como lo hace la dulce flor de loto que emerge de las profundidades del fango en donde su belleza transforma su alrededor. Así que renuévate con pensamientos puros y fuertes que trasciendan tu cobardía y desintegren tus oscuridades.

* * *

Creer en ti es dejar que del fondo de tu corazón brille tu esencia, darle vida y permitir que se expanda por la tierra como el dulce aroma de las flores, tan lúcido y puro que logres cambios en ti y en el mundo.

Sera complicado dominar el temor ya que siempre existirán fuertes voces que te aconsejen rendirte y seguir el camino mas fácil, el camino que no te corresponde; habrán voces tan fuertes que intentarán que cortes tus alas y que cierres tus ojos cuando apenas te aproximas a vivir. En ese momento no temas, aférrate a un ideal que te impulse a seguir y observa el mundo con una mirada amigable porque así como hay fuertes voces que desean verte rendido, hay otras más poderosas y que tienen un brillo diferente que te impulsarán a abrir tus alas y a llenar tus manos de vida para obrar por un cambio consciente.

* * *

Al emprender un camino iniciático debes ser consciente de las pruebas que debes enfrentar. Nunca avances ignorando ni evadiendo a los dragones que están ante ti, ya que constantemente te verás retado por ellos. Al intentar evadirlos solo darás pasos en reversa ya que permitirás que todo lo que impulsa a tu Alma a seguir adelante desaparezca y pierda fuerzas en una amenaza constante en la cual la desesperación se apodere de ti.

Allí donde comiences a vivir una vida que parece regida por una bomba que amenaza con estallar segundo a segundo, es allí en donde Cronos toma fuerzas y Kairos se esfuma en el viento convirtiéndose en una oportunidad perdida.

De esta forma tu vida será manejada por tus dragones, y por tus más recónditas sombras, porque tu mente y corazón se encontrarán en una cuerda floja. Este es el momento indicado para que el guerrero que todos llevamos dentro salga a flote, para transformarse y permitir que se renueve con energías para no evadir sus adversarios, para comprender que aunque los fuertes vientos quieran arrasar con todo, debes mantenerte firme como un árbol, enfocado en el camino, liberándote del temor y la cobardía, asumiendo los cambios que el camino te ponga, para así poder permitir que tu latir contagie e ilumine el sendero de muchos más seres que como nosotros se atreven a soñar.

* * *

Cuando te encuentres frente a frente con esa criatura que te domina, deberás estar atento y preparado para su ataque porque podrá atraparte fácilmente al notar que tu debilidad predomina. No deberás temerle, pues el miedo hará que tu espíritu dude de su fuerza. Así que tan solo has de levantarte y transformar tu temor en fortaleza y energía que pueda derribar las barreras del camino. De esta forma podrás aventurarte a ver el firmamento como los viajeros que caminan hacia el centro del espiral. Cuando al fin llegues al centro podrás sentir el cambio verdadero dentro de ti mismo y tendrás la oportunidad de quitarte esa venda cegadora para poder mirar el hermoso cielo de luz y energía purificadora que baña a la Tierra. Dependerá de tu convicción y tu voluntad poder llegar al centro de la espiral, y poder salir al mundo custodiando tu luz propia e iluminando la vida de los que te rodean, o de aquellas almas que aún no logran despertar.

¡Apuntando alto!

Apéndice F
Canto devocional

¿Quién ha venido a mi Templo?
(Letra de Rabindranath Tagore y música de Yogananda)

¿Quién ha venido a mi Templo?
¡Toda puerta se abre sin llave,
Se iluminan todas las naves!
Hoy mis sombras —negras aves—
Remontan vuelo, remontan vuelo.

Ante ti, señor Ganesha
(Canto indio)

Ante ti, señor Ganesha,
Incino la cabeza,
Abre el camino a la verdad.
Cabeza de elefante Vinayaka,
Destruye la muerte y el mal.

Ad Rosam per Crucem
(Canto rosacruz)

Ad Rosam per Crucem; Ad Crucem per Rosam
In eaeis gemmatus, resurgam
Non Nobis, Non Nobis, Domine
Sed nominis tui gloriae solae

Traducción: *"Hacia la Rosa por la cruz, hacia la cruz por la rosa. En ellas resucitaré como una piedra preciosa. Nada para nosotros, Señor, nada para nosotros, sino para la gloria de tu nombre".*

Shiva Nataraj
(canto indio)

Shiva Nataraj, ¿dónde estás?
En el corazón de la verdad
Shiva Nataraj, ¿dónde estás?
Baila al ritmo del tambor
Ven conmigo, oh señor.

Hazme instrumento de tu paz
(oración de Francisco de Asís adaptada por Luis Yompián)

Hazme instrumento de tu paz
Donde haya odio lleve yo tu amor
Donde haya injuria tu perdón, Señor
Donde haya duda, fe en ti.
Hazme instrumento de tu paz
Que lleve tu esperanza por doquier
Donde haya oscuridad lleve tu luz
Si hay pena tu gozo, Señor.

Coro 1:
Maestro, ayúdame a nunca buscar
Ser consolado sino consolar
Ser comprendido sino comprender
Ser amado sino yo amar.
Coro 2:
Hazme instrumento de tu paz
Es perdonando que nos das perdón
Es dando a todos que tú nos das
Y muriendo volvemos a nacer.

Maestro, ayúdame a nunca buscar... (coro 1)
Hazme....(coro 2)
Hazme instrumento de tu paz (4 veces)

En mi corazón
(canto crístico)

En mi corazón nace el Cristo
Y crece su luz que inunda al mundo.

La luz de Dios
(oración de protección adaptada por Luis Yompián)

La Luz de Dios nos rodea siempre
El Amor de Dios nos envuelve.
El poder de Dios nos rodea siempre
La presencia de Dios vela por nosotros.
La Luz de Dios...
El poder de Dios...

Loado sos
(canto franciscano)

Loado sos, oh, mi Señor (8 veces)
Por todas las criaturas, por el sol y la luna
Las estrellas y los vientos, por el agua y por el fuego.
Loado sos, oh mi Señor (4 veces)
Por la Hermana Madre Tierra que alimenta y que sostiene
Por las flores y las hierbas, por los montes y los mares.
Loado sos, oh mi Señor (4 veces)
El sentido de la vida que es cantarte y alabarte
Y que toda nuestra dicha sea siempre una canción.
Loado sos, oh mi Señor (8 veces)

Referencias bibliográficas y notas

PRÓLOGO

(1) Vallés, Carlos: *Ligero de equipaje*. Santander, Sal Terrae, 1989.

(2) Del Montesexto, Phileas: *Los Pilares de la Pansofía*. Montevideo, Ediciones OPI, 2012.

(3) Csikszentmihalyi: *Fluir: una psicología de la felicidad*. Barcelona, Kairos, 1997.

(4) Blavatsky, Helena: *La voz del silencio*. México D.F., Diana, 1979.

(5) Eliade, Mircea: *Lo sagrado y lo profano*. Barcelona, Barral, 1970.

(6) Guénon, René: *Iniciación y realización espiritual*. Madrid, Sanz y Torres Ignitus, 2007.

(7) García Corneille, Andrés: *Carlos Castaneda: Drogas, brujería y poder personal*. Buenos Aires, Ediciones Lea, 2005.

INTRODUCCIÓN

(1) Nos Aldás, Eloísa: *Lenguaje publicitario y discursos solidarios*. Barcelona, Icaria, 2007.

(2) Citado en: *Cómo meditar* de Lawrence LeShan (Barcelona, Kairós, 1986).

(3) Calle, Ramiro: *Cuentos espirituales de Oriente*. Málaga, Sirio, 2006.

(4) Vale Amesti, Fermín: *El Arte Real*. Texto inédito.

(5) Vale Amesti: *Arte Real, op. cit.*

(6) Vale Amesti: *Arte Real, op. cit.*

(7) El indio Iqbal Taimni intentó remediar esta carencia con sus excelentes obras, sugiriendo el método ascético de Patanjali. Muchos años antes lo había intentado J. van der Leeuw, presidente de la Sociedad Teosófica en Holanda quien decía acerca de la organización *"Debe ser nuestra Sociedad vanguardia y no retaguardia, como ha sido hasta ahora"*, anunciando que: *"Constituirá uno de mis objetivos trabajar para un saludable método psicológico de entrenamiento espiritual. Esto es lo que, con preferencia, necesita la ST"*. Lamentablemente, sus intenciones quedaron truncas pues 4 años más tarde van der Leeuw falleció a los 41 años en Tanganica (África) al precipitarse el avión que pilotaba.

(8) Varias escuelas post-blavatskianas inspiradas en el modelo teosófico han intentado suplir esta omisión, entre ellas la citada Escuela Arcana (Alice Ann Bailey), Nueva Acrópolis (Jorge Ángel Livraga), Asociación Mundial Hastinapura (Ada Albrecht), y también las organizaciones neorosacruces indirectamente vinculadas con la Teosofía: la Fraternidad Rosacruz (Max Heindel) y la Orden Rosacruz AMORC (Harvey Spencer Lewis).

(9) Véase: **Sufismo y ascetismo** de Jasim Alubudi y **Un precursor hispa-nomusulmán de San Juan de la Cruz** de Miguel Asín Palacios.

(10) Diógenes Laercio, VI, 48, citado en: **Diccionario Akal de el saber griego**, de Jacques Brunschwig y Geoffrey Lloyd. Madrid, Akal, 2000.

CAPÍTULO I

(1) Platón en **Leyes** 803c-804ª citado por Coomaraswamy, Ananda en **Sobre ser en la mente recta de uno**

(2) Eliade, Mircea: **De Zalmoxis a Gengis-Khan.** Madrid, Ediciones Cristiandad, 1985.

(3) Wirth, Oswald: **El ideal iniciático.** Buenos Aires, Kier, 1943.

(4) Suetonio, Gayo: **La vida de los doce Césares.** Madrid, Espasa, 2003.

(5) Llull, Ramón citado en: **Ramón Llull y el secreto de la vida** de Amador Vega. Madrid, Siruela, 2002.

(6) Campbell, Joseph: **El héroe de las mil caras.** México, Fondo de Cultura Económica, 1972.

(7) Kapleau, Philip: **El despertar del zen en occidente.** Barcelona, Kairós, 1981

(8) Caplan, Mariana: **A mitad de camino: la falacia de la iluminación prematura.** Barcelona, Kairós, 2004.

(9) Fromm, Erich: **Psicoanálisis de la sociedad contemporánea: hacia una sociedad sana.** México D.F., Fondo de Cultura Económica, 1956.

(10) Fromm: *Psicoanálisis de la sociedad, op. cit.*

(11) Nicoll, Maurice: **Comentarios psicológicos sobre las enseñanzas de Gurdjieff y Ouspensky**, vol. 2. Buenos Aires, Kier, 1980.

(12) De Mello, Anthony: **Un minuto para el absurdo. S**antander, Sal Terrae, 1996.

(13) Eckartshausen, Karl von: **La nube sobre el santuario.** Barcelona, Obelisco, 2004.

(14) Platón citado por Coomaraswamy: *Sobre el ser en la mente, op. cit.*

(15) Ramana Maharshi citado por Wilber, Ken: **El espectro de la conciencia.** Barcelona, Kairós, 1990.

(16) Osho: **The Alchemy of Yoga.** Nueva Delhi, Fusion Books, 2004.

CAPÍTULO II

(1) Fromm, Erich: **Conciencia y sociedad industrial,** incluido en: **La sociedad industrial contemporánea.** México D.F., siglo XXI, 1972.

(2) En 1954 el Dr. John C. Lilly construyó un tanque de aislamiento sensorial

y posteriormente aparecieron diferentes cámaras de flotación para fines terapéuticos. Sin estímulos externos, en estos compartimientos cerrados donde el cuerpo flota en un agua con gran contenido de sales, es fácil perder la noción del tiempo y alcanzar una relajación total. No obstante, en esta cámara aun sigue funcionando la memoria.

(3) Ramana Maharshi citado por Wilber: *Espectro, op. cit.*

(4) Erwin Schrödinger citado por Wilber: *Espectro, op. cit.*

(5) Tres Iniciados: **El Kybalión.** México D.F., Orión, 1977.

(6) Erwin Schrödinger citado por Wilber: *Espectro, op. cit.*

(7) Wilber: *Espectro, op. cit.*

(8) Wilber: *Espectro, op. cit.*

(9) Wilber: *Espectro, op. cit.*

(10) Lao-tse: **Tao te king.** Madrid, EDAF, 1993.

(11) Platón: **La República.**

(12) Campbell: *Héroe de las mil caras, op. cit.*

(13) Nietzsche, Friedrich: **Así hablaba Zaratustra.** México, Porrúa, 1983.

(14) Vivekananda, Swami: **Gnana Yoga.** Buenos Aires, Kier, 1991.

(15) El Norte simboliza el centro, más aún si recordamos su relación con la primordial Hiperbórea situada tradicionalmente en el polo norte.

(16) Wilber, Ken: **La pura conciencia de ser.** Barcelona, Kairós, 2006.

(17) Wilber: *Pura conciencia, op. cit.*

(18) Humphreys, Christmas: **Concentración y meditación.** Barcelona, Martínez Roca, 1985.

(19) De Mello: *Un minuto, op. cit.*

(20) Blavatsky, Helena: *La voz del silencio, op. cit.*

(21) Thich Nhat Hanh citado por Medrano, Antonio: **La vía de la acción.** Madrid, Yatay, 1998.

(22) Allan Watts citado por Pigem, Jordi en **La odisea de occidente: modernidad y ecosofía.** Barcelona, Kairós, 1994.

(23) Meyrink, Gustav: **El rostro verde.** Málaga, Sirio, 1989.

CAPÍTULO III

(1) Ornstein, Robert citado por Rita Carter: **Multiplicidad: la nueva ciencia de la personalidad.** Barcelona, Kairós, 2008.

(2) Nicoll, Maurice: **Comentarios psicológicos sobre las enseñanzas de Gurdjieff y Ouspensky,** *vol. 1.* Buenos Aires, Kier, 1975.

(3) David-Neel, Alexandra citada por Kenneth Walker: **Enseñanza y sistema de Gurdjieff.** Buenos Aires, Dédalo, 1976.

(4) Ouspensky, Piotr citado por Walker: *Enseñanza y sistema, op. cit.*

(5) Buddha citado por Walker: *Enseñanza y sistema, op. cit.*

(6) Cuando en una situación particular en un mismo lugar se reúnen amigos,

familiares, compañeros de trabajo y miembros de su escuela esotérica, el sujeto puede llegar a sentirse incómodo por la necesidad de desempeñar varios roles a la vez sin perder la coherencia.

(7) Castilla del Pino, Carlos: *El delirio, un error necesario.* Oviedo, Nobel, 2008.

(8) Blavatsky, Helena: *Glosario Teosófico.* Buenos Aires, Kier, 1977.

(9) Tres Iniciados: *Kybalión, op. cit.*

(10) Ouspensky, Piotr: *El cuarto camino.* Buenos Aires, Kier, 1987.

(11) Wilson, Colin: *G. I. Gurdjieff: La guerra contra el sueño.* Barcelona, Urano, 1994.

(12) Nicoll: *Comentarios, vol. 3, op. cit.*

(13) Watts, Alan: *Om, la sílaba sagrada.* Barcelona, Kairós, 1981.

(14) Watts: *Om, op. cit.*

(15) Wilber: *Espectro, op. cit.*

(16) Wilber: *Espectro, op. cit.*

(17) Shankara citado por Wilber: *Espectro, op. cit.*

(18) Penfield, Wilder citado por Hal Zina Bennett: *La mente holotrópica.* Barcelona, Kairós, 1994.

(19) Penfield, Wilder citado por Fuentes, Miguel Ángel: *Las verdades robadas.* Nueva York, IVE Press, 2006. Véase además el reciente libro de Eben Alexander: *La prueba del cielo.* Barcelona, Planeta, 2013.

(20) Grof, Stanislav: *Psicología transpersonal: nacimiento, muerte y trascendencia en psicoterapia.* Barcelona, Kairós, 1994.

(21) Eckhart, Meister citado por Wilber, Ken: *Espectro, op. cit.*

(22) Maharshi, Ramana: *Enseñanzas espirituales,* Barcelona, Kairós, 2006.

CAPÍTULO IV

(1) Wilber, Ken: *Diario.* Barcelona, Kairós, 2000.

(2) Wilber: *Diario, op. cit.*

(3) Aurobindo et alter: *Trascender el ego: la visión transpersonal.* Barcelona, Kairós, 2003.

(4) Aurobindo citado por Satprem: *Sri Aurobindo or, The adventure of consciousness.* Nueva York, Harper & Row, 1968.

(5) Rinpoche, Tenzin Wangyal: *El Yoga de los sueños.* México D.F., Pax México, 2004.

(6) De Mello, Anthony: *El canto del pájaro.* Santander, Sal Terrae, 1982.

(7) Cuento de Liehtse tomado por Borges y Bioy Casares en *Cuentos breves y extraordinarios.* Buenos Aires, Losada, 2009.

(8) Blay, Antonio: *El trabajo interior.* Barcelona, Indigo, 1993.

(9) Calle, Ramiro: *El libro de la serenidad.* Barcelona, Martínez Roca, 2000.

(10) Epicteto: *Manual, op. cit.*

(11) Séneca citado en *El pensamiento antiguo* de Rodolfo Mondolfo. Buenos Aires, Losada, 2003.

(12) Mondolfo: *Pensamiento antiguo, op. cit.*

CAPÍTULO V

(1) Véase: Vogler, Christopher: *El viaje del escritor.* Barcelona, Robinbook, 2002. Mircea Eliade señala: *"El cine, esa «fábrica de sueños», vuelve a tomar y utilizar innumerables motivos míticos: la lucha entre el Héroe y el Monstruo, los combates y las pruebas iniciáticas, las figuras y las imágenes ejemplares (la «Joven», el «Héroe», el paisaje paradisiaco, el «Infierno», etc.)". **Lo sagrado y lo profano.** Barcelona, Paidós, 1998.

(2) Medrano, Antonio: *La lucha con el dragón.* Madrid, Yatay, 1999.

(3) Vale Amesti, Fermín: *El retorno de Henoch.* Caracas, Pomaire, 1995.

(4) Cirlot, Juan Eduardo: *Diccionario de símbolos.* Barcelona, Labor, 1985.

(5) Citado por Guénon, René: *Estudios sobre la masonería.* Barcelona, Gruplobher, 2007.

(6) Maihue, Quidel: *El atleta espiritual.* Villarreal, Divalentis, 2011.

CAPÍTULO VI

(1) Zimmer, Heinrich citado por Cirlot: *Diccionario de símbolos. op. cit.*

(2) Dionisio Periegeta, *Orbis descriptio v. 558*

(3) Dice Robert Graves en *Los mitos griegos*, Tomo II: *"Hay [una] Isla de los Bienaventurados llamada Leuce en el Mar Negro, frente a la desembocadura del Danubio, arbolada y llena de animales salvajes y domesticados, donde las ánimas de Helena y Aquiles viven en una fiesta constante y declaman versos de Homero a los héroes que tomaron parte en los acontecimientos celebrados por él".* Madrid, Alianza, 1985.

(4) Rouillac, Philippe: *Compendio de la Gran Obra, s/d.*

(5) Anónimo: *Tratado áureo de Hermes (Tractatus Aurensi)*

(6) Evola, Julius: Artículo **Simbolismo de la Navegación**, publicado en la revista *Il Regime Fascista* (abril 1933).

(7) Cirlot: *Diccionario de símbolos. op. cit.*

(8) Guénon, René: *El rey del mundo.* Barcelona, Paidós, 2003.

(9) Guénon: *Rey de mundo, op. cit.*

(10) Ruiz Alceo, Juan: *La navegación de Ulises.* Kassel, Reichenberger, 1993.

(11) Véanse las recomendables obras de Thor Heyerdahl: *Kon-Tiki* y *Las expediciones Ra*, y el libro de Caroline Alexander **Atrapados en el hielo**

(12) Evola: *Simbolismo de la navegación, op. cit.*

(13) Albert Einstein citado en Goldstein, Rebecca: *Gödel: Paradoja y vida.* Barcelona, Antoni Bosch, 2006.

(14) Citado por Valencia García, Guadalupe: *Entre Cronos y Kairós: Las formas del tiempo sociohistórico.* Barcelona, Anthropos Editorial, 2007.

(15) Eliade, Mircea: *Lo Sagrado y lo Profano, op. cit.*

(16) Hall, Manly: *Ensayos Sobre los Principios Fundamentales de la Práctica del Ocultismo.* Buenos Aires, Kier, 1995.

(17) Ortega y Gasset, José: *Kant, Hegel, Dilthey.* Madrid, Revista de Occidente, 1965.

(18) Rojas: *Hombre light, op. cit.*

(19) Medrano: *Vía de la acción, op. cit.*

(20) Ruiz Zafón, Carlos: *La sombra del viento.* Barcelona, Planeta, 2005.

(21) Medrano: *Vía de la acción, op. cit.*

CAPÍTULO VII

(1) Por ejemplo, en uno de los óvalos de la fuente hermética de la plaza Matriz de Montevideo (Uruguay) aparecen las herramientas del labriego junto a una colmena, haciendo alusión a este simbolismo del VITRIOL y del trabajo interno.

(2) Cirlot: *Diccionario de símbolos. op. cit.*

(3) Chevalier, Jean y Gheerbrant, Alain: *Diccionario de los símbolos.* Barcelona, Herder, 1986.

(4) En el *Breve diccionario etimológico de la lengua castellana*, dice Joan Corominas en la entrada de "Hacha": *"Antorcha, h. 1400. Junto con el gall.-port. facha o facho, procede de una alteración del lat. Facula "antorcha pequeña" (diminutivo de FAX, -CIS, "antorcha"). Dicha alteración sería probablemente FASCULA, debida a un cruce con FASCIS "Haz, hacina", sugerido por la formación de antorchas con varias velas juntas o con un hacinamiento de teas y otras materias inflamables".* Madrid, Gredos, 1961. De esta acepción el movimiento político de Benito Mussolini adoptó el nombre de "fascistas" que no quiere decir otra cosa que "portadores de hachas" en referencia al "haz de lictores" romano, un conjunto de 30 varas unidas a un hacha.

(5) Benoist, Alan de: *El burgués, paradigma del hombre moderno.* Tomado de www.alaindebenoist.com

(6) Caplan: *A mitad de camino, op. cit.*

(7) En la tradición católica perdura la idea de un "Via Crucis" y una "Via Lucis", la cual se vincula al camino del Cristo desde la resurrección a Pentecostés.

(8) Bortolini, José: *Conocer y rezar los salmos.* Madrid, San Pablo, 2002.

(9) Phileas del Montesexto: *El peregrino de la rosacruz.* Montevideo, Ediciones OPI, 2012.

CAPÍTULO VIII

(1) Del Montesexto, Phileas: *La puerta del templo.* Montevideo, Ediciones OPI, 2011.

(2) Cirlot: *Diccionario de símbolos. op. cit.*

(3) Eliade, Mircea: *El mito del eterno retorno.* Madrid, Alianza, 1972.

(4) Medrano, Antonio: *Sabiduría activa.* Madrid, Yatay, 1998

(5) Citado por Ibn Arabi: *El núcleo del núcleo.* Málaga, Sirio, 2002.

(6) Silesius, Angelus: *El peregrino querubínico.* Málaga, Universidad de Málaga, 2004.

(7) Un Yantra es un diagrama que resume visualmente la relación entre Shiva y Shakti, y que sirve como centro de meditación, llevando la mente hacia el punto central o bindu.

(8) González, Federico: *El simbolismo de la rueda.* Buenos Aires, Kier, 2006.

(9) Evola, Julius: *El misterio del Grial.* Palma de Mallorca, Olañeta, 1997.

(10) Chevalier y Gheerbrant: *Diccionario, op. cit.*

(11) En el mercado editorial son bastante conocidas las obras de Drunvalo Melchizedek que se refieren a este tema, aunque su validez es relativa.

(12) Santarcangeli, Paolo: *El libro de los laberintos.* Madrid, Siruela, 1997.

(13) González: *Simbolismo de la rueda, op. cit.*

(14) Medrano: *Lucha con el dragón, op. cit.*

(15) Kerényi, Karl: *En el laberinto.* Madrid, Siruela, 2006.

(16) Kerényi: *En el laberinto, op. cit.*

(17) En las actividades de "retiro" del Programa OPI intentamos incluir siempre este tipo de danzas tradicionales con la invalorable ayuda de la profesora uruguaya Lena Strani.

(18) Santarcangeli: *Libro de los laberintos, op. cit.*

(19) Vale Amesti, Fermín: *Comentarios sobre el equinoccio de primavera.* Inédito.

(20) Wirth, Oswald: *El simbolismo astrológico.* Barcelona, Teorema, 1982

(21) El papa Francisco porta una cruz singular que representa al Buen Pastor, el cual parece ser un buen augurio sobre su pontificado.

CAPÍTULO IX

(1) Evola: *Misterio del Grial, op.cit.*

(2) Fromm: *Psicoanálisis de la sociedad, op. cit.*

(3) De acuerdo al ocultismo oriental y a las revelaciones de Helena Petrovna Blavatsky, el dragón y la serpiente hacen referencia también a los "Adeptos" o sabios iniciados. Por esta razón, puede hablarse de los "dragones de la sabiduría" (nagas) que entregan el conocimiento a los discípulos dignos de recibirlo.

(4) Medrano, Antonio: *Lucha con el dragón. op. cit.*

(5) Burckhardt, Titus: **Alquimia: significado e imagen del mundo.** Barcelona, Paidós, 1994.

(6) Dom Pernety citado por Poisson, Albert: **Théories et symboles des alchimistes.** París, Éditions traditionnelles, 1981.

(7) Guénon, René: **La gran tríada.** Barcelona, Paidós, 2004.

(8) Piobb, Pierre: **Clef universelle des sciences secrètes.** París, Ed. des Champs-Elysées, 1950.

(9) Fabricius, Johannes: **Alchemy,** citado por Antonio Medrano: *Lucha con el dragón. op. cit.*

(10) Medrano: *Lucha con el dragón, op. cit.*

(11) Prudencio citado por Flores Arroyuelo, Francisco: **Del caballero y otros mitos...** Murcia, Universidad de Murcia, 2009.

(12) Frazer, James: **La rama dorada.** México D.F., Fondo de Cultura Económica, 1951.

(13) Chevalier y Gheerbrant: *Diccionario, op. cit.*

(14) Estas correspondencias pueden aparecer cambiadas, aunque siempre se mantiene la relación de Saturno-Plomo en el inicio y de Sol-Oro al final.

(15) Medrano, Antonio: **La senda del honor.** Madrid, Yatay, 2002.

(16) Varios autores: **Diccionario de la sabiduría oriental.** Barcelona, Paidós, 1993.

(17) Blavatsky: Glosario, op. cit.

(18) Citado en **Gloria: Una estética teológica** de Hans Urs von Balthasar. Madrid, Encuentro, 1989.

(19) Citado en: Lutyens, Mary: **Vida y muerte de Krishnamurti.** Buenos Aires, Kier, 1993.

(20) Osho: **El principio Zen: La vivencia de la más grande paradoja.** Bogotá, Norma, 2006.

(21) Chevalier y Gheerbrant: *Diccionario, op. cit.*

CAPÍTULO X

(1) Campbell: Héroe de las mil caras, op. cit.

(2) Calle, Ramiro: **La vía secreta del héroe.** Madrid, EDAF, 1994.

(3) La mayoría de los héroes son de naturaleza masculina (solar, activa) mien-

tras que la dama (lunar, pasiva) se encuentra en el centro del laberinto. Hay pocas excepciones a este patrón. El caso de Dorothy en "El mago de Oz" puede relacionarse a un homenaje realizado por Frank Baum (el escritor del libro) a Helena Petrovna Blavatsky, dada su condición de teósofo. En tiempos modernos han aparecido más heroínas (Buffy Cazavampiros, Lara Croft, etc.) en relación a la "igualdad de derechos" y a un replanteo del viaje del héroe desde una perspectiva "políticamente correcta".

Como hemos advertido en la obra, esto no debe entenderse como hombre-mujer sino en relación a la naturaleza íntima de nuestra Alma espiritual, que no es masculina ni femenina sino andrógina.

(4) Vogler: *Viaje del escritor, op. cit.*

(5) Campbell: Héroe de las mil caras, op. cit.

(6) Diálogo de la película "Matrix", 1999

(7) La importancia del día santo de los hebreos o "Shabat" radica en dedicar una jornada semanal para estar en comunión con la divinidad y vivenciar ese nuevo mundo venidero. Por esi el Shabat también es llamado "Meein Olam Haba", un "anticipo del mundo venidero", una experiencia sagrada y purificadora en medio del tiempo profano: un auténtico oasis de santidad.

(8) Orwell, George: **1984.** Barcelona, Destino, 1997.

(9) Campbell: Héroe de las mil caras, op. cit.

(10) Medrano: *Lucha con el dragón, op. cit.*

(11) Eliade, Mircea: **La prueba del laberinto.** Madrid, Cristiandad, 1980.

(12) Chevalier y Gheerbrant: *Diccionario, op. cit.*. A propósito de esto todos los grandes ciclos de la tradición inda (yugas) suman nueve al aplicársele la reducción teosófica: Satya Yuga: 1.728.000 años mortales. [1 + 7 + 2 + 8 = 18, entonces 1 + 8 = 9]; Treta Yuga: 1.296.000 años mortales. [1 + 2 + 9 + 6 = 18, entonces 1 + 8 = 9]; Dvapara Yuga: 864.000 años mortales. [8 + 6 +4 = 18, entonces 1 + 8 = 9]; Kali Yuga: 432.000 años mortales. [4 + 3 + 2 = 0]; Chaturyugi (4 yugas) configuran un Maha-Yuga (Gran Yuga) o Manvantara, es decir 4.320.000 años mortales. Y nuevamente: 4 + 3 + 2 = 9.

(13) González, Federico: **El simbolismo preocolombino.** Buenos Aires, Kier, 2003.

(14) Marsal, Antonio: **Cathecismo explicado y predicado.** Barcelona, Juan Veguer, 1727.

(15) Del Montesexto: *El Peregrino de la Rosacruz, op. cit.*

(16) Medrano: *Lucha con el dragón, op. cit.*

CAPÍTULO XI

(1) Desde una perspectiva iniciática el mito es una verdad trascendente, escondida detrás de relatos fantásticos, mientras que para los profanos el mito

es siempre una mentira, una fantasía falaz.

(2) Citado en Almirante y Torroella, José: *Diccionario militar, etimológico, histórico, tecnológico.* Madrid, Imprenta y litografía del Depósito de la guerra, 1869.

(3) Almirante y Torroela: *Diccionario, op. cit.*

(4) Sun Tzu: *El arte de la guerra.* Barcelona, Obelisco, 2009.

(5) Covey: *7 hábitos, op. cit.*

(6) Chevalier y Gheerbrant: *Diccionario, op. cit.*

(7) Rodríguez Prampolini, Ida: *Amadises de América: hazaña de las Indias como empresa caballeresca.* México D.F., Academia Mexicana de la Historia, 1990.

CAPÍTULO XII

(1) Rojas, Enrique: *La conquista de la voluntad.* Madrid, Temas de Hoy, 1997.

(2) Rojas: *Conquista de la voluntad, op. cit.*

(3) Raymond Abellio citado por Alain de Benoist en *Comment peut-on être païen?* París, A. Michel, 1981.

(4) Salazar, Grimaldo: *Una y otra vez.* Bogotá, Sociedad de San Pablo, 2007.

(5) Medrano: *Vía de la acción, op. cit.*

(6) Rojas: *Conquista de la voluntad, op. cit.*

(7) Englebert, Clear: *Feng shui: Desmitificado y al alcance de todos.* Barcelona, Gestión, 2001.

(8) Linn, Denise: *Feng shui para el alma.* Barcelona, Robinbook, 2000.

(9) Tres Iniciados: *Kybalión, op. cit.*

CAPÍTULO XIII

(1) Tres Iniciados: *Kybalión, op. cit.*

(2) Atharva-veda XI, 4

(3) Van Lysebeth, André: *Pranayama, a la serenidad por el yoga.* Buenos Aires, Emecé-Urano, 1988.

(4) Citado en: Redfield, James: *La novena revelación: guía vivencial.* Buenos Aires, Atlántida, 1995.

(5) Referencia sobre el coronel Olcott tomada de Helen Crane: *Mis amigos los árboles*, en la revista *Evolución*, traducción del artículo *My Tree Friends* aparecido originalmente en la versión norteamericana de *The Theosophist*, mayo 1930.

CAPÍTULO XIV

(1) Las emociones que surgen ante un cadáver usualmente siguen la misma lógica del proceso emocional con seres "vivos". Por ejemplo, el cuerpo de un difunto desconocido puede generar indiferencia (neutro), temor (repulsión, concibiendo a la muerte misma como algo superior) o benevolencia (atracción, concibiéndolo como inferior).

(2) Véase cita 13 del capítulo IV.

(3) Goleman, Daniel y Cherniss, Cary: *The emotionally intelligent workplace.* San Francisco, Jossey-Bass, 2001.

(4) Thayer, Robert: *El origen de nuestros estados de ánimo cotidianos.* Barcelona, Paidós, 1998.

(5) André, Christophe: *Los estados de ánimo.* Barcelona, Kairós, 2010.

(6) Redfield, James: *La novena revelación.* Buenos Aires, Atlántida, 1994.

(7) Regardie, Israel: *How to make and use talismans.* Nueva York, Aquarian Press, 1974.

(8) Regardie: *Talismans, op. cit.*

(9) Stefano de Fiores citado en: Messori, Vittorio: *Hipótesis sobre María.* Madrid, Libroslibres, 2008.

(10) Tres Iniciados: *Kybalión, op. cit.*

(11) Aivanhov, Omraam Mikhael: *La música y el canto en la vida espiritual.* Barcelona, Prosveta, 1996.

CAPÍTULO XV

(1) Krishnamurti, Jiddu: *A los pies del Maestro.* Buenos Aires, Kier, 2000.

(2) Del Montesexto. *Castillo, op. cit.*

(3) Taimni, I.K.: *Renovación de sí mismo y renovación por sí mismo.* Buenos Aires, Federación Teosófica Interamericana, 1979.

(4) Humphreys: *Concentración y meditación, op. cit.*

(5) Rojas: *Conquista de la voluntad, op. cit.*

(6) Wood, Ernest: *Curso de concentración mental.* Barberà del Vallès, Humanitas, 1991.

(7) Huxley, Aldous: *The perennial philosophy.* Nueva York, Harper Perennial Modern Classics, 2009.

(8) Covey: *7 hábitos, op. cit.*

(9) Meister Eckhart citado en Huxley: *Perennial, op. cit.*

(10) Lévi, Eliphas: *La clave de los grandes misterios.* Madrid, Eyras, 1981.

(11) Blavatsky, Helena: *Will and Desire.* Publicado originalmente en "Lucifer", octubre 1887.

(12) Atkinson, William: *La ley de atracción en el mundo del pensamiento.* Barcelona, Biblok, 2010.

(13) Lévi: *Clave de los grandes misterios, op. cit.*

(14) Fromm, Erich: **La condición humana actual y otros temas de la vida contemporánea.** Barcelona, Paidós, 1970.

(15) Séneca, Lucio Anneo: **Sobre la brevedad de la vida.** Madrid, EDAF, 1997.

(16) Séneca: *Sobre la brevedad, op. cit.*

(17) Sobre esto, existe una bonita leyenda japonesa la cual dice que un hilo rojo invisible conecta a aquellos que están destinados a encontrarse, sin importar tiempo, lugar o circunstancias. El hilo se puede estirar o contraer, pero nunca romper.

(18) Wood, Ernest: **Raja Yoga**, citado por Humphreys: *Concentración y meditación, op. cit.*

(19) Sadhu, Mouni: **Concentración.** Madrid, Luis Cárcamo, 1978.

(20) Rojas: *Hombre light, op. cit.*

CAPÍTULO XVI

(1) Blay, Antonio: **Conciencia, existencia, realización.** Barcelona, Índigo, 1995.

(2) Law, William: **El espíritu de la oración.** Madrid, Yatay, 1999.

(3) Ermitaño anónimo: **Pequeño tratado de oración contemplativa para buscadores solitarios de Dios.**

(4) Véase Hasbrouck, Hypatia: **Manual de oración positiva.** Blue Parkway, Unity Books, 2005.

(5) Heindel, Max: **Enseñanzas de un iniciado.** Buenos Aires, Kier, 1979.

(6) Calle: *Libro de la serenidad, op. cit.*

(7) Algunos de estos pensamientos han sido recogidos de la obra de Christmas Humphreys **Concentración y meditación** y de las publicaciones online de Unity: www.unityenlinea.org

(8) Hermano Lawrence, citado en **Tgif: Daily Workplace Inspiration** de Os Hillman. Ventura, Regal Books, 2007.

(9) Blay, Antonio: **El trabajo interior.** Barcelona, Índigo, 1993.

(10) Web de Unity: www.unityenlinea.org

(11) Web de Unity: Idem

Agradecimiento final

"Ninguno de nosotros es tan bueno como todos juntos"

Sin la ayuda incondicional de muchas personas queridas este libro nunca habría sido editado. Por esto, quiero reconocer el trabajo de corrección de John Tyrson, Eladio Ortega, Luis Yompián y Andrea Fioravanti, así como el apoyo logístico en la distribución internacional de todas las obras de la Enciclopedia por parte de Fabián Chilis y Erica Antúnez desde la ciudad de Rivera (Uruguay).

Agradezco también el apoyo de Eduardo Callaey, Roberto da Cuna, Lena Strani, Emilia Larsson, Silvia Tagliaferro, Víctor Humberto Giles, Sara Al-jahiz, Mirta Eckerdt, Víctor Herrera, Maru Araiza, Pedro Herrera, Maricarmen Grandi, Francisco González, Francisco Roldán, Natacha Mazón, Felipe Torres Duperly, Eduardo Ciotola, José Rubio Sánchez, Elizabeth Navarrete, Albert Girón Duarte, Edin Orlando Ramírez, Manuel Arduino, Irma Rodríguez, Hermenegildo Salazar, Catalina Yela, Mauricio Álvarez Pinna, Margeiry Mora, Waldina Sánchez, Claudio Abuchaim, Leonidas Otalora, Jimmy Medrano, Joshua Calderón, Teresa Urtasun, Michael Zamot, César Fernández, Patricia Chiriboga, Adrià Volta, Awmergin O Bardo, así como a nuestros Círculos en Perú, España, Uruguay, Chile, Brasil, México, Cuba, Ecuador, Bolivia y Colombia.

Por su desinteresada ayuda para que este libro haya sido finalmente editado, deseo expresar mi agradecimiento a: José Mato, Antonio Bataller, Mario López Rico, José Guillermo Bello, José Contreras, Fabio Tecco, Carlos Bustamante, Francesc Pujals, Frank Villaverde, Patricio Romano, Lylyana Medinah, Andrés Lema, Antonio Panda, Mary Barceló, Artemo de Jesús Quintero, José Antonio Flores, María Hidalgo y Tomás Rojas.